AF395490

El Régimen de las Malvinas

de

Mike Bingham

authorHOUSE™

1663 LIBERTY DRIVE, SUITE 200
BLOOMINGTON, INDIANA 47403
(800) 839-8640
WWW.AUTHORHOUSE.COM

First published by AuthorHouse 06/24/05

ISBN: 1-4208-2565-8 (sc)

Foto de tapa: Playa de las Islas Malvinas cubierta de pingüinos muertos, Mayo de 2002.

Traducción del inglés de Nidia Roxana Igielski.

EL RÉGIMEN DE LAS MALVINAS

de Mike Bingham

PRIMERA PARTE: Camino al conflicto

"La vida es lo que te propones…
…si el destino te lo permite".

CAPÍTULO 1

Octubre de 1974. Yo era el típico estudiante con buenas notas, no porque tuviera una idea clara de a dónde me estaba dirigiendo en la vida, sino simplemente porque había seguido el sendero bien demarcado de la educación, sin cuestionarme realmente si ésta era la dirección correcta para mí. Los parientes, maestros y amigos todos me alentaban para que estudiara mucho y fuera a la universidad, y por qué no, parecía mejor que conseguir un trabajo, pero esto no era una hazaña menor para alguien que no tiene aptitudes para el estudio. Yo prefería mucho más pasar mis tardes jugando con mis motos y recorrer kilómetros para sentir la fresca brisa de la tarde en mi rostro y el sentido de libertad en mi alma. Fue en esa mismísima tarde en que un encuentro casual cambiaría mi vida para siempre.

El aire de la tarde otoñal todavía era cálido y el sol moribundo lanzaba sus rayos dorados a través de la ciudad distante. Había estado andando por más de una hora y ahora estaba volviendo al centro de la ciudad de Manchester. Estas vueltas generalmente me ayudaban a despejar mi mente del estrés de la vida de ciudad, pero esa noche me habían sermoneado al saber que no le había dedicado tiempo suficiente a biología y que había terminado dos horas antes. En realidad, tenía poco de qué afligirme, ya que no tenía intención de dedicarle más tiempo y, en tal caso, lo seguiría al día siguiente.

Salí de la carretera y me dirigí a un bar tranquilo que a veces solía visitar para tomar una cerveza fresca antes de ir a casa. Aunque sólo tenía dieciséis años, nunca tuve problemas con que me sirvieran alcohol en este bar en particular. Mi moto me ayudaba. En realidad, era solamente una motocicleta a pedal de 50 cc, pero tenía caja de velocidad y andaba a 80 kph. Y se parecía mucho a una moto real.

Cuando me acercaba a la curva final, un rugir de trueno y un resplandor verde me pasó. Maniobré hacia la curva, pasándole cerca a un enorme auto norteamericano que iba a toda velocidad, perseguido por un Mini rojo brillante. Erré a la curva por poco y retomé el control de mi moto. Temblando llegué al club y entré al estacionamiento, donde el Pontiac verde y el Mini rojo eran lo primero que tenía a la vista para saludarme. Estacioné la moto al lado de los dos autos y me dirigí a enfrentar a los ocupantes. Mientras me sacaba el casco, una hermosa joven de cabello lacio y rubio bajó del Mini.

"¿Estás bien?" Me preguntó con un interés que parecía genuino.

"No por obra y gracia de tu talento al volante". Respondí secamente, mi enojo estaba ciertamente frustrado al haberme encontrado con semejante belleza.

"Bueno, mira, lo lamento, pero yo no te encerré. Sólo estaba tratando de perseguirlo". Ella señaló al hombre de barba que bajaba del Pontiac.

"¿Te está haciendo problemas?" Gritó el hombre desde el otro auto.

"¡No, no!" Ella insistió ansiosamente. "Sólo me estaba asegurando que estuviera bien".

"Si no se puede cuidar solo en la calle, no debería haber dejado la teta de su madre".

El hombre hizo un gesto de desprecio a través de su barba espesa y renegrida.

"Creo que necesitas lecciones de manejo". Le dije claramente.

"Creo que te estás buscando una paliza", dijo el hombre caminado hacia mí, "y la vas a tener si no te vas de acá"

"No, por favor no empieces…" La muchacha le rogó, pero fue en vano mientras que se acercaba y tomaba impulso.

Me asustó el ataque repentino, ni qué hablar de su tamaño. Yo hubiera retrocedido excepto por el hecho de que no quería parecer cobarde frente a la chica. A pesar de que el tipo era grandote, era increíblemente lento, y al agarrarlo de su brazo pude darlo vuelta y tirarlo al piso. La muchacha se rió. Yo estaba atónito de mí mismo y más que asustado, hasta que el hombre se levantó nuevamente.

Esta vez estaba realmente enojado, y comencé a pensar si debería salir corriendo, pero nuevamente llegó a mí antes de que tuviera tiempo de decidirme. Cuando se abalanzó, me puse de costado y le pegué una patada en el estómago. Yo retrocedí más que él, pero quedó doblado agarrándose la panza de dolor. Con toda mi adrenalina ahora fluyendo, y sin querer darle otra oportunidad para que se recuperara, le pateé el costado de su cabeza y cayó desparramado en el piso. Esta vez no se levantó. La muchacha lo miró con repugnancia.

"No quise lastimar a tu amigo". Me disculpé, comenzando a sentirme culpable al dejarme llevar por mi temperamento de esa forma.

"No te disculpes". Ella se inclinó para darle un vistazo a la doliente figura que yacía en el piso."El no es mi amigo, y se la ha estado buscando desde hace mucho tiempo. Creo que está bien".

El hombre se acurrucó y puso su mano sobre el costado de su cabeza, renegando y maldiciendo por lo bajo. La muchacha lo ayudó a sentarse y yo la observaba mientras lo hacía. Era extremadamente bonita, un metro setenta de altura aproximadamente, de contextura delgada, de unos veinte años. Su cabello rubio platinado era lacio y largo hasta los hombros. Sus labios esbozaban una sonrisa a medias, mientras ayudaba al hombre a levantarse, tratando de no reírse de su desgracia.

Una vez que estuvo de pie, el sujeto la empujó con enojo y entró tambaleándose al club.

"Me llamo Mike". Me presenté.

"Hola, yo soy Jackie". Contestó la muchacha. "Y el tarado ese era Ken. Lamento que no pudiera acercarse para presentarse como corresponde. Me da vergüenza decir que era mi novio hasta hace una semana. Molió a palos a un pibe hace unos días cuando salió con sus amigos, y le importa un bledo. Es hora de que empiece a probar su propia medicina".

"¿Hace mucho que lo conoces?", le pregunté, intentando decir algo, en vez de tener genuina curiosidad.

"No. Cerca de cuatro semanas. Lo suficiente, debo reconocer". Mientras ella estaba hablando, la puerta se abrió bruscamente y salió Ken con otros dos.

"Si buscas problemas ahora te vas a arrepentir". Jackie le gritó a Ken con un dejo de pánico en su voz.

"Piensas que va a quedar todo así, ¿no?". Gritó Ken, señalándome. "Nadie me golpea por la espalda y se sale con la suya".

"¿Qué quieres demostrar si son tres?", preguntó Jackie. "¿Eso te hace un hombre?"

"No te metas". Ken le indicó a Jackie enojado. "No me importa golpear a una mujer si es necesario".

"¡Oh! no lo dudo en absoluto", Jackie dijo con desprecio. "Pero ten en cuenta que si lo lastimas ahora, voy a la policía con todo lo que sé, y eso incluye el incidente de la semana pasada. Eso es lo que lograste".

"No me amenaces, puta". Ken se acercó a ella con sus puños cerrados.

"Déjala. Es a mí a quien quieres". Traté de parecer relajado, pero mi corazón latía con fuerza y mi voz reveló mi temor.

Jackie levantó la palma de su mano para hacerme callar. "Está bien, Mike. Ken podrá ser un asesino, pero no es tan estúpido como para arriesgarse a ir a la cárcel por esto. ¿No es cierto, querido?" . Ella lo miró fijo fríamente.

Ken se dio cuenta que Jackie estaba decidida. Sus amigos lo miraban para persuadirlo, pero él no dijo nada.

Jackie me extendió su mano. "Vamos Mike, es hora de irnos".

No me detuve a preguntarle a dónde. La seguí lentamente hacia los autos, observando cuidadosamente a Ken mientras se quedaba parado sin saber qué hacer. Me puse el casco y sin ajustarlo, encendí mi moto y me fui del estacionamiento detrás del Mini de Jackie.

No tenía la menor idea de dónde iba, pero estaba decidido a seguirla. Si la perdía de vista no podía saber quién era o dónde encontrarla nuevamente. Tampoco sabía si ella realmente quería que yo la siguiera o no. Lo único que tenía claro era que la iba a seguir hasta que se detuviera, dondequiera que esto me condujera.

Entramos a la carretera y la seguí por varios kilómetros. Se suponía que no podía entrar a una ruta con una licencia provisional, pero no tenía ninguna intención de detenerme. En un momento, Jackie se desvió y se metió en el estacionamiento de un pequeño bar y yo estacioné a su lado.

"¿Entras?". Señaló hacia la puerta.

"Seguro". Asentí.

Jackie se dirigió hacia una mesa libre en un rincón, mientras yo fui a la barra a comprar unos tragos. La moza me miró con desaprobación, y mi corazón se oprimió porque me di cuenta que me iba a preguntar la edad. ¿Cómo podría sortear la situación si me negaban los tragos frente a Jackie?

La moza miró hacia la mesa donde Jackie estaba peinándose y luego me miró a mí. "Sí, querido", ella sonrió. "¿Qué te vas a servir?".

Le pedí una gin con tónica para Jackie y una cerveza para mí y las llevé a la mesa.

"¿Estás bien?", me preguntó Jackie.

"Sí, seguro. Sin problemas". Dije, tratando de exhalar un aire de confianza. "¿Por qué me lo preguntas?".

"Por nada, realmente". Ella me miró con ternura, con sus ojos azules sensibles, que parecían estar probando mi propia alma. Me sentí incómodo y desvié la mirada.

"Espero que Ken haya tenido un escarmiento esta noche", dije, para decir algo que rompiera el silencio.

"Era hora de que tuviera algo más que un escarmiento". Jackie no demostró comprensión. "Es un atorrante, en verdad. No sé qué le vi. Es tan bruto, más de una vez le he dado un cachetazo en público, te lo puedo asegurar, y todas las veces lo hacía pasar por una broma frente a sus amigos. Pero no te engañes, hasta sus amigos lo apuñalarían por la espalda por una razón justa. Son todos iguales, nunca he conocido semejante gentuza".

"¿Saliste con él esta noche?". Yo estaba confundido.

"¡Estás bromeando!". Jackie arrugó su nariz y bebió otro sorbo de su gin y tónica. "Él es como un chico grande. Me pasó en una curva peligrosa, presumiblemente para mostrarse después que me deshice de él la semana pasada, así que me pegué a su auto todo el camino hasta llegar al club. Eso debe haberlo irritado. ¡Cómo él teniendo un gran Pontiac poderoso no podía sacar ventaja de mi pequeño Mini! Seguramente por eso, se bajó del auto con semejante humor".

"Sí, eso podría explicarlo", dije con sarcasmo, tomando otro sorbo de cerveza. "¿Así que no lo ves más?".

"No". Jackie se sonrió. Yo le sonreí también nervioso. Estaba cautivado por sus insinuantes ojos azules, que la hacían parecer muy dulce e inocente. Pensé que era la mujer más bella que había conocido, y mientras conversábamos sentí como que algo me empujaba a estar cada vez más cerca de ella.

Le pregunté sobre su familia.

"No tengo ni hermanos, ni hermanas". Ella explicó, con cierta pena en su voz. "Tampoco me llevo demasiado bien con mis padres. Soy una desilusión para ellos. Piensan que soy vulgar porque trabajo de moza".

"No veo qué hay de malo en trabajar de moza". Le aseguré. "Ellos deberían estar orgullosos de tener una hija como vos".

"No parecen pensar lo mismo". Ella se quedó mirando su copa pensativamente. "Nunca tuvieron demasiado tiempo para mí, aún de pequeña. El único que mostraba un interés real en mí era mi tío. Todavía vivo con mis padres, pero quiero conseguir un departamento para ir a vivir sola en cuanto pueda afrontar el gasto. Quizá me respeten más cuando pueda valerme por mis propios medios".

"Quizá te respetan, pero les resulta difícil demostrarlo".

"No creo". Jackie movió su cabeza. "Si sólo me trataran como solía hacerlo mi tío. Nos entendíamos el uno al otro. Él pensaba en mi mundo y acostumbraba a llevarme a pasear cuando era niña, y me daba la oportunidad de hacer las cosas que hacían los otros niños. Nos divertíamos muchísimo. Ninguno de los dos tenía a nadie más. Nunca se casó, y no tenía otra familia que mi padre, es decir, su hermano. Pienso que por eso estábamos tan cerca".

"¿Por qué te refieres a él en tiempo pasado?".

"Murió hace un año".

"Lo siento". Le tomé la mano y se la apreté suavemente.

Jackie me miró y me sonrió. "Siempre iba a su casa los fines de semana. Mis padres estaban contentos de librarse de mí. Era un hombre encantador, siempre riendo y haciendo bromas. Él me decía que una chica sola está en constante peligro en una ciudad como ésta, y que debía estar alerta. Él estaba preocupado porque me pasara algo cuando estaba sola".

"Tiene sentido, supongo, especialmente para una mujer". De repente fui consciente del hecho de que la estaba mirando a los ojos, y bajé la mirada hacia mi trago. "¿Dónde vives?"

"En Salford".

"¿Trabajas ahí también?".

"Sí, no muy lejos, cerca del centro de la ciudad. Allí es donde conocí a ese cretino de Ken". Ella movió su cabeza con indiferencia. "¿A qué te dedicas?".

Hice una pausa por un momento, preguntándome qué decir. "Soy estudiante". Dije con desgano.

"Debes ser inteligente". Jackie dijo medio en broma, pero sus ojos demostraban que no se estaba mofando. "Yo dejé la escuela a los dieciséis. Nunca me interesó el colegio. Estaba muy apurada por conocer el mundo real, y habiéndolo visto ya, te puedo asegurar que es mucho mejor el lugar en donde estás."

"Todos me dicen lo mismo". Yo no estaba muy convencido. "¿Cómo es que no estás en el bar esta noche?". Pregunté como para cambiar de tema.

"Sólo trabajo cuatro noches a la semana y tres tardes. Es un horario extraño, pero el sueldo no está mal".

"¿Estás libre mañana a la noche?". Sentí que me asaltaba una ola de calor al hacerle la pregunta. Era claro que ella tenía unos veinte años y parecía muy poco probable que estuviera interesada en alguien que apenas tenía dieciséis.

"No, no hasta pasado mañana. ¿Quieres que nos encontremos en algún lugar entonces?".

"Em, sí seguro". Yo estaba un poco sorprendido por su respuesta tan directa.

"Bien. Por qué no nos encontramos aquí alrededor de las siete y podemos ir a algún lado después. ¿Te gusta bailar?".

"Sí, la música adecuada". Apenas podía controlar mi excitación. "¿Conoces algún buen lugar?".

"Hay un lugar al que solía ir todas las semanas y que no he ido desde hace meses. ¿Tienes ganas de probar?".

"Suena fantástico". Estuve de acuerdo con tanto control de mí mismo como mi corazón danzante me lo podía permitir.

Jackie terminó su trago. "Bueno, mejor me voy yendo". Se levantó y acarició mi mejilla suavemente con la palma de su mano. "Te veo".

Yo quería levantarme y besarla, pero mis piernas se negaron a obedecerme, y luego ya se había ido.

Me recliné en mi silla, y solté un profundo suspiro. Tomando otro sorbo de mi cerveza repasé los hechos extraordinarios de esa noche. Todo parecía un sueño. Nunca había creído realmente en el amor a primera vista, pero los sentimientos por esta chica me habían confundido. Sabía que contaría cada segundo hasta que la viera nuevamente. Siempre había sido muy independiente, y aún en ese momento me sentía vacío sin ella. Como un estadio de fútbol después de que los jugadores y los espectadores se han retirado. Cuarenta horas parecían una eternidad; ¿pasarían alguna vez?

Terminé mi trago y salí al estacionamiento. El aire estaba fresco, y la luna brillaba como si fuese un ojo gigante observándome. Miré a las estrellas y pensé lo pequeño e insignificante que era en la inmensidad del universo. Aunque, de alguna forma, yo me sentía muy importante esa noche, más importante que nunca. Parecía que por primera vez en mi vida sabía realmente hacia dónde me dirigía.

Busqué mi moto y esto me trajo a la realidad. ¿Cómo podía mi vida haber cobrado un nuevo sentido? Hacía sólo dos horas que la había conocido. Si yo enfrentaba la verdad, las posibilidades eran que ella nunca aparecería. Quizá no, pero había algo seguro, yo estaría allí para descubrirlo.

CAPITULO 2

Los dos días pasaron muy lentamente, pero pasaron en verdad, y para las siete menos cuarto de esa tarde, yo estaba sentado en el bar esperando que llegara Jackie. Me comí las uñas de los nervios, haciendo una pausa sólo para mirar el reloj mientras forjaba su camino hacia las siete en punto. Tenía un nudo en el estómago y no había comido nada desde el desayuno. Mi sentimiento más profundo me decía que vendría, pero no podía reprimir la duda irritante de que me estaba auto engañando. Quizá al reflexionar, podría pensar que era demasiado joven para ella. A decir verdad, lo era.

La puerta se abrió. Mis ojos se fijaron en la entrada: era un hombre que ingresaba. Yo suspiré y miré nuevamente al reloj antes de volver a la tarea de comerme las uñas. ¿Quizá ella se había encontrado con alguien? Mi mente exploraba toda explicación posible para que ella no viniera mientras mis ojos se la pasaban mirando de la puerta al reloj, y a la puerta nuevamente. Ya eran las siete y cinco, y aún sin novedad. En ese momento realmente comencé a preocuparme. ¿Cómo podría encontrarla si no venía? Comencé a preguntarme si me había dado la información suficiente como para poder encontrar el lugar donde trabajaba. Si sólo le hubiera preguntado el nombre del bar.

La puerta se abrió nuevamente, y con agitación, apareció la esbelta y delgada rubia que había captado mi corazón. Su cabello brillaba como hebras de oro puro en la colorida iluminación del bar. Su blusa blanca y su pollera negra larga, moldeaban cada curva de su cuerpo bien formado.

Me levanté inmediatamente con exuberancia infantil y le ofrecí un trago.

"Me gustaría una gin con tónica, por favor", pidió ella, notando obviamente lo ansioso que estaba. "Estoy tan contenta que me esperaste. Lamento llegar tarde a nuestra primera cita. Mi Mini comenzó a recalentar otra vez y tuve que parar en una estación de servicios para echarle agua".

"Bueno, está bien. No te preocupes." Mi ego se elevó. Estoy contento que decidiste venir". Tomé los tragos de la barra y le alcancé a Jackie su gin con tónica.

"Por supuesto que sí, ¿por qué no habría de hacerlo?". Ella bebió y miramos alrededor para buscar una mesa. El bar estaba tranquilo, con sólo tres personas sentadas a las mesas, y un hombre parado en el fondo.

El lugar era pequeño y acogedor, con nueve mesas de roble de estilo antiguo, cada una rodeada por banquetas tapizadas en terciopelo borgoña, ya aplastado por el uso. La sala estaba iluminada con una suave luz anaranjada que provenía de tres arañas, y las vigas del cielorraso y el bronce antiguo le daban al bar un aire de calidez y esplendor.

"¿A qué hora empieza el baile?". Pregunté, sintiéndome un poco más cómodo.

"Alrededor de las ocho". Jackie miró su reloj. "¿Quieres dejar tu moto aquí y subir a mi auto?".

"Sí, seguro". Me sonreí y le eché un vistazo a su largo vestido ajustado. "No estás vestida como para subir a mi moto, ¿no?".

"Me temo que no. Confías en las mujeres al volante?"

"Confío en ti". Dije suavemente. Jackie me miró invitándome, y yo encontré la oportunidad para tomarle la mano. Ella apretó mi mano y me sonrió con afecto. Sentí un escalofrío por todo mi cuerpo. Cualquier problema que hubiera tenido, se borró en un instante: lo único que importaba era el presente.

"Eso dices ahora", Jackie me embromó, "pero todavía no te has subido al auto conmigo".

"Estoy seguro que no puedes conducir tan mal, ¿verdad?".

Jackie se encogió de hombros y sonrió. "Espera y verás".

"Como te dije, confío en ti. De todas maneras, ¿queda lejos?"

"No mucho, pero mejor vamos pronto". Jackie volvió a mirar su reloj. "Mejor que no lleguemos tan tarde. Dejan entrar a demasiada gente".

Terminé lo que me quedaba de cerveza. "Cuando quieras, estoy listo".

Jackie terminó su trago y nos fuimos. El aire de la noche se estaba poniendo frío. El invierno se estaba aproximando pero, al menos, no llovía. Tampoco lo hubiéramos notado, estábamos demasiado ocupados disfrutando de la mutua compañía como para preocuparnos de trivialidades tales como las del tiempo.

El auto de Jackie estaba estacionado al lado de mi moto. Tiré mi casco en el asiento de atrás cuando me subí y la miré a Jackie. Nuestros ojos se cruzaron. Con nervios, le puse mi mano sobre sus hombros y ella se acercó a mí tomándome la mano. Sus ojos azules brillantes me atrajeron. Acaricié su cabello suave y le besé suavemente los labios. Ella me rodeó con sus brazos y me abrazó fuerte, presionando sus labios contra los míos. Sentí un cosquilleo en el cuerpo mientras mi cuerpo se fundía en sus brazos. Su amor y su afecto me rodeaban como un precioso capullo misterioso aislándome del mundo exterior. Todo lo que podía sentir eran sus labios sedosos contra los míos, su cálido aliento sobre mi mejilla y las curvas de su cuerpo bien apretado junto al mío por nuestro abrazo.

"Estoy tan contento de haberte conocido". Dije, ante la necesidad de decir algo.

"Yo también". Respondió Jackie suavemente, apretándome fuerte.

Estábamos tan embelesados por el hecho de estar juntos, hablando, besándonos y demorándonos en los brazos del otro, que no nos dimos cuenta de cómo estaba pasando el tiempo, hasta que Jackie notó el reloj en el tablero.

"Hey, ¡mira la hora que es!" Dijo ella, reclinándose en el asiento del conductor. "Mejor que nos vayamos, de lo contrario, no podremos entrar".

Ella puso en marcha el auto y lo hizo chillar al dar la vuelta en el estacionamiento en dirección a la salida. No venía nada, entonces se asomó a la carretera y arrancó. Me sentí empujado hacia atrás en mi asiento por la aceleración. Este no era un Mini común. La miré a Jackie, un tanto alarmado.

"¿Estás bien? Preguntó Jackie tranquilamente. El velocímetro marcaba casi noventa kilómetros por hora, con una curva pronunciada reluciendo cada vez más cerca, ¡y todavía estábamos acelerando!

"Sí, sí, estoy bien" respondí tanteando el cinturón de seguridad. "Me gusta la velocidad".

Mis ojos estaban fijos en la ruta. Nunca había estado tan aterrorizado en un auto en toda mi vida. Por más que me esforzaba en pensar en otra cosa, no podía evitar preguntarme si el auto en realidad quedaría en pie en la próxima curva. Aunque, ciertamente no le iba a demostrar a Jackie lo nervioso que me sentía, por lo tanto, traté de permanecer tan calmo como me lo permitían las circunstancias, y rezaba para que no tuviéramos que ir demasiado lejos.

"Estamos a mitad de camino". Me informó Jackie, mientras que el auto se acercaba a un puente con cuneta. Cuando el auto pasó por el mismo, las ruedas quedaron suspendidas momentáneamente. Inmediatamente después del puente había una curva cerrada hacia la izquierda, y tocamos el piso justo a tiempo para hacer el giro, yo exhalé un suspiro de alivio. Luego vi lo que teníamos adelante. En el peor momento de esta curva peligrosa, la calle estaba completamente bloqueada por un tractor haciendo marcha atrás para guardar un coche remolcado en una entrada. No teníamos salida.

Sentí que me iba hacia delante, sostenido sólo por el cinturón de seguridad, pero el esperado choque nunca llegó. Levanté la vista, y para mi sorpresa, para no llamarlo alivio, nos habíamos detenido por completo. El tractor, que aún estaba a unos cuantos metros de nosotros, continuaba retrocediendo. Yo la miré a Jackie.

"Qué lugar tan inoportuno para tener una entrada". Remarcó en forma casual.

"Bastante". Respondí, sin poder decir otra cosa.

El tractor completó su giro, y nosotros aceleramos por la carretera una vez más. Completamente aterido por la inminente colisión con el tractor, me recosté en el asiento por el resto del viaje.

El estacionamiento del club estaba lleno cuando llegamos, pero logramos ubicarnos en un lugar vacío de alguien que recién se iba.

"Espero que nos dejen entrar". Dije, tomando la mano de Jackie mientras atravesábamos el estacionamiento.

"Parece que tenemos suerte", Jackie señaló hacia la puerta, "la gente todavía está entrando".

Nos ubicamos en la pequeña fila de gente que esperaba afuera, y después de un rato, fuimos admitidos. Yo saqué las entradas y la seguí a Jackie a la pista de baile. Era un lugar enorme con sillas y mesas todo alrededor, una gran barra en el fondo y una pista de baile grande en el centro. Debería haber doscientas o trescientas personas allí adentro, y todavía quedaban mesas vacías.

Jackie buscó una mesa, mientras que yo fui a buscar algo para tomar. La fila en la barra era tres veces más grande que su largo total, pero como había once personas sirviendo, no llevó demasiado tiempo que me atendieran. Pagué las bebidas y comencé a buscar dónde estaba Jackie. No había prestado mucha atención qué mesa había elegido, un descuido que ahora lamentaba. Con tantas mesas en el salón, era obvio que demoraría un rato encontrarla, y decidí volver al lugar en que nos habíamos separado y comenzar la búsqueda desde allí. Cuando me acercaba a la entrada, la divisé haciéndome señas, y me dirigí hacia ella.

"Es fácil perderse aquí adentro". Remarqué en forma casual mientras colocaba los tragos sobre la mesa.

"Espera hasta más tarde, cuando la gente está en la pista, ahí no puedes encontrar a nadie". Jackie tomó un poco de su bebida. "Por eso estaba tan apurada por llegar. Espero que no te haya asustado demasiado".

"Un poco quizá", admití, "pero me acostumbré. Parecías estar segura de lo que estabas haciendo".

"No te preocupes, generalmente no manejo así". Jackie se rió, pero no sentí que se estaba riendo de mí. Ella me tomó la mano que la tenía sobre la mesa, y entrelazó sus dedos con los míos.

"No importa. Como te dije, confío en ti". Le acaricié su mano suavemente y la miré a los ojos brillantes y azules. Me sentía mucho más cómodo con ella ahora. Se acercó, la rodeé con mis brazos y la besé.

Mientras nos besábamos, las luces eran más suaves, y la música de fondo que había estado suave, de repente cobró vida a través de ocho parlantes potentes ubicados alrededor del salón. Toda la pista de baile se iluminó con un espectro de luces psicodélicas. El ritmo se había inaugurado, y la gente se acercaba a bailar.

"¿Quieres bailar?" Jackie gritó, levantándose, pero aún sosteniendo mi mano.

"¿Debo hacerlo?" Le respondí medio en broma.

"Sí". Jackie me tiró del brazo con tanta fuerza, que yo me tropecé con la silla y me caí al suelo. Jackie se rió a carcajadas. Se compuso una vez más y me ofreció su mano para ayudarme a levantar, pero en vez de usarla para incorporarme, le tiré de su brazo y se cayó al piso junto a mí. Terminamos sentados, uno sobre el otro, riéndonos hasta que nos dolieron las costillas.

"Seguro que piensan que estamos locos". Le susurré al oído. La gente de las mesas contiguas nos observaba con una mezcla de divertimento y desaprobación.

Jackie miró a su alrededor y luego a mí, y se tentó una vez más. La ayudé a pararse y la llevé de la mano a la pista, donde comenzamos a bailar.

El ambiente era eléctrico. A minutos de haber comenzado, la enorme plataforma estaba vibrante y vivaz. Jackie y yo bailamos toda la noche, hasta que llegaron los lentos y pude tenerla en mis brazos otra vez. Apoyó su cabeza en mi hombro, mientras nos movíamos al suave compás de la música. Ella estaba exhausta, y al abrazarla, podía sentir la blusa pegada en su espalda por la transpiración. Yo estaba inundado de un cálido resplandor de tranquilidad interna.

Cuando se acabó la música y se encendieron las luces, volvimos lentamente a nuestra mesa y nos desplomamos en las sillas. Jackie terminó lo que le quedaba de su gin con agua tónica y se reclinó en el asiento. Su cara estaba sonrojada, y su cabello generalmente inmaculado estaba pegado en su frente y su cuello. Se lo acomodó hacia atrás con la mano y soltó un suspiro.

"Ya ves cómo me siento". Le bromeé.

"Oh, estoy destruida". Ella jadeó. "Siempre hace tanto calor aquí".

Mientras la gente comenzó a retirarse, las salidas de emergencia ubicadas alrededor del salón, que habían permanecido cerradas toda la noche y ahora estaban abiertas para lograr un desahogo más fluido, producían una suave brisa que refrescaba el ambiente.

"¿Piensas que lograrás reunir suficiente energía como para llegar hasta el auto?", le dije.

"Supongo que sí, haciendo un esfuerzo supremo. Aunque podría necesitar una ayuda." Ella me extendió su mano. Me paré y la tiré hacia mí para levantarla de la silla. La brisa otoñal tenía un toque fresco, y era un marcado contraste con el ambiente caluroso y húmedo del salón de baile. Atravesamos rápidamente el gran estacionamiento bajo la romántica luz de la luna brillante y nos subimos al auto. Jackie se sentó atravesada en ambos asientos y se recostó contra mí, yo rodeé su delgada cintura con mis brazos.

"¿Qué te pareció el lugar?" Ella tomó una de mis manos y entrelazó sus dedos con los míos, palma con palma.

"Pienso que estuvo fantástico. Realmente disfruté mucho.

"¡Qué bueno! Yo también. Siempre me gusta bailar." Ella llevó mi mano a su boca y la besó suavemente. "Imagínate, este vestido no es lo más adecuado para bailar, pero así es la moda."

"Creo que se ve absolutamente magnífico. Bueno, es una excusa para decir que tú lo haces absolutamente elegante." Yo recorrí delicadamente sus labios húmedos con mi dedo, deleitándome con la suave sensación sedosa que sentía. Entreabrió su boca levemente y yo respondí recorriendo sus encías, y luego más adentro hasta sentir la suave humedad de su lengua. Ella mordió tiernamente mi dedo y lo chupó mientras lo acariciaba lentamente con su lengua. Nunca habría pensado que esta experiencia pudiera ser tan sensual. Alcé mi otra mano y recorrí con mis dedos la base de su cuello y su cabello, haciéndole estremecer toda su columna.

"Me agrada que te guste mi vestido". Dijo ella mientras yo saqué mi dedo de su boca. Ella puso su mano en mi cabeza y me acercó hacia sus labios impacientes. Su beso fue dulce e insinuante, y como nuestros dientes se tocaron por un momento, yo sentí una sensación que recorrió todo mi cuerpo.

Por más de una hora nos estuvimos besando, haciendo unos pocos comentarios, hasta que finalmente nos separamos para emprender el regreso. Esta vez, ella manejó a una velocidad apenas más relajada, aunque bajo ningún concepto se podría decir que volvió a paso de tortuga.

"¿Nunca te han detenido por exceso de velocidad?" Pregunté con asombro.

"No. Nunca he llegado tan lejos. Supongo que he tenido suerte".

"Me inclino por lo último". Moví mi cabeza y sonreí con aprobación.

"¿No estarás nervioso, no?". Preguntó con interés.

"No, no, estoy bien realmente. Es sólo que si yo manejara mi moto a esta velocidad, seguramente me detendría la policía. Tampoco es que mi moto pueda alcanzar esta velocidad en realidad."

"Las motos siempre llaman la atención a la policía. Nadie le presta mucha atención a un auto común como éste, a menos que hagas una tontería. Sería diferente si lo modificara con llantas deportivas, un escape libre y franjas a los costados, pero ¿a quién le interesa todo eso?" Jackie se encogió de hombros.

"Sí, absolutamente".

Giramos para entrar en el estacionamiento del bar donde había dejado mi moto y estacionamos al lado.

"¿Estás libre mañana a la noche?" Pregunté confiado.

"Me temo que no." Respondió ella. "No voy a estar libre hasta el domingo. ¿Vamos a algún lado, entonces?"

"Sí, está bien. Nos podríamos encontrar a la mañana y estar juntos todo el día si quieres."

"Bárbaro. ¿Quieres que te pase a buscar por tu casa?" Preguntó Jackie.

"Em, sí está bien", dudé. "Te espero en la puerta del puesto de diarios de la calle Davyhulme, si quieres, ¿sabes dónde queda eso?"

Mis padres eran bastante liberales, pero no creo que estuvieran preparados como para que me pasara a buscar una chica de unos seis años mayor que yo. Yo ya había recibido suficientes sermones sobre mi compromiso con el estudio, o más bien por mi falta de compromiso. Yo no necesitaba más discursos sobre mi vida social también, especialmente ahora que tenía una de verdad.

"Seguro. ¿A las once está bien?" Los ojos de Jackie brillaban como joyas.

"Sí. Te veo entonces". La abracé y le di un último beso prolongado. Era todo lo que podía hacer para despedirme. Tomé mi casco y salí del auto. Jackie me tiró un beso y se fue. Mientras la miraba partir por la calle, me invadió un misterioso sentimiento de vacío una vez más. Sería otra larga espera antes de poder volver a verla nuevamente, pero esta vez las cosas eran muy diferentes. Ahora sabía que ella vendría.

CAPÍTULO 3

Eran las once menos cinco, y yo estaba parado en la esquina, al lado del negocio donde había arreglado encontrarme. Un Ford Capri amarillo brillante me llamó la atención cuando chilló al detenerse sobre la mano de enfrente, pero seguí buscando con la vista el Mini de Jackie.

"Hey, soy yo." Jackie me gritó desde la ventanilla medio abierta del Capri. Crucé corriendo y me subí.

"No te reconocí en éste". Le expliqué, sonriendo ante la excitación de volver a verla. "No te podía ver a través de los vidrios polarizados".

"¿Te gusta?" Preguntó ansiosamente. "Me lo entregaron ayer."

"Sí, está hermoso". Miré el suntuoso interior negro y el impresionante tablero de instrumentos. Era un auto con estilo. "¿Qué pasó con el Mini?"

"En parte lo cambié por éste". Jackie lo puso en primera y arrancó. Fui empujado de golpe por la inercia hacia el respaldo cuando el auto arrancó bruscamente, con el lógico chillido de las cubiertas. El velocímetro subió a 95 kph en segundos sin pasar de cambio.

"¿Qué diablos es esto?" Pregunté con asombro.

"Es un RS3100". Dijo ella con una sonrisa en su cara. "No me pude resistir".

"Ya entiendo porqué." Me babeé. "Es el auto soñado."

"¿Qué vamos a hacer hoy? Preguntó Jackie, mientras aminoraba la marcha a una velocidad más sensata. "¿Vamos a dar una vuelta?"

"Me parece bien. Si tienes hambre, conozco un buen lugar a unos pocos kilómetros de aquí que sirven una comida muy buena. He ido con mis padres algunas veces".

"Está bien, vamos".

Almorzamos juntos en una posada rústica de campo cerca de Lymm, y pasamos el resto del día andando de un lado a otro, paseando, conversando y conociéndonos. A la noche, llegamos a un hotel tranquilo que Jackie conocía. Ciertamente, estaba adquiriendo conocimiento de los lugares nocturnos de Manchester.

El hotel estaba dividido en varios sectores: el restaurante, el pool, el bar donde tenían un tragamonedas y el salón. Teníamos hambre nuevamente y decidimos entrar a este último para comprar algo para comer.

El salón estaba amueblado con abundancia, bancos con tapizado grueso y sillas, y mesitas bajas en cobre y roble. Nos sentamos en el bar y miramos el menú.

"Esta vez voy a comer estos", Jackie insistió.

Los dos pedimos langostinos con papas fritas y compramos unas bebidas que llevamos a la mesa junto a la ventana.

"¿Trabajas mañana?" Le pregunté.

"Sí. Mis horarios generalmente son siempre los mismos, así que yo tengo libre los domingos, miércoles y viernes a la noche. También trabajo tres tardes. Me gustaría probar y cambiarlo para trabajar tres noches y cuatro tardes".

"Estoy totalmente de acuerdo." Asentí. "Podría verte más."

"No pasa nada si me vienes a visitar cuando estoy trabajando, supongo, pero podría ser bastante aburrido para ti. Generalmente estoy muy atareada por las noches, así que tendríamos poca oportunidad de conversar. Supongo que tendrás que estudiar de todos modos."

No estaba equivocada en ese punto. De acuerdo a mi ritmo de estudio, mi dedicación había disminuido la última semana.

"Sí, tengo mucho trabajo que hacer durante los días de semana. Imagínate, yo no diría que estudio demasiado. Parece que nunca puedo abordarlo seriamente. Tengo muchas distracciones."

"Como yo."

"Eres la clase de distracción que necesito". La miré profundamente a sus ojos insinuantes. Ella estaba hermosa con su traje con pantalones negros, el cinturón de cadena dorado y su cabello rubio lacio.

"Quiero saber algo". Preguntó adoptando un toque de curiosidad. "¿Le has dicho a tus padres sobre mí?"

"No, en realidad, no." Admití. "¿Por qué me lo preguntas?"

"Me parecía. Eso explica por qué me pediste que te pasara a buscar por el negocio. Me resultó un poco extraño. ¿Es porque soy mayor que tú?"

"En parte, supongo, pero a mí no me molesta. No pienses eso". Me sentí incómodo porque ella pudiera pensar que la estaba escondiendo de mi familia. Le tomé la mano y se la apreté fuerte con la mía. "En realidad, no hablo de asuntos del corazón con mis padres. Ellos ya creen que paso demasiado tiempo divirtiéndome y no lo suficiente en lo que respecta al estudio. Probablemente tengan razón, pero en tu caso, eres más importante para mí que cualquier otro tema, y nunca lo entenderían. No vale la pena discutir para tratar de explicarlo".

Jackie se acercó y me besó en la mejilla suavemente. "¿Cómo te llevas con ellos?" Preguntó.

"Muy bien. He tenido una niñez muy feliz y mis padres son muy comprensivos en la mayoría de los temas. Es sólo que ellos insisten con el repaso. Entiendo su punto de vista, sólo que yo tengo una perspectiva diferente de lo que es importante en mi vida. He rendido bien mis exámenes, tengo todas las materias aprobadas de la escuela secundaria etcétera, etcétera, pero no estoy seguro de que la Universidad sea lo que realmente quiero. A veces siento que debería abandonar mis estudios y conseguirme un trabajo."

"Yo no me apuraría tanto a eso". Jackie movió su cabeza y tomó otro sorbo de su trago. "Si tienes inteligencia, deberías sacarle provecho. Es difícil conseguir un trabajo decente sin un estudio. ¿Qué te gustaría hacer?"

Me encogí de hombros. "Ese es el problema, no tengo ninguna ambición definida. Me gusta Biología, pero no sé qué tipo de trabajo hacer al terminarla."

La comida que habíamos pedido llegó, prolijamente servida en canastitas de mimbre forradas con una servilleta y acompañadas por un bol de salsa tártara. La comida estaba deliciosa y ambos comimos en un silencio virtual, disfrutando hasta el último bocado.

"Esto estuvo espléndido". Usé la servilleta para limpiar mi boca antes de estrujarla y ponerla en la canasta con los cubiertos.

"Así es. Nunca había comido antes aquí, pero definitivamente vale la pena volver". Jackie bajó la comida con lo que quedaba de su trago. "¿Quieres otra bebida?" Preguntó ella.

"Yo pago." Insistí.

"No, te dije que yo pagaría esta noche." Jackie tomó los vasos. "Yo tengo un buen sueldo y no quiero que tú pagues todo. Aunque te pido un favor, ¿podrías traerme unos cigarrillos de la máquina que está allí afuera en la entrada, mientras que estoy en el bar?". Ella empezó a buscar cambio para la expendedora de cigarrillos.

"Está bien, tengo cambio". Aunque estaba un poco sorprendido ante el pedido de los cigarrillos. "No sabía que fumabas."

"Yo no, son para mi mamá. Le prometí comprárselos mientras estaba afuera. Ella prefiere Benson and Hedges, de lo contrario, cualquiera está bien."

Fui a la máquina de cigarrillos en la entrada, pero pronto me di cuenta que no tenía el cambio correcto. Había estado tan seguro al no dejarle a Jackie que me diera el dinero para los cigarrillos, que no había controlado si, en realidad, tenía el cambio justo. No tenía ninguna intención de pasar por tonto y volver, entonces fui al bar público a pedir cambio. Estaba atestado de gente, y después de esperar un largo rato, conseguí el dinero que necesitaba y volví a la expendedora de cigarrillos.

Puse las monedas en la ranura y seleccioné Benson and Hedges. De repente, mi cabeza quedó dando vueltas por un fuerte golpe en la nuca y caí al piso en un estado de semi - inconsciencia. Traté de arrodillarme. Pero mi cabeza daba vueltas y vueltas. Mis fuerzas abandonaron mi cuerpo, y caí boca abajo. Me di cuenta del tremendo dolor en la parte posterior de mi cabeza y traté de concentrarme en lo que estaba pasando.

"Pensé que eras vos". Oí una voz que reconocí a medias, provocándome de atrás.

Giré levemente sobre un costado y vi vidrios rotos de una botella que estaba tirada a mi lado entre manchas de sangre. Di vuelta mi cabeza para mirar hacia arriba y vi al viejo amigo de Jackie, Ken, parado por encima de mí con dos de sus amigos.

"¿No nos viste en el bar? Deberías haber venido a charlar". Ken se sonrió afectadamente.

Traté de juntar fuerzas en un esfuerzo supremo para levantarme, pero todavía estaba demasiado aturdido. Ken me pateó en el estómago haciéndome encoger más.

"¿Adónde te pensás que vas?" Ken preguntó fríamente. "Todavía no terminé".

"Vamos, Ken". Uno de sus amigos le tiró de la manga. "Vamos antes de que venga alguien. Ya aprendió su lección, no queremos matarlo".

"¿No?" Ken miró fijo a su amigo con ojos que mostraban que había perdido todo sentido de la razón.

Él me pateó nuevamente, en el momento en que los amigos de Ken decidieron que ya era suficiente para ellos y salieron corriendo. Ken me dio una última patada y los siguió al estacionamiento.

Traté nuevamente de incorporarme, y finalmente logré levantarme sobre mis manos y rodillas. Salí gateando por la puerta que conducía al estacionamiento, y vi a Ken y sus amigotes riéndose y haciéndose los payasos mientras se dirigían a su auto. Yo pude sentir la sangre que corría por mi cuello y goteaba por mi mentón. Apreté los dientes y me levanté con gran esfuerzo usando el marco de la puerta como sostén.

Jackie estaba sentada a la mesa junto a la ventana, preguntándose por qué tardaba tanto en conseguir los cigarrillos. Mientras tomaba otro sorbo de su cola, lo vio a Ken y a sus compañeros subiéndose al Pontiac, y se dio cuenta inmediatamente que algo sucedía. Salió corriendo hacia la entrada y se detuvo cuando vio la sangre y el vidrio roto en el suelo. Ella llevó su mano a la boca, mientras que un frío le recorrió su cuerpo.

El auto de Ken estaba dando la vuelta hacia la salida. Yo había empezado a caminar hacia ellos trastabillando, y logré agarrar medio ladrillo que estaba tirado al lado de una pared baja del estacionamiento.

"No, Mike, espera". Gritó Jackie mientras salía corriendo hacia el estacionamiento, pero su advertencia llegó demasiado tarde.

Cuando el auto se aproximaba hacia mí para salir del estacionamiento, revoleé el ladrillo, dándole al parabrisas del auto, haciéndolo añicos. Me desplomé y caí en cuatro patas por el esfuerzo. Aún dentro de mi estado de aturdimiento, sentía la satisfacción de haber golpeado al precioso auto de Ken.

El auto rechinó al detenerse, y Ken salió con una locura absoluta y se dirigía hacia mí.

"¡Déjalo en paz, bastardo!" Jackie gritó mientras que corría hacia mí. Ken la vio venir y detuvo su marcha.

"Déjalo. No vale la pena". Una voz le gritó desde el auto. "Vámonos de aquí".

Ken desganadamente volvió al auto y se fue, sacando lo que quedaba del parabrisas para poder ver al manejar.

"Mike". Jackie se arrojó al piso, y puso sus manos alrededor de mí para sentarme. "¿Estás mal herido? ¿Qué te hicieron?"

"Estoy bien, creo. Sólo un poco atontado". Puse mi brazo sobre ella para tener un punto de apoyo y pude ver lágrimas rodando sobre sus mejillas. Levanté mi mano para secarle las lágrimas y terminé ensuciándole con sangre. Sus ojos llorosos estaban llenos de miedo cuando vio la sangre corriendo por mi cara y mi cuello. Ella sacó un pañuelo de su bolsillo y lo presionó sobre la herida para detener el sangrado.

"Me tomó de sorpresa por atrás, no sabía que él estaba allí hasta que me golpeó con la botella". Traté de explicar; apenas farfullé.

"Sshhh. No trates de explicar". Ella me sostuvo fuerte, sintiendo la cálida sangre pegajosa sobre su mejilla. "Has perdido mucha sangre, necesitamos ver a un médico".

"No hace falta, se ve peor de lo que es en realidad". Le aseguré. "Las heridas de la cabeza siempre sangran mucho, pero va a parar pronto."

"¿Qué se supone que debo hacer contigo?". Jackie sollozó.

"Ayúdame a levantarme". Puse mi brazo sobre sus hombros, y mientras ella me sostenía de la cintura, logré incorporarme.

"Así está mejor". Traté de inspirar ánimo, pero mis palabras farfulladas sólo hacían sentir más ansiosa a Jackie.

"Por favor, permíteme que te lleve al hospital".

"Estaré bien. Si vamos al hospital, tendremos que explicarle a la policía qué pasó. Y no queremos realmente pasar por todo eso, ¿no?". La miré esperando que estuviera de acuerdo.

"Mira, no nos va a llevar mucho tiempo llegar a mi casa. Te llevaré y te limpiaré, si no te veo mejor cuando llegamos, voy a llamar al médico." Jackie estaba decidida.

Estuve de acuerdo y fuimos hacia el auto. Jackie volvió al bar a buscar su monedero, que tenía las llaves del auto. Asombrosamente, todavía estaba allí, y me llevó hasta su casa.

"Si mi madre está de mal humor, sólo ignórala". Jackie me advirtió mientras salíamos. "A ella no le gusta que lleve novios a casa, aún cuando las condiciones son buenas".

La casa era del típico estilo de Manchester, tres habitaciones, con terraza, pero en el interior estaba muy bien amueblada, con alfombras gruesas y una delicada mezcla de muebles antiguos y modernos. Jackie me condujo hacia la cocina y me sentó junto a la mesa, donde preparó un bol con agua caliente y antiséptico.

"¿Estás seguro que te encuentras bien?" Ella preguntó mientras limpiaba la sangre de mis heridas con un pañuelo embebido. "Todavía está sangrando, pero no tanto como antes."

Ella suavemente quitó la sangre coagulada, para poder tener una mejor visión de las heridas. Había un gran chichón donde me había golpeado la botella y varios cortes alrededor, el más profundo continuaba sangrando.

"A éste deberían darle un punto". Ella insistió, levantándose para salir de la cocina.

"¿Adónde vas?" Pregunté, interesado pensando que ella iba a llamar al médico.

"A buscar algunas vendas".

Jackie volvió unos minutos más tarde y cortó un cuadrado de gasas que presionó sobre la herida, produciéndome un dolor como un pinchazo en la parte posterior de mi cabeza.

"Manténlo allí mientras te limpio". Ella comenzó a limpiar las manchas de sangre de mi mejilla. Líneas de sangre habían rodado desde atrás de mi cabeza, alrededor de mi oreja y a través de mi rostro, mientras que otras habían bajado por mi cuello a través del mentón y mi garganta.

"Dios, esto me va a llevar mucho tiempo". Ella maldijo.

Una mujer de unos cincuenta años entró a la cocina. De buena contextura y bastante alta, con cabello rubio con algunas canas y ojos verdes punzantes.

"Hola, mami". Jackie la miró y sonrió. "Este es Mike, ¿recuerdas que te hablé de él?"

"Hola". Dije tímidamente, sintiéndome muy incómodo por mi apariencia.

"Otra vez en problemas". La mujer frunció el ceño. "Es típico."

"No tuvimos la culpa, ma." Jackie le explicó con calma, todavía limpiando la sangre de mi cara.

"Oh no. Nunca la tienes, ¿no?" Su madre movió su cabeza con desaprobación.

"¿Qué quieres decir?" dijo Jackie con calma. "Yo nunca te he traído ningún problema a casa, y tú lo sabes."

"¡Huh! Piensas que no sé a lo que te expones al trabajar en ese bar". Su madre levantó su dedo y frunció el entrecejo. No trates de convencerme de que eres una niña inocente porque yo sé más. No me puedes vendar los ojos."

Yo no lo podía creer, oír a su madre hablándole de esa manera. Jackie me miró avergonzada.

"Oh, mamá, realmente, deja de tratarme como a una niña. No hay nada malo en trabajar en un bar. Gano buena plata y me da la oportunidad de hacer algo. Deberías estar contenta que estoy trabajando, la mayoría de mis amigos no pueden conseguir nada.

"¿Amigos? ¿Qué amigos?" Su madre dio media vuelta y se fue tan abruptamente como había entrado.

"¿Estás bien?" Levanté mi mano y acaricié su mejilla para reconfortarla. Ella estaba claramente disgustada por los comentarios, pero trató de no demostrarlo.

"Sí, por supuesto". Jackie se encogió de hombros. "Ella está enojada porque te traje a casa".

"No debería haber venido aquí". Me sentí culpable por haber sido la causa de tan lamentable episodio.

"Por supuesto que sí". Jackie volvió a la tarea de limpiar mi cara. "Tuve que traerte aquí para asegurarme que estabas bien. Eso es más importante para mí que si mi madre se enoja o no por esto. ¿Sabes? Cada vez que le pregunto si le molesta que traiga amigos a la vuelta, ella siempre dice que no, pero cuando lo hago, reacciona así. Hubiera sido lo mismo si no estuvieras herido y estuviéramos tomando sólo una taza de té juntos."

Jackie terminó de limpiarme la sangre de mi cara y el cuello, y luego sacó la gasa que yo había estado sosteniendo sobre la herida para poder ver si aún estaba sangrando. Ella se fue y volvió con un sache de polvo que abrió y puso sobre la herida.

"¿Estás seguro que no preferirías que te lleve a la guardia?" Ella preguntó. "¿Cómo te sientes?"

"Me siento mucho mejor". Respondí, sintiéndome genuinamente más fresco al haberme limpiado toda la sangre seca. "Veamos cómo me siento después de otra hora. Ven, déjame limpiarte a ti ahora. Tienes sangre en tu cara."

Tomé el trapo y comencé a limpiar su mejilla suavemente. Tuve un cálido sentimiento de alegría por el sólo hecho de estar cerca de ella.

"Así está mejor". Le dije mientras terminaba de secar su mejilla.

Jackie miró nuevamente la herida de mi cabeza.

"Está dejando de sangrar". Ella puso un poco más de polvo. "No me animo a lavar la sangre de tu cabello por si comienza a sangrar nuevamente".

La miré cuando ella fruncía el ceño al ver la herida. "Eres una pequeña Florence Nightingale, ¿eh?". Le bromeé, poniendo mi brazo alrededor de su cintura y teniéndola cerca. "Dame un beso y me sentiré mucho mejor".

Jackie se rió y puso sus brazos sobre mis hombros, dándome un beso largo, cálido y afectuoso. La estreché fuerte. Me había olvidado por completo del dolor. Yo sólo sentía una profunda sensación de felicidad y alegría, mientras recostaba mi cabeza suavemente en su pecho, y sentía los latidos de su corazón.

"¿Me conseguiste los cigarrillos?" Una voz vino desde la puerta.

Jackie se dio vuelta, sobresaltada por la interrupción. Su madre entró una vez más. "Em no, me temo que no". Jackie dudó para pensar. "Mike estaba tratando de conseguirlos cuando lo atacaron."

"Oh, eso es grandioso". Su madre movió los ojos hacia arriba enojada. "No me queda ninguno. ¿Dónde se supone que puedo conseguirlos ahora?"

"No te preocupes, te los conseguiré cuando lleve a Mike a su casa, ¿está bien?". El tono de la voz de Jackie indicaba que estaba comenzando a perder la paciencia.

"No te molestes, yo me los consigo". Murmuró su madre mientras se iba una vez más. Unos minutos más tarde, salió dando un portazo detrás de ella.

Jackie levantó sus manos con desesperación. "Dios, me vuelve loca", renegó. "Te lastiman mientras le estás comprando sus malditos cigarrillos y todo lo que le importa es que no los trajiste contigo después. Lamento que haya sido tan grosera."

"Por favor no te disculpes". Le tiré en broma de su cinturón dorado, acercándola. "Tú me advertiste con lo que me iba a encontrar. Mira en qué estado estoy. Probablemente piensa que he estado buscando camorra".

"Pero ese es el problema, ella piensa mal de todos los que conozco, y por eso piensa mal de mí. Ella nunca ha estado orgullosa de mí desde el día en que nací, y mi papá es lo mismo. Tengo la impresión que nunca quisieron ningún hijo y que yo he estado en el medio desde que me tuvieron."

"Probablemente es sólo su forma de ser. Ellos seguramente te quieren dar el mundo, pero no encuentran la forma de demostrarlo", le tomé la mano y traté de reconfortarla, pero todavía estaba muy enojada. Era claro que a pesar de tratar de ocultar sus sentimientos, la frialdad de sus padres la afectaba profundamente.

"Quizá". Jackie se encogió de hombros, pero estaba segura en su interior que ese no era el caso.

Aparentemente sus padres nunca le habían demostrado amor verdadero, ni siquiera de niña, y aún ella continuaba amándolos, lo que lo hacía más difícil de soportar. Siempre había buscado su afecto, y cuanto más lo intentaba, más la alejaban. Esto le había dado una niñez solitaria e insegura, aliviada sólo por su tío, que había sentido su pesar y la había tratado como a una hija. Él le había dado el amor y el afecto que le habían faltado de sus padres, y al morir el año anterior, había perdido a la única persona que siempre había sentido realmente cerca de ella.

Mientras se demoraba en los antiguos dolores del corazón, tuvo un poderoso sentimiento de pertenencia que fluía de su interior, tanto que estiró sus brazos a mi alrededor y rompió en llanto.

"No llores". Le supliqué, sin comprender la razón de sus lágrimas. "Estoy seguro que ellos no tienen mala intención en las cosas que dicen".

"No importa". Ella se secó las lágrimas y sonrió. "Te tengo a ti".

"Por supuesto que sí". Dije con algo de sorpresa ante su acotación. "Te amo".

Ni bien las palabras se deslizaron, me maldije a mí mismo por lo bajo. Ahora parecía algo tonto de decir. La había conocido hacía menos de una semana, y ya le estaba diciendo que la amaba, como un tímido colegial en su primera cita.

"Yo te amo también". Las palabras de Jackie me produjeron una fría sensación de hormigueo por todo mi cuerpo. Creo que hasta Jackie estaba sorprendida por lo repentino de su anuncio.

"No necesitas sentirte obligada a decirlo sólo porque yo lo hice". Me sentí incómodo por haberla puesto en un aprieto.

"Lo sé". Jackie salió de su silla y se sentó sobre mis rodillas, apoyando su cabeza sobre mi hombro.

Le levanté su cabeza de mi hombro y le di un beso apasionado. Jakie respondió inmediatamente abriendo su boca levemente, y pronto sentí su lengua danzante contra la punta de la mía. Puse mi mano detrás de su cabeza y la empujé contra mí con fuerza, mientras exploraba los recovecos más profundos de su boca tibia y sensual. Sentí su profundo aliento contra mi mejilla, y sus salvajes dedos tentativos deslizándose de un lado a otro por mi espalda y mis hombros. Miré sus ojos bien cerrados y su piel suave y pálida, sólo una sombra azul se asomaba por sus largas pestañas rubias. Abrí mi mano y recorrí su cuello y me interné en su cabello, deleitándome con la sensación mientras los sedosos mechones se deslizaban por entre mis dedos. Yo sabía que esto la excitaba por la forma en que arqueaba su espalda y tensaba su cuello.

Jackie se desprendió del beso, aspiró profundamente, y descansó su cabeza sobre mi hombro. Nos sentamos tranquilamente, disfrutando del sentimiento de estar cerca uno del otro, física y emocionalmente, hasta que Jackie al fin rompió el silencio.

"La mayoría de mis otros novios eran demasiado orgullosos de sí mismos. Odio a los hombres que quieren demostrar y tratan de ser machos. ¿Me entiendes lo que quiero decir?"

"Lo intento".

"Mejor te limpio un poco más antes que te vayas a tu casa". Ella se levantó y fue a buscar un poco más de agua tibia. Mucha sangre se había secado en mi pelo para entonces, y a pesar de los intentos de ablandarla con el agua, algunos trozos no salían. Al final, Jackie tuvo que cortarme un mechón de pelo para quitar los últimos rastros de sangre. Ella dio un paso hacia atrás para evaluar los resultados.

"Es lo mejor que puedo hacer". Movió su cabeza y sonrió. "Te darás cuenta porqué soy moza y no soy peluquera. Aunque, al menos, no ha sangrado nuevamente. ¿Cómo te sientes?".

"Me siento bien. Bueno, más que bien. Me siento bárbaro contigo a mi lado." Yo tenía una mirada de ensueño en mi cara, y comencé a tirarle jugando de su cinturón para atraerla cerca de mí.

"Seamos serios por un minuto". Jackie trató con dificultad de ponerse firme. "Has tenido un mal golpe. Debo estar segura que estás bien antes de llevarte a tu casa. ¿Te duele la cabeza o ves mal?"

"No. El único dolor es del chichón en mi cabeza y de las costillas que me patearon." Traté de ponerme serio.

"¿Tus costillas?" Jackie exclamó. "¿Qué pasa con tus costillas?"

"Oh, nada. Me patearon un par de veces mientras estaba en el suelo".

"Déjame ver". Jackie insistió y comenzó a desabotonar mi camisa.

"No es nada realmente". Protesté, pero esto no la detuvo. Seguramente había varias zonas con machucones severos, pero parecía que nada estaba roto.

"Si comienzas a tener dolores de cabeza u otro problema cuando llegas a tu casa, llamarás al médico ¿sí?"

"Sí, está bien." Asentí en forma convincente.

La puerta de entrada se abrió cuando la madre de Jackie volvía con sus cigarrillos.

"Bueno, vamos." Jackie se dirigió hacia la puerta y yo la seguí, poniéndome la camisa dentro del pantalón. La madre de Jackie me miró con mal gesto mientras hacía esto, pero yo la ignoré y me fui. Nos miramos los dos mientras íbamos hacia el auto y nos empezamos a reír a la vez. Era obvio lo que su madre había pensado, pero al diablo.

"Creo que le he dado una buena impresión a tu madre, ¿no?" Yo ahogué mi risa sarcásticamente mientras me subía al auto.

"Seguro que no estarás en su lista para las tarjetas de Navidad." Jackie me sonrió. "Por lo tanto, tampoco yo, ¿a quién le importa?"

Jackie me llevó hasta el negocio, donde ella me había pasado a buscar, lo que parecía que hacía una eternidad.

"¿Te veo el miércoles?" Pregunté.

"Seguro. A veces voy al centro de deportes a jugar al badminton durante la semana. ¿Te gustaría ir?"

"Umm, supongo". Dudé, y luego con más entusiasmo, "Sí, seguro, voy a probar".

"Te encuentro aquí a las siete."

Le di un último beso lento y la dejé partir. Vi cómo su auto se alejaba por la calle y cómo desaparecía de la vista antes de dar la vuelta para caminar los cien metros más o menos que faltaban para llegar a casa. Cuando comencé a caminar, me di cuenta que estaba mucho más débil de lo que había pensado. Jackie se había ido, por lo tanto, estaba solo.

Me senté en una pared baja y traté de esclarecer mi cabeza que había empezado a dar vueltas. Después de unos minutos de descanso, pude seguir unos pocos metros más y finalmente, llegué a casa haciendo unos cuantos altos. En ese momento, mi cabeza me latía con fuerza. Subí las escaleras y me tiré en la cama completamente vestido. Recordé mi promesa de llamar al médico, y me quedé acostado tratando de decidir si debía hacerlo o no. Lo próximo que recuerdo es que era la mañana y todo lo que sentía era el dolor de los cortes y los machucones.

CAPÍTULO 4

Julio de 1975: Mientras fueron pasando los meses, Jackie y yo seguimos viéndonos cuando podíamos y nuestro afecto fue creciendo y se hizo cada vez más profundo. El interés de Jackie por el badminton me había convertido en un ferviente entusiasta también. Además de mejorar mi figura, me había brindado la oportunidad de compartir algo que Jackie realmente disfrutaba. Jackie también había empezado a enseñarme a manejar, y yo terminaba conduciendo la mayor parte del viaje, donde quiera que fuéramos, para practicar.

Con la llegada de las vacaciones de verano, me fui con mi familia en nuestra casa rodante al centro de Gales. Recién había cumplido diecisiete y había cambiado mi motocicleta por una moto de verdad. En vez de ir en el auto con el resto de mi familia, me fui por mi lado en moto.

Esto resultó ser una aventura mayor de la que había planeado. A la hora de haber salido, una avispa me picó el cuello. Esto no tenía nada de extraordinario, así que continué mi camino, pero una hora y media más tarde, me di cuenta que algo estaba caminando por mi pecho. Me detuve en la banquina y comencé a desnudarme de prisa, para la sorpresa de los automovilistas que pasaban. La avispa me había picado cuatro veces más, antes que finalmente la sacara de mi ropa.

A pesar de que me había picado cinco veces, resistí la tentación de matarla. Prueba elocuente de que yo era un conservador nato aún entonces. Pensándolo bien, no le había hecho ningún favor, ya que habría tenido una ardua tarea para encontrar su camino de regreso a casa a unos 95 km de distancia.

Ésta había sido la primera vez desde nuestro primer encuentro, hacía ya casi un año, que Jackie y yo habíamos estado separados por más de unos pocos días. Parecía una eternidad. Sin embargo, fueron unas buenas vacaciones, como siempre lo eran nuestras vacaciones familiares, y finalmente el tiempo pasó. Mi familia volvió a casa para que mi padre pudiera retomar su trabajo, pero como yo era estudiante, tenía vacaciones de sobra, y pude quedarme en la casa rodante un par de semanas más. Huelga decir que ni bien se fue mi familia, llegó Jackie, y yo estaba esperándola con los brazos abiertos.

Le mostré la casa rodante, que al ser tan pequeña, no nos tomó demasiado tiempo, pero estaba bien equipada y era muy cómoda. En realidad, sólo tenía dos años, la habíamos cambiado por otra que se había arruinado en mitad del camino subiendo una cuesta durante una tormenta feroz.

"Vamos, comamos algo". Jackie tomó las llaves de su auto de la mesa de la cocina y me hizo señas hacia la puerta.

"¿Manejo yo?" Pregunté dirigiéndome hacia el auto.

"Por supuesto" Jackie me tiró las llaves.

A la hora que habíamos terminado de comer y vuelto a la casa rodante, era ya bastante tarde. Había un pequeño bar en el campo donde estaba la casa, que decidimos conocer, y en el momento en que llegamos, no faltaba mucho para que cerrara. Entramos, compramos unas bebidas y nos sentamos a una mesa, en un rincón. Era un pequeño club en realidad, con ocho mesas solamente, un tragamonedas y una máquina de servicio automático. Aún así, era acogedor y estaba tan cerca que podíamos llegar a casa caminando en dos minutos.

"Sé que suena cursi, pero estaba perdida sin ti". Me confesó Jackie. "No podía concentrarme en nada y me la pasaba preguntándome qué estabas haciendo."

"Te puedo decir que", tomé un trago de mi bebida, "estuve contando los días hasta hoy, en verdad. Pero es extraño realmente, porque el año pasado, cuando no te conocía, hacía las mismas cosas aquí con mi familia y nunca quería irme."

Le tomé la mano y entrelacé mis dedos con los de ella, presionándoselos con fuerza. "Dios mío, te amo mucho. No volveré a alejarme, te lo prometo."

"Hey, no hagas promesas." Ella puso su brazo en mi hombro y me dio un beso en la mejilla.

"¿Nada más que eso?" Le bromee. "¿Después de dos semanas?"

"Hasta más tarde, sí". Ella me sonrió en forma provocativa y picaresca.

"¿Ahora quién está haciendo promesas?" Le contesté en forma burlona.

"Fueron nada más que dos semanas". Jackie bebió fingiendo indiferencia. "De todos modos, no está mal que le recuerden a una que la extrañan."

"Es raro", dije mientras deslizaba mis manos alrededor de su delgada cintura. "Siempre pensé que tendría veinticinco años y una carrera elegida en el momento en que me involucrara seriamente con una chica."

"Oh, eso es lo que piensas de mí, ¿no?" Jackie preguntó.

"¿Qué quieres decir?"

"Involucrado seriamente".

"Por supuesto". Le aseguré, sorprendido por la pregunta. "Te amo mucho, debes saberlo ¿no?"

"Sí", ella asintió. "Sólo que es hermoso oírte decir eso, nada más."

"Sé que suena meloso, pero nunca supe lo que significaba el amor hasta que te conocí." Recorrí con mi mano la parte posterior de su cabeza y la sostuve suavemente contra mi pecho.

"Es sorprendente. Sólo tenías dieciséis años."

"Sí, supongo." Yo asentí y tomé otro sorbo de mi bebida. "Pero hay cosas que hago contigo que me derriten. Cosas que nunca hubiera imaginado que fueran tan sensuales."

"¿Por ejemplo?"

Comencé a sentirme incómodo y deseé nunca haber pronunciado esta frase.

"Como tener tus manos entre las mías, palma con palma, así." Le tomé su mano, y se la sostuve junto a la mía, deslizando mi palma contra la de ella. Luego entrelazando mis dedos con los de ella y apretando su mano con fuerza.

"¿Qué más?" Ella preguntó.

"Esto". Puse mi mano sobre su nuca, y recorrí su cabello con mis dedos abiertos, de manera que pude sentir su cuero cabelludo debajo de mi palma y los mechones de pelo deslizándose suavemente a través de mis dedos. Jackie cerró los ojos y comenzó a tirar su cabeza hacia atrás por la sensación.

"¿Qué más?" Jackie volvió a preguntar con sus ojos todavía cerrados, disfrutando de lo que estaba viviendo.

"Acariciar tus labios con mis dedos." Puse mi dedo índice en sus labios entreabiertos, y comencé a recorrerlos suavemente. "Y tus dientes."

Ella abrió más su boca, y yo acepté la invitación y comencé a pasar mi dedo por sus dientes cerrados. Puse mi dedo entre ellos y presioné suavemente para que los abriera aún más, para poder recorrerlos. Pude sentir su aliento caliente contra mi palma, y luego la punta de su lengua jugando con mi dedo. Suavemente lo puse más adentro de su boca, y ella respondió acariciando mi dedo con su lengua de un lado a otro. Cerró suavemente sus dientes y lo chupó. La sensación suave, cálida y húmeda de su boca alrededor de mi dedo me produjo escalofríos en la columna.

"¿Y ahora qué?" Suspiré. "Nunca hubiera creído que pudiera sentirse tanto."

Jackie alejó sus labios de mi dedo y me miró casi en un estado de trance. "Nunca pensé que encontraría a alguien por quien sintiera esto." Ella puso su brazo alrededor de mi cuello y me acercó hacia sus labios ansiosos. Me besó apasionadamente, sus sedosos labios húmedos presionaron contra los míos y su lengua resbaladiza se precipitaba dentro y fuera de mi boca.

"¿Por qué nunca me has pedido que hiciéramos el amor?" Jackie preguntó atrevidamente.

Yo quedé sorprendido por la pregunta. "¿Debería haberlo hecho?" Pregunte dubitativamente.

"Sí."

La miré fijo a sus ojos azules chispeantes; mi corazón latía con excitación.

"Vamos a casa". Sugerí, extendiendo mi mano a través de la mesa. Ella me la tomó y se levantó.

Paseamos bajo la fresca noche estrellada, y caminamos del brazo hacia la casa rodante, sin decir una palabra. Cuando llegamos, le abrí la puerta para que entrara y la seguí. Encendí una de las lámparas de gas y me volví hacia ella bajo la suave luz naranja.

Puse mis brazos alrededor de su cintura y la sostuve fuerte contra mí. Nuestros labios estaban a sólo un centímetro, y respirábamos pesadamente con excitación. Podía sentir su aliento caliente cuando lo inhalaba; era como si su alma estuviera entrando en mi cuerpo. Acerqué sus labios contra mí una vez más, deslizando mis manos por su espalda. Sentí las elegantes curvas de su cintura debajo de su blusa de seda blanca y mis manos se posaron sobre el cinturón de su falda ajustada. Deseaba deslizarlas aún más, de manera que pudiera sentir su cuerpo a través del suave algodón de su pollera negra.

Jackie se separó del beso y me condujo hacia la habitación de la mano. Nos acostamos en la cama del brazo, con Jackie encima de mí, entonces estábamos una vez más frente a frente. Se levantó ligeramente sobre sus codos y yo separé mis piernas para que se pudiera deslizar entre ellas, produciéndome un hormigueo de éxtasis en la ingle. La miré pero no pude ver sus ojos en la penumbra. Lo único que podía ver era su silueta y su cabello resplandeciendo en la débil luz que había.

"Eres todo para mí". Me aferré a su cintura. "Si no te hubiera conocido, nunca podría haber sabido lo que es el amor. Nunca podría haber sabido lo que me estaba perdiendo. Pero ahora lo sé. Las cosas nunca podrían volver a lo que eran. Ahora preferiría morirme antes que perderte."

"Nunca me perderás". Ella me besó en la frente. "Soy tuya para siempre. Te lo prometo."

La besé en la garganta, un acto que despertó sentimientos primitivos de confianza y deseo dentro de ella. Deslicé mi mano subiendo por su espalda y crucé por debajo de su brazo, hasta que rocé el costado de su pecho. Luego recorrí con mi palma suavemente el frente de su blusa, sintiendo la firme redondez de su seno debajo de su ropa. Ella permaneció quieta, sin decir nada. Cuidadosamente comencé a desabotonar su camisa, en parte esperando que me detuviera, pero no lo hizo.

Le desabroché todos los botones y deslicé mi mano por el interior de su blusa y volví a su espalda para palpar el broche de su corpiño. Como yo en parte esperaba, ella se separó de mí, pero en lugar de detenerme, se sentó y se desabrochó el corpiño de adelante. Yo suavemente deslicé mis manos por su vientre tembloroso: su piel se sentía como satén debajo de mis palmas. Yo sentí la ondulación de sus costillas mientras seguía hacia arriba, su pecho palpitaba mientras tomaba aliento. Finalmente, sentí la piel suave, contorneada de sus pechos, y dejé correr mis dedos a su alrededor, acunándolos en mis manos.

Ella acarició todo mi pecho y comenzó a desabrochar mi camisa. Deslizó sus manos por todo mi torso desnudo, y luego me recorrió con sus uñas suavemente, provocándome tensión por la extraña sensación de excitación. Se inclinó y me besó el pecho, antes de morderme suavemente. Yo gemí sin hacer ruido y llevé mis manos detrás de su cabeza para sostenerla fuerte contra mí.

Ella se deslizó lentamente y me dio un beso prolongado en los labios. Me incliné ligeramente y descansé mis labios sobre su pecho. Ella me rodeó con sus brazos y me sostuvo mientras yo exploraba delicadamente su suave piel de terciopelo.

Mis manos se precipitaron hacia sus caderas, y sentí los pliegues de la tela de su pollera que se había enrollado al sentarse con una pierna a cada lado sobre mí. Deslicé mis manos por sus muslos hasta que sentí el delicado toque de sus medias. Ella juntó sus rodillas presionándolas sobre mis costados y suspiró. Besé sus suaves pechos redondos y me demoré en el cálido valle en medio de ellos. Deslicé mi lengua hacia arriba; sabían a sal. Exquisitos.

En ese momento, Jackie agarraba mi cabeza con fuerza, dejando correr sus dedos a través de mi pelo con tirones erráticos. Acaricié el interior de sus muslos con firmeza, y sentí el balanceo de sus caderas tan suavemente al ritmo de mis caricias. Su respiración era más profunda e irregular, y sus rodillas estaban clavadas aún más en mis costados. Jackie tiró su cabeza hacia atrás y gimió suavemente, sus rodillas se aferraban con tanta fuerza a mis costados que yo pensé que se quebrarían mis costillas.

"Espera un minuto". Se detuvo y se levantó para quitarse lo que le quedaba de ropa y yo también me quité la mía, pero con menos dignidad y compostura que Jackie. Lentamente la tiré hacia mí sobre la cama y la besé profunda y apasionadamente. Su cabello cayó sobre mi cara, y sus caderas hicieron presión junto a las mías. Las uñas de Jackie se enterraron en mi espalda, pero el dolor solamente encendió mi deseo. Ella me dijo algo en medio de un gemido, pero no pude descifrar qué era. Mi mente vagaba entre la realidad y fuera de ella, mientras yo flotaba en una confusión de deseo físico y comunión espiritual, cuyos sabores nunca antes los había sentido.

Presioné mis labios junto a los de ella una vez más y la abracé con tanta fuerza, como para sentirme tan cerca de ella físicamente como me sentía emocionalmente. Sentí que mi propia alma era una sola con la de ella, mientras consumábamos nuestro amor. Una emoción tan fuerte que me hizo volar, y mi cabeza se echó hacia atrás suspendiendo nuestro beso. Nuevamente ella clavó sus uñas, apretándome fuerte con sus brazos y rodillas. Ella tiró mi cabeza nuevamente hacia ella y yo sentí su aliento caliente y jadeante contra mi cuello mientras su cuerpo claudicaba en mis brazos.

Me quedé inmóvil, abrazándola y demorándome en las sensaciones que habíamos vivido. Cada vez que miraba a Jackie, me sentía físicamente atraído por las suaves curvas de su cuerpo, sus hermosos ojos azules y su maravilloso cabello rubio, pero en el momento de hacer el amor no había notado nada de eso. Las emociones poderosas habían surgido de algo mucho más profundo, mucho más fundamental. Emociones que nunca antes había sentido. Que esto era amor verdadero, no había dudas. Comparado con estas sensaciones, nada más realmente importaba en la vida, ni el estudio, ni el dinero, las motos, nada.

Por el ruido de su nariz me di cuenta de que Jackie estaba llorando.

"¿Qué pasa?" Pregunté con el temor de haber hecho algo mal. Quizá la había seducido demasiado y había acelerado los acontecimientos. "¿No querías hacerlo?"

"Por supuesto que sí". Me besó el cuello.

"¿Qué pasa entonces?" Yo estaba confundido e interesado.

"¿Fue tu primera vez?" Ella preguntó.

De repente sentí un temor que afloraba desde adentro.

"Sí". Respondí de mala gana. "¿Fue tan obvio?"

"No". Jackie me aseguró. "Pero no fue la mía…y debería haber sido así."

No supe qué responder. No me interesaba que hubiera tenido novios anteriores, ni que hubiera hecho el amor con ellos. Desde el momento que era unos años mayor que yo, más bien era algo de esperar.

"Es el presente lo que importa". Respondí finalmente. "Y el futuro."

"Ya lo sé". Ella moqueó y se esforzó por hacer una sonrisa, pero no pude verla en la penumbra. Ella me besó tiernamente en la mejilla y se escabulló de mi lado.

Abrió el cierre de la bolsa de dormir doble para que pudiéramos meternos, en vez de estar acostados sobre ella y nos acurrucamos nuevamente. Permanecimos acostados uno junto al otro, codo a codo, sin pronunciar una palabra. Meramente saboreamos la sensación de estar cerca uno del otro y el ensueño de dormirse en una nube de amor y seguridad.

CAPITULO 5

Julio de 1976: Las presiones del estudio habían crecido progresivamente mientras se acercaban los exámenes de niveles avanzados, pero siempre me había asegurado que no interfirieran en mi relación con Jackie. Yo sabía que ella era más importante para mi futuro bienestar que mis estudios. También sabía que mis padres nunca habrían visto las cosas de la misma manera. Por esa razón, había mantenido mi relación con Jackie en secreto, con la ayuda de un amigo del colegio llamado John, que compartía mi interés por las motos.

Durante la Navidad anterior había tratado de contarle a mis padres sobre Jackie, en parte porque yo había querido que ella estuviera conmigo para esa época, pero de una forma u otra, nunca encontraba el momento oportuno. Mientras nuestra relación continuaba floreciendo, se hacía cada vez más obvio que yo debía ser sincero con mis padres, ya que se estaba haciendo muy difícil justificar por qué no se lo había dicho. Le prometí a Jackie que se lo contaría al cumplir mis dieciocho años, para esa época yo ya habría finalizado mis niveles avanzados de estudio y estaría en condiciones de planear mi futuro.

Antes de mi cumpleaños, sin embargo, mis padres habían comenzado a hacer planes radicales de dejar su trabajo en Manchester y mudarse a Gales para comprar un negocio de artesanías. Yo tenía el corazón partido ante la decisión de si debía permanecer en Manchester o mudarme a Gales con mi familia. Mi preocupación radicaba en asegurarme que nada interfiriera en mi relación con Jackie.

Yo no estaba muy decidido a ir a la universidad, me hubiera quedado en Manchester con Jackie, pero en vista del hecho de que estaría en Gales sólo por las vacaciones de verano, decidí ir con ellos. Esta fue probablemente la determinación más difícil que había tomado en mi vida. Las seis semanas que tuve que estar separado de Jackie me parecieron una eternidad.

Jackie y yo nos pusimos de acuerdo que tan pronto como supiera a qué universidad iba a ir, ella haría planes para mudarse allí al comenzar el semestre, de manera que pudiéramos vivir juntos. Ella estaba interesada en esto, y lo vio como una oportunidad para irse de su casa. Yo estaba encantado con su decisión, y sentía en mi corazón que nosotros estaríamos siempre juntos como pareja de aquí en adelante, cualquiera fuera el futuro que tuviéramos destinado.

Fue una despedida dolorosa el día que finalmente me fui de Manchester y me mudé a la pequeña aldea galesa de Bethesda. Me sentí desafortunado, como si nunca volviese a ver a Jackie otra vez. Sabía que estaba siendo tonto, pero aún así, no podía librarme de este horrible pensamiento. Casi no voy, era tan grande este temor.

Cuando estuvieron listos los resultados de mis exámenes, yo estaba un poco desilusionado. Reflejaban la falta de trabajo que había puesto en ellos y no pude conseguir una vacante en ninguna de las universidades. Sin embargo, logré conseguir un lugar en el Politécnico

Lanchester en Coventry para estudiar Biología. Como resultado, no fue una mala elección, ya que estaba razonablemente cerca de Gales y de Manchester.

Ni bien me aseguré la vacante en el Politécnico Lanchester, fui a ver a Jackie en mi Kawasaki 350. Ella salió corriendo de su casa y saltó a mis brazos antes que tuviese la oportunidad de quitarme el casco.

"Oh, Mike". Ella me sacó el casco, casi arrancándome las orejas. "Te he extrañado tanto."

La rodeé con mis brazos y la apreté con tanta fuerza que ella jadeó.

"Hubo veces que me preguntaba si te volvería a ver." Admití.

"No seas tonto." Ella me llevó dentro de su casa del brazo. "Mis padres han salido."

"¿Sabían que yo venía?" Me sentí obligado a preguntar.

"Sí. Supongo que por eso salieron." Ella sonrió con satisfacción. "¿Tienes hambre? ¿Quieres algo de comer antes de irnos?"

"No, paré en un café hace sólo una hora." Puse mis brazos alrededor de su cintura y la tuve cerca de mí. "Lo que quiero es otro beso."

Ella respondió con un beso y un abrazo apasionado antes de soltarse para ir a buscar su saco de cuero.

"¿Todavía tienes ganas de andar en moto?". Ella preguntó con excitación.

"Seguro, si aún te gusta…"

"Sí, bárbaro. Vamos."

Fuimos a Coventry en mi moto, y reservamos una noche en una casa de huéspedes. Nos registramos como una pareja casada y pedimos una habitación con cama doble. Jackie subió a la pieza para darse una ducha mientras que yo fui al quiosco más cercano a comprar una colección de los diarios locales que llevé a nuestro cuarto. Entré con la llave que ella había dejado en la puerta.

"Tengo unos cuantos". Le anuncié mientras cerraba la puerta.

"Bueno, los miraremos más tarde." Jackie estaba desvestida y acurrucada en la cama grande. "Tengo frío. Ven y dame calor."

No necesité mayor invitación. Ya había esperado demasiado para estar a solas con ella. Después de una hora de hacer el amor apasionadamente, permanecimos recostados uno junto al otro con una mezcla de cansancio y felicidad suprema.

Jackie arrojó la ropa de cama a un lado y soltó un suspiro.

"Pensé que tenías frío." Le dije en broma.

"Tenía, y ahora tengo calor." Ella se estiró y tomó uno de los diarios que había comprado. "Muy bien, veamos qué hay en oferta."

Nos sentamos juntos en la cama, mirando todos los pequeños anuncios de alojamiento para alquilar, y le hicimos círculos a una media docena que parecían interesantes.

"Hay más de lo que yo esperaba." Dije, poniendo el teléfono sobre la cama enfrente de nosotros.

"¿No crees que es demasiado tarde para llamar ahora?". Jackie miró su reloj, eran las diez pasadas.

"No. Prefiero despertar a alguien antes de correr el riego de perderlo."

Llamé a cuatro de los más atractivos para concertar citas para verlos al día siguiente. Uno de los cuatro ya había sido alquilado esa tarde, pero todavía quedaban tres que estábamos interesados en ver.

Puse el teléfono en su lugar y nos acomodamos bien juntos frente a frente. Puse un brazo sobre su cintura y el otro debajo de su cuello alrededor de sus hombros, de manera que su cabeza estaba sostenida un poco por mi brazo y otro poco por la almohada. Aprendimos que ésta era la manera más cómoda de dormir abrazados. Uno nunca sabe lo que es dormir con los angelitos hasta que duerme en brazos de su verdadero amor.

A la mañana siguiente, salimos para ver los departamentos que habíamos elegido, pero mi moto tenía un serio problema de arranque. Parecía que los aros del pistón se habían agarrado en uno de los cilindros. Podíamos hacer todas las visitas, pero dudaba si la moto nos traería de vuelta a casa.

Decididamente, el mejor departamento que vimos fue el segundo, y volvimos para confirmar que lo alquilaríamos y dejamos un depósito. Estaba bien decorado y amueblado y tenía todo lo que necesitábamos. No era grande, pero eso no nos importaba.

Con el departamento ya reservado, sólo quedaba hacer arreglar la moto durante la tarde para que pudiéramos volver a casa al otro día. Resultó ser que el dueño del negocio de motos del lugar se quedó muy impresionado por mi Kawasaki, ya que era uno de los primeros modelos con freno a disco giratorio: una verdadera pieza de colección. Me ofreció un cambio mano a mano por una Benelli 250 mucho más nueva. Yo estaba francamente feliz con la adquisición, y esto resolvió nuestro problema.

Tuvimos una última noche de amor en la casa de huéspedes y luego volvimos a Manchester por la mañana. Después de otra despedida con lágrimas, volví a Bethesda solo. Los dos días que estuve con Jackie se habían ido volando, pero no pasaría mucho tiempo hasta que pudiéramos reunirnos en Coventry una vez más.

CAPÍTULO 6

Septiembre de 1976: Pasaron los días y finalmente llegué a Coventry, ansioso por empezar mi curso de graduación en Biología y aún más ansioso por ver a Jackie nuevamente. Me habían otorgado una habitación en el hospedaje para estudiantes en Priory Hall, un enorme edificio en las adyacencias del Politécnico, con vista a la terminal de colectivos. No se permitían las visitas en el hotel del estudiante, por lo tanto, pasaba la mayor parte de mi tiempo en el departamento de Jackie. Ella había llegado un par de semanas antes que yo y ya había encontrado trabajo en un local de hamburguesas, a un par de cuadras del Priory Hall. Las cosas habían salido perfectas, y con una coincidencia increíble, mi viejo amigo de la escuela John Harris, también terminó estudiando en Coventry en el mismo politécnico.

Pronto me hice de nuevos amigos entre la gente de mi curso y los compañeros que se hospedaban en el Priory Hall. Dos de ellos tenían fuertes convicciones religiosas y no tardamos en involucrarnos en profundas discusiones sobre religión. Yo había ido a la iglesia regularmente de chico, pero nunca le había dado mucha importancia a la religión o a la existencia de Dios, en realidad. Había asistido a la iglesia con mi madre por rutina porque eso era lo que se esperaba de mí. Ahora, por primera vez, comenzaba a pensar seriamente en la Cristiandad.

Desde siempre, con mi primera premonición de niño, había estado convencido que existía algo más que la vida que podíamos sentir físicamente. Cuanto más discutía con mis amigos sobre religión, más convencido estaba que Dios era la respuesta. Por primera vez en varios años, comencé a rezar y a leer la Biblia. Yo pedía por el amor, la amistad y la familia, en vez de riqueza o nivel social, que no me interesaban. También rezaba para que mi educación me condujera a una carrera que fuera espiritualmente gratificante más que exitosa financieramente. Le agradecía a Dios por todas las bendiciones que me había dado, especialmente por Jackie, que era mi vida. Pedía por nuestro futuro matrimonio y nuestra vida de familia. Nada sabía yo que las mismas bendiciones por las que estaba agradeciendo, pronto me serían arrancadas de la manera más horrible y brutal.

A pesar de mi reciente hallazgo de creer en Dios, mi interés por las motos permanecía intacto, y había logrado ahorrar bastante dinero trabajando en Bethesda en el verano. Jackie también estaba en un empleo seguro nuevamente, y después de su primera experiencia en motos unas pocas semanas atrás, se había interesado en ellas. Lamenté haber cambiado mi Kawasaki por una Benelli más pequeña, que era un poco más lenta con el peso agregado de un pasajero. Por lo tanto, decidimos comprar una moto más grande, y después de mucha consideración, tomamos la determinación de buscar una Triumph Bonneville o una Norton Commando.

Había muy poca oferta en el mercado local, pero encontramos una moto que parecía absolutamente ideal, publicada en la revista de motos. El único problema era que estaba en Southampton. Después de considerar el tema, decidimos que valía la pena hacer el viaje para verla. Si no resultaba lo esperado, entonces simplemente pasaríamos un día de paseo en la ciudad.

El 23 de octubre, nos fuimos a Southampton en el auto de Jackie y llegamos a media tarde. Ni bien vimos la moto, nos enamoramos. Era amarilla brillante con tapizado negro. El tanque y el asiento estaban esculpidos con todos los rasgos de un corredor del Grand Prix, y tenía una línea aerodinámica total tipo Barcelona con dos faros delanteros. Era una belleza absoluta, y la compré por la magnífica suma de £450.

Al principio tuve problemas para manejarla, especialmente por las calles de Southampton. La Triumph no sólo era más grande y poderosa que la Benelli, sino que el estilo de carrera del manubrio era muy bajo y completamente diferente a todo lo que había conducido previamente. Sin embargo, en la carretera, la moto comenzó a mostrar sus méritos, y yo estaba estimulado por el impulso que acompañaba cada giro del acelerador. Jackie me seguía detrás en el Capri, deseando poder estar en la moto conmigo.

Antes de llegar a Winchester, paré en una estación de servicio para llenar el tanque de nafta. Jackie estacionó detrás de mí en los surtidores, pero ella no necesitaba cargar. Llené el tanque y fui a pagar al kiosco. Un Ford Escort estacionó detrás del auto de Jackie y comenzaron a impacientarse porque nadie estaba usando el surtidor. Una vez que se dieron cuenta que había una joven atractiva sola en el auto, su actitud cambió, y comenzaron a molestarla con gestos y palabras obscenas. Mientras que esperaba para pagar, noté que estaban por hacer algo, entonces salteé la fila y puse un billete de cinco libras sobre el mostrador para pagar la nafta.

Sin darse cuenta de que yo estaba con Jackie, continuaron provocándola mientras yo me acercaba. Mi sangre empezó a hervir mientras que mi ira no entendía razones.

Jackie salió del auto y se interpuso para detenerme antes que yo llegara a los vehículos.

"Están borrachos, Mike. Olvídalo". Ella me abrazó para calmarme y funcionó, porque sabía que lo lograría. Por supuesto, ella tenía razón, como siempre, pero aún estaba muy enojado.

No faltaba mucho para que oscureciera y encendí las luces. Cuando estaba aminorando la marcha al aproximarme a una rotonda, me di cuenta de que había otros faros además de los míos iluminando la ruta. Me di vuelta para ver qué estaba pasando, pero era demasiado tarde. El auto de Jackie me tocó de atrás haciéndome resbalar en la banquina.

En parte, me enderecé, pero cuando lo logré, las ruedas de mi moto se estrellaron contra el cordón de la rotonda y quedé catapultado en el pasto. Sentí una violenta sacudida en mi cabeza que me dejó completamente aturdido.

Jackie clavó los frenos y salió del auto corriendo, gritándole de todo a los hombres del Ford Escort. Ellos deliberadamente la habían tocado de atrás obligándola a chocarme.

"¿Estás bien Mike?" Ella me preguntó mientras se apuraba para venir a ayudarme.

Mi cabeza daba vueltas en un remolino de confusión y dolor. Recuerdo que Jackie me ayudó a sentarme y el terror de su cara, al quitarme el casco y ver la seriedad de mis heridas.

"Dios mío." Ella gritó por el horror y el susto ante las horrendas heridas que vieron sus ojos. Comenzó a temblar y a llorar, y aún en mi estado de confusión sabía que estaba mal.

De repente, dos hombres la tomaron a Jackie de los brazos y la arrastraron, dejándome sentado en los pastos altos.

"Allí enfrente". Señaló un tercero. Entre los tres, la arrastraron hacia una entrada mientras ella continuaba mirándome fijo con impotencia.

Yo sabía que tenía que ayudarla, entonces traté de ponerme en cuatro patas para lograr pararme. Cuando miré hacia abajo, pude ver un torrente de sangre chorreando de mi cara en el piso. Todo mi brazo estaba cubierto con la sangre caliente y pegajosa. Me quedé helado por un momento, mirando el pequeño charco de sangre cómo gradualmente se iba esparciendo, aumentando su tamaño. Para mi eterna vergüenza, mi mente abandonó todo pensamiento de promesa matrimonial con Jackie: Sabía que con heridas tan graves, probablemente me estaba muriendo. Me empezaron a temblar los brazos y caí boca abajo contra el pasto.

Los gritos y alaridos del otro lado me hicieron acordar una vez más de la necesidad de ayudar a Jackie. Se me ocurrió que si yo podía salir de los pastos altos y llegar hasta la carretera, algún automovilista que pasara podría verme y detenerse para ayudar. Traté de ponerme en cuatro patas una vez más, pero me abandonaron las fuerzas. No sé si fue por la pérdida de sangre, el susto o por el solo hecho de darme cuenta de que las heridas eran tan graves.

Los tres hombres habían levantado a Jackie por encima de un portón de madera y la habían tirado al suelo detrás de unos arbustos, donde no se los podía ver. Ella no se resistió, pero permaneció inmóvil con lágrimas rodando por sus mejillas. Uno de los hombres le abrió la chaqueta y la blusa de un tirón arrancándole los botones. Un segundo hombre se inclinó y le puso un cuchillo en el medio del pecho. Con un movimiento violento le cortó el corpiño dejando así sus pechos al desnudo.

Le abrieron sus jeans y se los arrancaron tan violentamente, que le levantaron de un tirón las piernas y la espalda del suelo, pero aún así, sus pantalones se resistían a salir de sus tobillos.

"No importa eso". Dijo el hombre cortándole la bombacha con su cuchillo. Con sus pantalones ya bajos hasta las rodillas, comenzó a acomodarse entre sus muslos.

Jackie lo miraba fríamente con sus ojos llenos de lágrimas y olía el hedor de su borrachera en su aliento, pero ella se sentía como alejada de lo que estaba ocurriendo. Era consciente del acto despiadado que estaba viviendo, pero era como si le estuviera ocurriendo a otro, y ella fuera la espectadora.

Cuando le tocaba el turno al segundo hombre, un automovilista que pasaba se detuvo al costado del Ford Escort. El cuarto hombre había permanecido al lado de los autos, como si tratara de tomar distancia del acto repulsivo que sus amigos estaban realizando.

"¿En qué lo puedo ayudar?" Dijo el conductor a través de su ventanilla baja.

El cuarto hombre dudó antes de responder. "Vaya hasta el primer teléfono público y llame a una ambulancia."

No puedo determinar si éste fue un intento genuino de pedido de ayuda o sólo un medio para librarse del automovilista para que se fuera antes de que descubriera lo que realmente estaba pasando. De todos modos, el auto partió a toda velocidad y yo sabía que la ayuda finalmente llegaría.

El cuarto hombre fue hacia la tranquera y le gritó a sus amigos. "Vamos, tenemos que irnos. Está viniendo una ambulancia".

El tercer hombre terminó su tarea y se subió el cierre de sus pantalones. Ellos saltaron el portón riéndose y burlándose, subieron al auto y se fueron.

Jackie se puso de rodillas y luego se levantó. El semen rodaba por sus piernas, y ella se lo limpió con lo que quedaba de su bombacha antes de arrojarla con toda su rabia al matorral. Se levantó los pantalones, que todavía estaban arrugados en sus tobillos, para poder caminar y se dirigió hacia el portón tan rápido como se lo permitían sus piernas temblorosas.

Las lágrimas continuaban mojando sus mejillas y comenzó a secarlas, pero al hacerlo, olió el olor repulsivo del semen en sus manos. Esto le produjo náuseas y vomitó violentamente, sosteniéndose de la tranquera.

Tratando de recobrar la claridad de pensamientos lo mejor que pudo, ella saltó el portón y cruzó la calle rápidamente para llegar a mí. Se arrodilló a mi lado y con cuidado, me ayudó a sentarme, acunando mi cabeza sangrante entre sus brazos.

"Mike, ¿puedes oírme?" Una voz familiar flotaba en mi mente confusa.

"Sí". Una sola palabra me produjo un dolor penetrante en mi cabeza y me tiré para atrás violentamente.

"Quédate quieto. No trates de hablar." La voz reconfortante de Jackie me ayudó a entender dónde estaba y lo que estaba sucediendo. Ella arrancó una parte de su blusa hecha jirones y envolvió mi frente con ella para detener el sangrado.

"¿Qué te hicieron?" Pregunté, preparado para sentir el dolor que producen las palabras en este caso.

"Nada que no se pueda solucionar con una ducha de agua caliente". Jackie respondió con calma. "Estoy bien. Eres tú a quien han herido".

"Lo siento". Sollocé, las lágrimas hacían arder las heridas de mi cara.

"¿Por qué?" Jackie movió su cabeza y comenzó a llorar también. "Yo soy la que debería decir que lo siento. Mira lo que te han hecho. No te atrevas a morirte ahora. Te necesito. Eres todo lo que tengo."

Traté de decirle que no era su culpa, que no se preocupara, pero no pude emitir más palabras. Tenía tanto para decirle. Lo único que esperaba era que lo supiera.

Me recosté sobre ella y traté de calmarme lo más que pude. El dolor iba creciendo en intensidad minuto a minuto. Mientras que yo respiraba, me di cuenta que mi aliento brotaba de la cuenca de mi ojo, acompañado de un sonido enclenque. No podía ver nada con mi ojo derecho y era obvio que mi cráneo estaba seriamente destrozado.

Mi mandíbula me dolía terriblemente, y cuando probé el paladar superior de mi boca con mi lengua, comencé a darme cuenta que la mitad del mismo me faltaba. Los dientes superiores, del lado derecho, ya no apuntaban hacia abajo, sino que estaban atravesados. Aparentemente, toda la parte del hueso que sostiene los dientes, incluyendo el paladar se había roto por los golpes y girado a 90°. Ahora sabía por qué mi respiración pasaba por la cuenca de mi ojo. Por mis estudios de biología humana, sabía que el paladar era un solo hueso junto con las fosas nasales y el ojo. No era extraño que no pudiera ver. El costado de mi cráneo había sido destrozado hasta la pulpa.

Mi propia evaluación de la situación no estaba lejos de la realidad. Los huesos que consolidaban el paladar, mi mejilla y la cuenca de mi ojo estaban completamente rotos del lado derecho de mi cara. Mi nariz estaba quebrada y colgaba sostenida por una porción de piel. El hueso que rodea la fosa del ojo estaba destrozado y mi ojo derecho estaba colgando, sostenido sólo por su músculo y las uniones nerviosas.

No tenía dudas que me estaba muriendo y sabía que Jackie pensaba lo mismo. Sus ojos estaban llenos de horror, sus labios temblaban, las lágrimas seguían cayendo sobre su cara. Traté de decirle que la amaba, pero no pude hablar. Apreté su mano y ella respondió con el mismo gesto. Nuestros dedos entrelazados estaban cubiertos de sangre medio seca, haciendo que se pegotearan para estar más juntos.

Aunque yo pensaba que me estaba muriendo, me sentía extrañamente tranquilo. Sabía que Jackie estaría conmigo hasta que sobreviniera el final. Yo quería sentir sus labios junto a los míos por última vez, pero era imposible por mis heridas. Yo sentí que me invadían oleadas de tranquilidad, y el horrendo dolor comenzó a ceder lentamente. Comencé a sentirme casi cómodo, acunado en los brazos de mi verdadero amor: mi compañera del alma. El olor dulce y nauseabundo de la sangre se había ido y todo lo que podía oler era el perfume favorito de Jackie. Mi mano apretada a la suya comenzó a aflojarse y me dejé flotar en un mundo de ensueño lleno de paz.

"¡Mike!" Jackie gritó, haciéndome volver al mundo del dolor y el miedo. "No te atrevas a darte por vencido."

El espantoso dolor me hizo gritar y el olor de la sangre me hizo sentir nauseas. Me di cuenta de lo terriblemente frío que me sentía, pero no estaba temblando.

"Sigue apretando mi mano". Jackie me confortaba, cambiando la forma de tomarme la mano suavemente.

Hice lo que me pidió y le apreté su mano nuevamente.

"Si abandonas, te morirás. No debes hacer eso." Su voz estaba llena de pánico. "Te necesito."

"Siga hablándole." Oí otra voz que no reconocí y me di cuenta de que no estábamos solos.

"Sé que no estás cómodo, pero tengo que mantenerte derecho para aminorar la pérdida de sangre". La voz familiar de Jackie continuó. "Puedes hacerlo, pero tienes que pelear. Has perdido mucha sangre. Sé que te sientes débil y cansado, pero no puedes dormirte. Si lo haces, nunca te despertarás. Tienes mucho por qué vivir. Tenemos toda nuestra vida por delante. ¿Qué voy a hacer sin ti?"

Jackie se puso a llorar nuevamente.

"Te amo". Esforcé las palabras a través de la barrera del dolor y le apreté su mano aún más fuerte.

"La ambulancia está aquí." Una voz vino desde atrás.

"Gracias a Dios". Jackie respiró profundamente un par de veces para dejar de llorar. "Estarás bien. Ya llegó la ayuda."

Uno de los hombres de la ambulancia se arrodilló detrás de nosotros y quitó la tela que Jackie había estado sosteniendo sobre las heridas. Colocó una venda adecuada alrededor de toda mi cabeza.

"Bien, vamos a levantarlo para ponerlo en la camilla." El conductor de la ambulancia le informó a Jackie.

"Voy con él." Insistió Jackie mientras soltaba mi mano desganadamente.

Me levantaron en la camilla y me pusieron en la parte de atrás de la ambulancia. Un momento más tarde oí la puerta que se cerraba detrás de mí. Me dieron una inyección, seguramente para aliviar el dolor, y la ambulancia comenzó a andar.

No podía ver nada y me sentía muy solo. Fue un gran alivio oír la voz de Jackie una vez más y sentirla que estaba sosteniendo mi mano. Me tranquilizó tanto saber que ella estaba todavía conmigo… No le tenía miedo a la muerte, en realidad el acto de morirme no podía ser peor que el que ya había experimentado. Estaba tan mal, con un dolor tan horrible, que la muerte misma no podía agregar un tormento mayor. La muerte era simplemente el final. El fin del dolor, el fin de la consciencia de mí mismo y el hecho de no estar más con Jackie.

Cuando mi mente comenzó a vagar, no era mi pasado el que se me presentaba en imágenes, sino mi futuro. Comencé a ver mi boda con Jackie, el día que tanto había esperado, con toda mi familia compartiendo mi alegría de estar con la mujer que amaba. Vi nuestra primera casa, y luego el nacimiento de nuestra niña. Pequeña y desamparada, cubierta en sangre y mucosidad, la contemplé al tomar su primera bocanada de vida. Jackie tenía el cabello más largo ahora, pero sus ojos conservaban la misma chispa mientras nuestro bebé descansaba en sus brazos. La observé dar sus primeros pasos, su primer día de escuela, su primera desilusión amorosa. Se llamaba Sofía. Pude contemplar el orgullo en los ojos de Jackie, cuando su madre jugaba con Sofía; su preciosa nieta. El abismo entre madre e hija estaba finalmente cerrado por una nieta. Imaginé el casamiento de Sofía y vi a mi esposa mayor y elegante jugando con nuestra nieta.

De repente, todo tuvo un final abrupto cuando la burbuja se rompió, y me di cuenta que éste no era mi futuro, sino sólo un sueño. El hecho de tomar consciencia de la muerte. El dolor de la muerte no era físico, era mucho más profundo.

"Oh Jackie, No me quiero morir." Rompí en llanto y sollocé desconsoladamente.

"No te vas a morir, no. Te lo prometo". Ella puso su brazo alrededor de mi cintura y apoyó su cabeza sobre mi pecho. Deseaba poder verla y besarla por última vez, pero algo me decía que esto no iba a poder ser. Acaricié su cabello, que estaba enredado con sangre seca.

"Mike, prométeme algo". Jackie habló suavemente. "Nunca le cuentes a nadie lo que nos hicieron esta noche. Fue un accidente de tránsito, ¿está bien?. Nada más, un accidente de tránsito.”

“Muy bien.” Yo le apreté la mano para confirmarle, y le acaricié el pelo tiernamente.

Mis heridas eran visibles, pero era claro que Jackie también había sufrido heridas graves, heridas que eran mucho menos visibles.

Nuestro abrazo fue interrumpido al abrirse la puerta, y mi camilla fue arrebatada por varios porteros del hospital. Me llevaron a una sala de operaciones, donde me quitaron todas las vendas de mi cabeza. Con las luces brillantes del quirófano, pude distinguir una imagen borrosa de gente con guardapolvos blancos yendo de un lado a otro apresuradamente.

El dolor ya era insoportable y traté de pedir algo para calmarlo, pero la enfermera no me podía entender. Acercó su oído para escucharme. Se dio vuelta y le dijo al médico: “Está pidiendo algo para el dolor.”

“Lo lamento, pero no podemos administrarle nada hasta que venga el cirujano.” Me dijo fríamente.

Me quedé mirando hacia arriba las luces brillantes que estaban por encima de mí durante lo que me pareció una eternidad. En realidad, fue poco menos de dos horas. Más que suficiente para soportar semejante dolor. Finalmente, me informaron que un cirujano especialista había llegado desde Southampton para operarme, y por fin, me dieron una inyección para dormirme.

Así fue. Mi corazón comenzó a latir frenéticamente mientras sentía el líquido frío que entraba en mi brazo. Nunca me despertaría, mis heridas eran demasiado graves. Si uno pudiera, alguna vez, experimentar el mismísimo momento de la muerte, sería éste, cuando sentía mis últimos segundos de consciencia que se desvanecían. Sentía un extraño zumbido en mi cabeza, y luego la oscuridad total.

La enfermera le trajo a Jackie una taza de café, y se sentó a su lado.

"¿Por qué no me cuentas lo que ocurrió realmente?" Ella le preguntó a Jackie en un tono comprensivo e indagatorio. "Esto no fue un accidente común. Lo puedo decir por el estado de tu ropa."

"Rompí mi blusa para detener la hemorragia." Jackie insistió.

"¿Qué, y tu corpiño también?". La enfermera puso su mano sobre el hombro de Jackie para reconfortarla. "Cualquier cosa que me cuentes es estricta confidencia, te lo prometo."

Jackie la miró, tratando de decidir qué debía decirle; si podía confiar en ella.

"¿Lo promete? ¿Estricta confidencia? ¿No se lo va a contar a nadie?"

"No, querida, no si eso es lo que tú quieres. Yo sólo quiero ayudar de la mejor manera posible." Su modo tan encantador convenció a Jackie de que podía confiar en ella, y le explicó en detalle los acontecimientos de esa noche.

"No puedes ignorar algo así." La enfermera estaba escandalizada porque Jackie no quisiera denunciar el hecho. "Debes hacer la denuncia."

"Usted no entiende. No le puedo contar a nadie." Jackie se sintió muy sola por su decisión.

"¿Por qué? No tienes nada de qué avergonzarte. Al contrario, te manejaste con gran compostura y dignidad."

"No quiero que nadie lo sepa, eso es todo." Jackie miró su café. Las lágrimas caían por sus mejillas, pero sus ojos estaban vidriosos, y no estaba llorando.

"Lo entiendo." Ella puso su brazo alrededor de Jackie. "Es muy duro hablar de una experiencia tan espantosa, pero si lo denuncias ahora, hay muchas probabilidades de que la policía los arreste."

"¿En qué cambiaría las cosas?" Jackie le contestó en voz alta y enojada. "¿Le devolverá la vida a Mike? ¿Me devolverá mi dignidad y mi respeto por mi misma? ¿Cambiará las cosas a como eran hace unas horas atrás? ¿Convencerá a mi madre de que yo no lo provoqué?"

"No, quizá no, pero…"

"Entonces, ¿qué importa?". La voz de Jackie tembló con desesperación y desesperanza.

La enfermera no dijo nada, porque no sabía qué contestar. Jackie se levantó y caminó lentamente hacia la puerta.

"Recuerde su promesa". Jackie se dio vuelta en la arcada. "No le diga a nadie; ni a un alma. Especialmente no se lo diga a mi madre. Ella nunca entendería."

"Lo prometo," respondió la enfermera abatida.

"Bien". Jackie dio media vuelta y se fue.

CAPÍTULO 7

Yo no recuerdo exactamente el momento en que recobré la consciencia, ni siquiera sé cuánta consciencia se podía tener en una circunstancia como ésta en realidad. Después de una operación de ocho horas para reconstruir mi mandíbula, la mejilla y la cuenca del ojo, me dieron poderosas drogas calmantes que me hicieron vivir en un confuso mundo de alucinaciones y sueños. Permanecí en este estado por más de una semana, y sólo tengo vagos recuerdos de momentos de lucidez.

Recuerdo haber tenido que esforzarme mucho para respirar. Cuanto más miedo tenía, más jadeaba y más aire necesitaba. Me acuerdo que trataba de decirle a la enfermera que no podía respirar, pero ella no podía descifrar lo que estaba intentando decirle. Tengo nítido en la memoria la sensación de fuego en mi pecho, mientras luchaba por respirar antes de desmayarme. Tengo la imagen de mi madre al lado de mi cama y una vaga idea de mi padre allí presente, pero no mucho más.

Durante la segunda semana de internación, me redujeron la dosis de drogas y comencé a ser consciente de lo que me rodeaba.

Una enorme tarjeta con cientos de dedicatorias con deseos de curación del Priory Hall colgaba encima de mi cama, y comenzaba a entender la realidad de lo que había ocurrido. Mi madre, que había estado a mi lado durante diez días, tenía que volver a casa, y mientras iba recobrando todos mis sentidos comencé a sentirme bastante solo. Yo quería ver a Jackie desesperadamente. No lograba acordarme si había venido a visitarme, pero mi recuerdo de los pocos días anteriores era tan fragmentado que en realidad no sabía si había venido o no.

Cuando fueron pasando los días, comencé a interesarme más y más por la ausencia de Jackie. Esperaba que no estuviera enojada conmigo por lo que había sucedido. También deseaba que no se sintiera culpable por haberme arrollado de la forma que lo había hecho. Estaba claro que como el otro auto la había chocado de atrás, no había podido esquivarme en absoluto. Pero ¿dónde estaba? ¿Por qué no había venido a verme?

Cuando comencé a sentirme más fuerte, encontré la forma de ingerir comida sólida, a pesar de que mis mandíbulas estaban cosidas. Algunos de mis dientes de adelante me faltaban y el espacio libre era suficiente para que pasaran pequeños bocados. Esto era mucho mejor que la dieta líquida con la que me había estado alimentando previamente. Sin embargo, el progreso físico que estaba haciendo, no compensaba mi creciente ansiedad por la prolongada ausencia de Jackie. Al final, no pude soportar más la espera y decidí llamar a sus padres desde el teléfono del hospital. Un paso verdaderamente valiente, sabiendo lo que ellos pensaban de mí.

Yo estaba muy preparado para una respuesta fuerte, pero no estaba preparado para lo que me iban a decir. Jackie estaba muerta: se había matado en un accidente automovilístico. No comprendí la noticia al principio, quizá a causa de mi medicación, y me senté lentamente en la cama discutiendo con su acongojada madre cómo había ocurrido el accidente.

Aparentemente el auto se había desviado de la carretera y había chocado directo contra un puente de piedra del ferrocarril. La policía no entendía bien el accidente. Había ocurrido en una curva doble muy pronunciada donde la ruta pasaba debajo del puente. Yo conocía ese lugar bien, y Jackie también. Era imposible tomar la curva a más de 50 kph., y el auto de Jackie había quedado tan destrozado que se estimaba que venía a más de 160 kph. No se le había cruzado ningún otro auto. Yo me di cuenta inmediatamente que esto no había sido un accidente. Nunca hubiera ido tan rápido a menos que…

El pensamiento era tan horrendo que yo traté de borrarlo de mi mente, pero sabía en lo más profundo de mi corazón que era verdad.

"¡Qué mujer pel****a!". Grité y arrojé el teléfono contra la pared por la rabia. Yo sentí que me fluía la sangre y comencé a temblar.

La enfermera vino corriendo para ver qué había pasado. Ella miró el teléfono y el despojo tembloroso que estaba sentado frente a ella.

"¿Qué?" Fue todo lo que dijo.

La miré. Pude ver la confusión en su cara y me enojé con ella. Le grité que me dejara en paz, pero no me hizo caso. Se sentó a los pies de la cama y siguió mirándome.

"¿Es Jackie?" Preguntó.

"¿Ella estuvo aquí?" Pregunté sorprendido porque la enfermera supiera su nombre. "¿Cuándo? ¿Cuando yo estaba inconsciente?"

"La noche que te internaron. Conversamos sobre lo que había ocurrido. ¿Por qué, te ha dejado?

"Oh, sí". Dije con sarcasmo y llorando. "En verdad lo ha hecho muy bien. Ella solamente se fue y se mató".

La enfermera literalmente se puso blanca frente a mis ojos.

"Oh, Dios." Ella murmuró. "Nunca pensé que haría eso."

"¿Por qué?" Demandé. "¿Qué le dijo?"

"Era una chica muy perturbada, eso es todo." La enfermera hizo una pausa tímidamente. "Hablamos un rato de lo que había pasado mientras estabas en el quirófano. Traté de persuadirla para que hiciera la denuncia, pero no la iba a hacer. Creo que tenía mucha vergüenza de decírselo a su madre."

La enfermera me tomó la mano, pero yo se la retiré.

"Quisiera estar solo por un momento." Le pedí suavemente.

"Seguro." La enfermera se estaba yendo. "Lo siento. Ojalá hubiera podido ayudarla."

Miré a esta mujer que se sentía culpable parada frente a mí. Sus ojos mostraban el dolor que ella sentía al no haber podido percibir cómo Jackie había necesitado su ayuda desesperadamente. Yo debería haberle dicho a la enfermera que no tenía la culpa, pero mis pensamientos estaban en otra parte.

Mi vida se había detenido y estaba perplejo. Había perdido a mi compañera del alma. Deseaba fervientemente no haber sobrevivido a mis heridas. Mi único deseo era estar con Jackie, en cualquier lugar.

CAPÍTULO 8

Me dieron el alta en el hospital en noviembre de 1976, pero me faltaba mucho para una completa recuperación. Todavía tenía mucho dolor y veía doble como resultado del daño en mi ojo derecho. Me embarqué en un proceso de operación tras operación para reparar la estructura del hueso dañado, pero mis lesiones físicas no eran nada, comparadas con el daño moral que había sufrido. La pérdida de Jackie me había dejado devastado y el hecho de saber, a través de la autopsia, que Jackie estaba embarazada al momento de su muerte, no me ayudó en lo más mínimo. Por el tiempo de embarazo me hacía suponer que la concepción había tenido lugar en el momento que habíamos estado juntos en Coventry, y no estaba relacionado en absoluto con la violación.

Finalmente volví al Politécnico Manchester para tratar de retomar mi curso de graduación, pero el hecho de estar nuevamente en Coventry me hacía recordar lo tiempos felices que había vivido con Jackie. Caí en una profunda depresión, y por primera vez en mi vida, tuve serias intenciones de suicidarme. Después de dos semanas en Coventry, abandoné mi curso y volví a Gales.

Inmediatamente encontré trabajo como ayudante de laboratorio en una fábrica de plásticos cerca de Caernarfon. La tarea era bastante interesante, pero vivía en constante estado de depresión. No me gustaba conocer gente y me resultaba difícil entablar conversación con extraños. La desfiguración y mi timidez natural eran una combinación que me invalidaba e iba a convivir conmigo toda mi vida.

No me sentía cómodo al ver caras nuevas o cuando salía solo. Con aquellos que conocía bien, a menudo tendía a compensarlo hablando demasiado o tratando de demostrar un aire de confianza en mí mismo que no era genuino. Vivía con mis padres y salía muy poco, pasaba la mayor parte de mi tiempo libre mirando televisión o trabajando con mis motos. Esta vida en soledad fue marcada por numerosas operaciones para mejorar mi apariencia, con la esperanza que algún día pudiera recuperar una "vida normal".

Una de esas operaciones era injertar un trozo de piel en mi párpado inferior. Esto implicaba sacar piel de atrás de mi oreja e insertarla en el párpado inferior para que volviera a su lugar. Lamentablemente, el cirujano no tuvo en cuenta que el párpado está conformado por dos capas de piel, una interna y otra externa. Al injertar piel en la parte externa, simplemente el párpado se metió para adentro, provocando el roce de las pestañas en el globo ocular. La molestia de tener una sola pestaña dentro del ojo, no tiene ni punto de comparación con el dolor de tener la hilera completa de pestañas rozando el ojo las 24 horas del día. Los cirujanos no pudieron corregirlo por casi seis meses, mayormente porque estaban frustrados respecto a lo que podían hacer para remediar la situación, más que por sacar el injerto nuevamente.

Al final, otro especialista tuvo la idea de sacar una porción de hueso de mi cadera e insertarlo debajo del párpado para mantener todo en su lugar. Esto pareció funcionar; sin embargo, una semana más tarde, un bulto rojo de considerable tamaño comenzó a formarse debajo de mi ojo. Creció más y más hasta que fue más grande que una canica, la piel comenzó a estirarse hasta que finalmente reventó, segregando increíble cantidad de sangre y pus. Me llevó meses para que este enorme agujero cicatrizara, pero se logró y pasé un período de casi un año sin intervenciones quirúrgicas.

Luego un día noté que se estaba formando como una pequeña mancha. Gradualmente se hizo más grande hasta que explotó, liberando lo que el médico pensó que era sólo pus. Sin embargo, continuó drenando durante semanas, y se fue formando una depresión con forma de embudo. Finalmente busqué una segunda opinión y resultó que el seno nasal se había roto, por lo que debía someterme a una nueva cirugía.

Tuve que someterme a una serie de operaciones en los años siguientes. Una de las tantas, consistió en sacar el párpado inferior y volver a coserlo en una posición diferente. Esta intervención era tan delicada, que si perdía demasiada sangre, como resultado de la anestesia general, hubiera obstaculizado el trabajo del cirujano. Por lo tanto, la operación se realizó con anestesia local: mientras que estaba despierto. Si dicha cirugía hubiera sido en mi brazo o en mi pierna, yo podría haber cerrado los ojos y tratar de ignorarla, pero como estaban cortando mi párpado inferior con un escalpelo a milímetros de mi globo ocular, tenía pocas alternativas, excepto mirar.

Mis únicos eventos sociales en este período eran las carreras de motos, y el primer éxito que tuve fue para recordarlo. Había estado muy enfermo los días anteriores al encuentro y pensaba que no podría asistir. Una infección viral similar a las paperas había provocado una inflamación severa de las glándulas de la garganta y la ingle, causándome un malestar considerable. Sin embargo, a pocas horas del encuentro, me sentí lo suficientemente recuperado como para hacer el viaje de 480 Km. hasta Cadwell Park y obtuve la recompensa de mi primer trofeo.

En 1981 el matrimonio de mis padres entró en crisis y mi madre quedó desesperanzada por la pérdida de su marido por otra mujer. Como si esto solo no fuera difícil de soportar, luego se enfermó de cáncer. No era la primera vez que había sufrido esta enfermedad, ella lo había padecido diez años antes y se había curado con radio terapia y drogas, pero esta vez los médicos no pudieron salvarla.

Hacia fines de 1982, mi madre estaba cada vez más débil, y sus pocas ganas de vivir contribuían a este estado. Mientras el cáncer se expandía, de a poco fue perdiendo la movilidad de uno de sus brazos, y yo me mudé a su casa para ayudarla a enfrentar esta situación. Para fines de 1983, el dolor que mi madre estaba soportando era tan agudo, que me pidió que la internara para que pudieran controlarla mejor. Finalmente, el 13 de febrero de 1983, murió. Fue la primera vez que fui testigo de la muerte de alguien, en realidad. Ese día, más temprano, me habían dicho que era una cuestión de horas, y se había reunido toda la familia a su alrededor; mi hermana Alison con su marido, yo y hasta mi padre estaba allí. Nos sentamos durante horas observando su dificultad al respirar mientras dormía.

Finalmente, todos se fueron a la habitación contigua para tomar una taza de café. Mi madre no habría estado consciente de si estábamos allí presentes o no: ella estaba durmiendo muy profundamente por las drogas que le habían suministrado. Mientras yo estaba ahí sentado solo, velando su sueño, mis pensamientos estaban centrados en que no habría de sufrir por mucho tiempo más. Y luego, cesó. Su respiración se había detenido. Le tomé su mano y me senté a mirarla durante varios minutos. No se la veía muy diferente de cuando respiraba hacía unos instantes. De alguna forma, yo había esperado otra cosa. El deceso de alguien a quien había amado tanto me debería haber golpeado más, o haber sido más dramático o algo así. No sabía qué, otra cosa.

De repente, su cuerpo se convulsionó cuando tomó una bocanada de aire. Yo me retiré de un salto y me desprendí de su mano. Estaba completamente asustado, hasta que recobré los sentidos. ¿Cómo podía tener miedo de ella? Todavía era mi madre.

Sólo había tomado un último aliento y ahora yacía inmóvil nuevamente. Yo sabía que ya estaba en otro plano a pesar de lo que estaba haciendo su cuerpo. Me acerqué donde estaba mi familia para avisarles.

"Creo que murió", les dije con calma.

Fuimos todos al pie de la cama donde yacía plácidamente, y lloramos el deceso de esta mujer maravillosa.

Mientras estaba recostado en mi cama esa noche, trataba de retrotraerme a los momentos felices que habíamos vivido en familia, pero dichos recuerdos estaban escondidos detrás de una pared muy alta. Estaban allí todavía, y podía rememorarlos si me esforzaba bastante, pero el recuerdo de mi madre consumiéndose por el cáncer y la tristeza por la pérdida de su marido es siempre lo primero que aparece en mi mente. Las primeras imágenes de ella son siempre de los últimos meses, con su brazo inmovilizado y su cara que denotaba el dolor que estaba sufriendo. La madre que yo había conocido, era una mujer alegre y feliz, siempre cuidadosa de sus niños y amada por todo aquel que la conociera. No la mujer cuyo destino, en su esplendor más egoísta, había hecho trizas.

Para ese entonces, había comenzado a correr en un coche de salón Jaguar XJ, y en 1984 ocupé el cuarto lugar en el Campeonato de Coches de Salón de las Calles de Inglaterra en los circuitos de Brands Hatch, Silverstone, Snetterton, Thruxton, Mallory Park, Cadwell Park, Oulton Park and Lydden Hill. Como resultado de esto, me ofrecieron un lugar en el certamen de Tom Walkinshaw, al que Jaguar le había encargado que ganara la codiciada travesía Le Mans de 24 horas.

También comencé a interesarme cada vez más por la fauna y su conservación, un interés que había desarrollado desde niño, y que había olvidado cuando me empezaron a gustar las motos. En 1986, comencé a trabajar como voluntario para la Asociación Británica de Voluntarios para la Conservación durante mi tiempo libre. Un proyecto, me llevó a Bardsey, una pequeña isla alejada de la Península Lleyn en el Norte de Gales. La isla era una reserva natural y un lugar importante para observar la migración de los pájaros. A pesar del hecho que Bardsey está a menos de un kilómetro y medio de la isla principal, para llegar a la misma, se requería un viaje en bote de dos horas desde Pwllheli. Aparentemente, era porque la aldea más cercana, no tenía botes del tamaño necesario para cruzarnos.

Se suponía que íbamos a estar en Bardsey sólo por una semana, pero nos habían advertido que lleváramos provisiones para un par de días más, en caso de que el mal tiempo no le permitiera al bote pasarnos a buscar en el momento indicado. Resultó ser que estuvimos varados por más de quince días, y nuestras raciones resultaron ser totalmente insuficientes para tan larga estadía. Hacia fines de la segunda semana, no teníamos absolutamente nada para comer, excepto papas, pero ni siquiera teníamos aceite para hacerlas fritas. Comimos papas hervidas para el desayuno, el almuerzo y la cena. Yo no quería ver una papa más por el resto de mi vida.

El día catorce, el tiempo estaba bastante calmo y soleado y estábamos confiados en que nos pasarían a buscar por fin con el bote. Fuimos a la cima de la montaña para entablar contacto con la radio de onda corta, para preguntar a qué hora nos pasarían a buscar. Para nuestra desazón, nos dijeron que el período de buen tiempo era demasiado corto para realizar el viaje de cuatro horas desde Pwllheli. Nos sentamos en lo alto de la montaña con nuestros estómagos haciendo ruido, admirando las vistas espectaculares de la tierra firme tan cercana, preguntándonos si alguna vez podríamos volver a casa. Como para revolver más la herida, vimos a un grupo de exploradores remando desde el lugar de partida, alrededor de nuestra isla y volviendo nuevamente a tierra firme en canoas. No nos hacía ninguna gracia.

Finalmente, dos días más tarde, nos vinieron a buscar en bote y nos llevaron de regreso a Pwllheli, donde comimos hasta hartarnos tartas, papas fritas y un montón de tortitas de crema.

Sin embargo, no fue una llegada a casa feliz porque me recibieron con la triste noticia de que mi abuela había muerto.

A pesar de la prueba de la Isla de Bardsey, continué trabajando para la Asociación Británica de Voluntarios para la Conservación y finalmente me involucré en el trabajo del Estudio de Base. Esta tarea me atrapó inmediatamente y comencé a conducir los Estudios Costeros de los Estrechos Menai para el Consejo de Conservación de la Naturaleza. Realmente disfrutaba del trabajo y tomé la decisión de desarrollar mi carrera en esa dirección.

Para hacer una carrera en la Investigación Biológica, era importante estar profesionalmente preparado y para dicho fin, comencé a hacer un curso a distancia en la Universidad. Debido a la gran demanda de postulantes para el curso de Fundamentos de la Ciencia, todas las vacantes estaban agotadas para ese año. Esta situación me obligó a tener que elegir entre postergar mis estudios por un año o anotarme primero en el curso de segundo nivel.

Opté por el curso de segundo nivel de Biología, considerando que ya tenía suficientes conocimientos previos como para realizarlo sin haber hecho el curso preliminar. En un principio no hubo problemas, pero se complicó cuando comencé a estudiar Bioquímica. El curso preliminar ofrece la educación básica necesaria que se requiere en los cursos de segundo nivel, y yo estaba completamente trabado sin dicha base.

Parecía que no podía seguir adelante, pero como no quería darme por vencido tan fácilmente, fui a la biblioteca local y saqué varios libros sobre Química y Bioquímica básicas. Los leí una y otra vez hasta que entendí los principios en cuestión, y luego volví a abocarme a mi curso de Biología. Ahora podía encontrarle el sentido al material, pero estaba muy atrasado. Con muchas noches sin dormir y profesores comprensivos preparados para aceptar entregas tardías, de a poco, logré recuperar el tiempo perdido. Sorprendentemente pasé el examen de Biología con una nota del 86 % (primer nivel).

Me anoté en el Curso de Fundamentos de la Ciencia en 1989 y pronto me enteré de un nuevo curso de post grado que se abría en el Colegio Otley sobre Estudios de Biología. Me di cuenta que este era el curso para mí y me anoté inmediatamente. Mi única preocupación era que como se trataba de un perfeccionamiento de post grado, no me aceptaran por no haber completado mi graduación. Resultó ser que mi trabajo de Estudio de Base para el Consejo de Conservación de la Naturaleza fue aceptado en lugar del título, y comencé el curso en septiembre de 1989.

Yo no quería abandonar mi carrera de graduación a distancia de la Universidad, por lo tanto, decidí hacer los dos juntos. Normalmente, semejante carga de trabajo hubiera resultado imposible de llevar a cabo, pero mis conocimientos científicos previos me dieron las herramientas necesarias como para que el curso de Fundamentos de la Ciencia resultara bastante fácil y lo logré. Aprobé todas las materias con excelentes notas en julio de 1990 y, muy pronto, me ofrecieron un trabajo para el gobierno de Estados Unidos, que consistía en conducir una investigación para el Servicio del Parque Nacional de Volcanes en Hawai.

El 25 de junio de 1991, partí del aeropuerto de Gatwick con destino a Hawai. Diez minutos después de despegar, nos informaron que volvíamos a Gatwick debido a problemas mecánicos. En un segundo anuncio, nos dijeron que como teníamos sobrecarga de combustible a bordo como para aterrizar, íbamos a sobrevolar durante media hora para vaciar combustible.

Los pasajeros que estaban sentados enfrente de mí, inmediatamente comenzaron a discutir lo inusual que era la situación, y comenzaron a especular que lo más probable era que hubiera una bomba a bordo.

Rápidamente entraron en franco estado de pánico, y comenzaron a poner nerviosos a los pasajeros que los rodeaban. Nunca estuve muy convencido de la teoría de la bomba, pero me sentí muy aliviado al descender del avión en Gatwick, por las dudas.

Después de varias horas, emprendimos el viaje nuevamente, y luego de dormir por un rato, comencé a mirar por la ventanilla. Durante un buen tiempo, sólo había visto el océano, pero después comencé a notar pequeñas manchas blancas sobre el fondo azul. Las manchas blancas comenzaron a agrandarse y a ser más abundantes, fue cuando me di cuenta que eran icebergs. De repente, apareció ante mi vista una costa helada, y mientras la sobrevolábamos, pude ver enormes glaciares forjando su camino sobre valles cubiertos de nieve. Cuanto más nos internábamos tierra adentro, los valles estaban cada vez más cubiertos de nieve hasta que, finalmente, los picos de las montañas era lo único que sobresalía del manto blanco.

De a poco, menos y menos picos se hicieron visibles, hasta que sólo se veía la impecable masa de nieve. Después, comenzaron a aparecer picos nuevamente, y se hicieron más y más abundantes. Empezaron a vislumbrarse valles helados, y luego estábamos volando sobre otra playa cubierta de hielo. Habíamos sobrevolado por el mismísimo corazón de Groenlandia y, sin dudas, habíamos visto los picos de las montañas que ningún hombre había podido pisar. Yo miré con respeto cómo los pequeños puntos blancos flotando en el océano allí abajo, lentamente desaparecían.

Más tarde, volamos sobre el aparentemente interminable laberinto de islas y canales de New Foundland. Miles y miles de islas sin una casa ni una calle. Después de trasbordar en Dallas, la segunda parte del viaje nos llevó a través de las montañas Rocallosas, otro vasto desierto con muy pocas calles o caseríos. Comencé a darme cuenta cuán virgen y poco poblada estaba Estados Unidos.

Llegué al día siguiente a la soleada Honolulu. Quedé impactado inmediatamente por los colores brillantes del lugar. Por todos lados había hermosos pájaros y flores coloridos, y hasta la gente estaba vestida con ropa alegre. El aire era cálido y el sol brillaba radiante. En derredor había palmeras y, a pesar del ruido y el apuro de la ciudad, se respiraba una sensación de paz y tranquilidad.

De Honolulu, volé hasta Hilo, en la Isla Grande de Hawai, de donde toma el nombre el archipiélago. Me recibieron dos norteamericanos, Mathew y Eric, que me llevaron a la oficina central del Parque Nacional, que iba a ser mi hogar durante los próximos meses. Me acomodé y me fui a la cama para ponerme al día con el sueño que tanto necesitaba.

Al día siguiente, conocí al personal del Servicio del Parque Nacional y me contaron brevemente en qué consistía el trabajo y cómo funcionaba la organización. Luego fui a hacer una recorrida por el lugar. A unas pocas cuadras de la oficina había un hotel. Entré por el salón principal y caminé por la galería hasta el fondo. Observé con temor y respeto a la vez, lo que tenía delante de mis ojos.

Enfrente de mí había un cráter volcánico gigante de tres metros de diámetro con una costra negro azabache de lava solidificada en su base, y paredes escarpadas con exótica vegetación colgante. Oleadas de vapor salían de las grietas de la costra de lava con fisuras y el aire tenía una esencia a azufre. Era como si me hubiera transportado en el tiempo al mundo prehistórico. Lo único que faltaba eran los dinosaurios.

Al día siguiente, salimos a hacer un recorrido para observar tortugas. Cargado con una mochila que tenía todo lo necesario para pasar cinco días, partí en expedición hacia Punta Apua siguiendo a Eric y Mathew. La ruta nos llevó a lo largo de la costa, sobre lava negra compacta que había despedido el Mauna Loa unos años antes. La superficie era brillante como un vidrio. Los rayos del sol nos azotaban, calentando la lava bajo nuestros pies y haciendo la caminata difícil y agotadora. Nos detuvimos a mitad de camino, cerca de un corral abandonado construido con bloques de lava, y bebimos un poco de agua que tanto la necesitábamos.

Dos horas más tarde llegamos a destino y acampamos. Un simple marco tubular con un lienzo alquitranado sería nuestro hogar durante la expedición. Hacía demasiado calor para otro tipo de carpa. Punta Apua era una playa pequeña de guijarros, y era uno de los únicos tres sitios de nidada conocidos de la tortuga carey. Esta especie alguna vez había sido numerosa en Hawai, pero la construcción de hoteles en los lugares de nidada, la matanza indiscriminada por su caparazón para conseguir el carey y la muerte al quedar atrapadas en las redes de pesca, las habían reducido hasta llegar al límite de la extinción en Hawai.

Nuestro trabajo era turnarnos para controlar la playa durante toda la noche en busca de tortugas hembra que se acercaran a la costa para poner huevos. Si divisábamos una, debíamos observar su comportamiento, registrar la ubicación de cualquier huevo que pusiera y marcarla con un rótulo de metal en las aletas. Pronto descubrí que el Programa de Rescate de Tortugas Carey era tan nuevo, que, en realidad, nadie había visto una acercarse a la playa. Su presencia sólo se conocía por las huellas que dejaban las aletas en la costa.

Después de varias noches de ronda en la zona, no habíamos visto nada, pero no desperdiciamos la semana en absoluto. Justo enfrente de nuestro campamento había un maravilloso arrecife de coral, que era un abrigo para la vida marina. No teníamos necesidad de bucear, con sólo un tubo snorkel y la máscara podíamos entrar a este mundo fantástico. Aparte de los colores brillantes de los mismos corales, había una gran variedad de peces muy interesante, desde anguilas morenas hasta pez ángel.

Quizá la experiencia más bizarra, la podíamos encontrar adentro de las numerosas fisuras que uno podía hallar en el interior. Estas grietas se habían formado por terremotos y eran muy profundas y angostas: tan profundas, que traspasaban el lecho marítimo. Cuando queríamos refrescarnos, nos internábamos en estas grietas y entrábamos al agua fría. Esto era mucho más refrescante que bañarse en agua salada.

En el término de uno o dos minutos de haber entrado al agua, sentíamos cosas que rozaban nuestra piel. Eran camarones de agua fría, que no vivían en otro lugar de la tierra, excepto en estas grietas de agua fresca. Los camarones serpenteaban a nuestro alrededor sacándonos pedacitos de piel muerta. Los más pequeños hacían cosquillas, pero los más grandes podían tener hasta diez centímetros de largo y lastimaban, especialmente cuando trataban de pellizcar trozos de piel entre los dedos de nuestros pies.

De regreso a las oficinas del Parque, consideraron que ya estaba completamente entrenado después de una semana en el lugar. No era demasiada experiencia, pero desde el momento que nadie había avistado a ninguna de las tortugas esquivas, era todo lo que teníamos. Unos pocos días después, me enviaron otra vez a Punta Apua con una nueva ayudante llamada Tamara.

Al llegar a Punta Apua nuevamente, notamos rastros recientes de tortuga en las zonas arenosas de la playa, una prueba más evidente fue un sitio de nidada activo. Yo lo estuve custodiando desde las 20 h. hasta la medianoche.

Nos habían enseñado que no debíamos usar linternas por temor a que se asustaran, de manera que era muy difícil ver en la oscuridad. Pronto había descubierto que la mejor forma de buscar tortugas era sentarse o recostarse en el medio de la playa, de manera que los guijarros de la costa estaban iluminados por el oleaje blanco. Después de una hora, me ocurrió que un gran pedrejón, al que había estado mirando por un buen rato, se hacía más grande. Y se estaba moviendo.

Probé con los binoculares para tener una visión más clara y asegurarme que era una tortuga. Observé cómo lentamente forjaba su camino hacia las piedras en mi dirección. Parecía encaminarse directamente hacia mí, pero no quería moverme por temor a espantarla. Decidí que sería mejor quedarme quieto y dejarla que pasara a mi lado espontáneamente. Finalmente llegó y se paró justo enfrente de mí. Podría haberla alcanzado y tocado, pero no lo hice. Era una criatura magnífica, con un largo total de más de un metro.

Luego ella giró y se abrió paso a mi lado, golpeando mi pierna con sus aletas batientes mientras se desplazaba. Finalmente llegó a la franja de arena al fondo de la playa donde había vegetación y comenzó a cavar un hoyo para sus huevos. Me apuré para ir a buscar a Tamara y el equipo para rotular antes de regresar una vez más a observar todo el proceso. La observamos cavar dos hoyos en el lapso de dos horas, pero sin ninguna razón, ella abandonó ambos hoyos sin poner nada.

Las tortugas a menudo cavan varios nidos falsos antes de encontrar uno que reúna las condiciones correctas para poner los huevos. Ya que la temperatura del nido determina el sexo de las crías, factores tales como la humedad y el tamaño del grano deben ser los indicados para que ella incube. Cuando empezó a dirigirse nuevamente al pedregal hacia el océano, parecía que había abandonado su intento de nidada por esa noche.

Nos habían indicado que debíamos observar todo el intento de hacer el nido hasta que terminara sin perturbarla. Una vez que ella comenzara a enfilar hacia el océano, sin embargo, nosotros debíamos medir su largo y marcar las aletas delanteras con rótulos metálicos para identificarla. Esto era importante. Se sabía que las tortugas podían hacer varias nidadas en una temporada. Entonces, si no se marcaba cada tortuga, hubiera sido imposible saber cuántas estaban incubando en cada lugar.

Nos habían enseñado a colocar el rótulo a través de la piel floja cercana a la axila de las aletas delanteras, pero a pesar de la teoría, nunca nadie había rotulado una tortuga carey hawaiana antes, así que no contábamos con ninguna ayuda.

Comencé a tomarla de la parte de atrás del caparazón para evitar que se escapara, pero no tuve éxito. La tortuga tenía tanta fuerza, que me arrastró por la playa con total facilidad. Tamara se interpuso delante de la tortuga para ayudarme a detenerla, pero la pasó arrasando con altivez. Finalmente me saqué rápidamente la camisa y se la puse sobre la cabeza y los ojos. Sorprendentemente se detuvo. Parecía que mientras sosteníamos la camisa firme sobre su cabeza y sus ojos, ella permanecía quieta.

Tamara se hizo cargo de mi camisa sobre los ojos, mientras yo sacaba las pinzas de rotular y las cargaba con una chapa de identificación. Encontré el lugar correcto en la parte posterior de la aleta delantera, y apreté las pinzas traspasando el rótulo a través de la parte carnosa de la aleta. Funcionó perfectamente y la tortuga ni se inmutó. Repetí la operación con la otra aleta delantera.

El próximo paso fue medir el tamaño del caparazón, y para hacer esto, teníamos un enorme juego de calibres. En este momento, Tamara dejó la cabeza de la tortuga en libertad y comenzó a avanzar una vez más. No representaba un problema, porque a la velocidad que iba, podía tomar las medidas con facilidad. Tamara tomó su cámara y comenzó a sacar fotos mientras yo la medía.

Finalmente retrocedimos y observamos a la tortuga entrar lentamente al oleaje y alejarse nadando. Me sentí satisfecho por el trabajo cumplido y felicité a Tamara por su excelente ayuda. Estaba un poco preocupado por haberla molestado al ponerle los rótulos, pero me recordé a mí mismo, que éste era un procedimiento esencial para que estas antiguas criaturas pudieran ser salvadas de su extinción. Resultó ser que el valor de los rótulos iba a demostrar su importancia mucho más rápidamente de lo que podíamos haber imaginado.

Tan pronto como el personal de la Oficina apareció para trabajar a la mañana siguiente, yo llamé a mi jefe por radio para darle la noticia. Estaba increíblemente emocionado por haber rotulado la primera tortuga carey hawaiana, y en veinte minutos le di a Andy una reseña de los acontecimientos. Estaba completamente seguro que él compartiría mi excitación pero no fue así.

"Bueno, está bien", contestó con un tono un tanto apático, "pero en el futuro podrías hacer tus transmisiones un poco más cortas. Esta frecuencia de radio la usa todo el Parque."

¡Qué diablos! Qué pasaría si cada Guardabosque, Guía de turismo y Empleado del Estado, en un radio de ochenta kilómetros, hubiera tenido que detener su trabajo para escuchar mi historia de cómo rotulé a la tortuga. Era importante. Bueno, quizá tenía razón.

A la mañana siguiente, Tamara estaba observando cuando una tortuga apareció en la costa nuevamente. Inmediatamente pudimos determinar que ésta era verdaderamente nuestra tortuga que volvía para intentarlo una vez más. Todavía lucía sus rótulos metálicos brillantes en las aletas. Ella cavó dos hoyos más en un término de tres horas, pero nuevamente los abandonó a los dos. Otra vez, volvió al océano sin poner huevos.

El hecho de que ella hubiera vuelto tan pronto después de que la marcáramos fue muy grato. Esto demostraba que las tortugas no se retraían fácilmente ante la experiencia de ser marcadas y medidas. En realidad, a pesar de la experiencia, no había demostrado la menor preocupación ante nuestra presencia. En varias ocasiones ella se había abierto paso ante nosotros en búsqueda de un lugar adecuado para anidar. Yo lamentaba verla volver al océano después de toda una noche de trabajo en vano, pero no tenía dudas que volvería a probar nuevamente.

Así fue en verdad, pero mientras pasaba la temporada, nuestro programa de marcación revelaba que la población de tortugas era mucho más pequeña de lo que nadie hubiera esperado. En lugar de tener varias tortugas anidando en cada sitio, como lo habíamos supuesto, había sólo una o dos hembras usando los hoyos. El hecho de que cada tortuga viniera varias veces antes de desovar y dejara varias nidadas durante la temporada, había inducido a pensar que existían mucho más tortugas de las que eran en realidad. Nuestra inspección también disipó otro mito.

Se suponía previamente que las mangostas y las ratas traídas eran las responsables de cavar los nidos de tortugas para comer los huevos. Durante la temporada anterior, se habían encontrado varios hoyos grandes donde los nidos habían sido cavados y se habían comido los huevos. Sin embargo, los huevos de tortugas estaban generalmente colocados a más de medio metro debajo de la arena, y era difícil imaginar cómo animales tan pequeños podrían haber cavado los agujeros grandes que se habían encontrado en esos sitios.

Una noche, yo estaba en Punta Apua con Tamara, observando otra tortuga en búsqueda de un lugar para poner sus huevos. La tortuga demoró alrededor de veinte minutos eligiendo lugares adecuados a lo largo del borde de la vegetación antes de decidirse por un lugar para comenzar a cavar.

Después de cavar unos treinta minutos, el hoyo estaba empezando a ser bastante grande y nosotros teníamos los dedos cruzados para que desovara. Mientras sus aletas sacudían la arena detrás de ella, noté un huevo. Por empezar, yo estaba confundido por lo que pude ver, desde el momento que ella no se había puesto en posición de poner huevos y todavía seguía cavando. Cuidadosamente usé mi linterna y miré el agujero, y observé un número de huevos medio enterrados en la arena. Me di cuenta que ella estaba cavando en el mismo lugar donde había puesto un mes antes.

Hice lo único que me parecía sensato hacer, la saqué del hoyo por el caparazón. Comenzó a alejarse bordeando la vegetación, y volvimos a colocar los huevos y los cubrimos con arena otra vez. Aún si la hubiésemos molestado al punto de dejar de cavar por esa noche, era todavía mejor que permitirle destruir un nido completo que ya había sido empollado. En realidad ella eligió otro lugar para cavar y continuó como si nada hubiese pasado.

Esto había resuelto el misterio de la depredación de los huevos. Desde el momento que Punta Apua tenía una zona tan pequeña de arena donde era posible poner huevos, había una alta probabilidad de que las tortugas cavaran los nidos donde ya se habían puesto huevos. Si esos hoyos eran luego abandonados sin empollar, los huevos estarían desparramados alrededor del agujero y las mangostas y las ratas comerían los huevos que estaban expuestos. Esto había hecho pensar que la mangosta y las ratas eran capaces de excavar los nidos, lo que era dudoso. En cuanto a los huevos, aún si no se los habían comido, se habrían cocinado al sol si no estaban lo suficientemente cubiertos de arena.

En ese momento, nuestro programa de investigación de las tortugas estaba pasando a su segunda fase, ya que algunos de los nidos estaban llegando al punto de incubación. En circunstancias normales, hubiera consistido en un ejercicio de observación solamente, pero Punta Apua era literalmente, una trampa mortal para las crías.

Unos años antes, un terremoto grande había causado el hundimiento de la zona que rodeaba la costa, cambiando la estructura de la playa en Apua. Lo que alguna vez había sido una pequeña bahía con arena, se había convertido en una playa con guijarros con una delgada franja de arena en lo alto, junto a la vegetación. Esta era la zona que las tortugas usaban para hacer sus nidos, atraídas hacia el mismo lugar para anidar, por instinto. Las hembras grandes podían andar por el pedregal sin demasiada dificultad, pero para las pequeñas crías era una historia completamente diferente.

Los hijos aparecían bajo la oscuridad de la noche, y eran atraídos al océano por el horizonte iluminado. Cada nido tenía alrededor de ciento setenta huevos y las crías salían de la arena en grupos y enfilaban hacia el mar como un ejército de muñecos a cuerda. Unas pocas alcanzaban a andar unos metros. Una por una se caía en las grietas que había entre las piedras grandes y quedaban atrapadas. Sin poder escapar, estaban destinadas a morir calcinadas cuando el sol alcanzara su cenit al día siguiente.

Nuestro trabajo era controlar la playa toda la noche, en búsqueda de nidos que se estaban incubando. Esto no era muy difícil, ya que previamente habíamos registrado dónde estaba cada uno de los nidos y cuándo habían puesto los huevos. Nosotros sabíamos en qué momento cada nido iba a romper el cascarón. Una vez que salían las crías, las poníamos en baldes y las llevábamos hacia la orilla para largarlas. Era más fácil decirlo que hacerlo porque había muchas crías que nacían al mismo tiempo. El problema empeoraba por el hecho de que muchas crías eran arrastradas nuevamente por el oleaje y terminaban atrapadas en el pedregal.

Sin nuestros esfuerzos, todas las crías habrían muerto. Nunca encontramos ninguna que hubiese llegado a más de la mitad del camino sobre los guijarros por sí misma. Pasábamos horas cazando por entre las piedras para asegurarnos que todas las crías hubieran llegado más allá del oleaje y estuvieran en el mar abierto. Me estimulaba el pensamiento de que alguna de las crías que yo hubiera salvado, pudiera volver algún día a esta costa, probablemente mucho después de que yo me hubiese ido de este mundo.

Al ser un novato en lo que respecta a la conservación de la tortuga de mar, generalmente había aceptado y seguido las instrucciones al pie de la letra. Sin embargo, me parecía cada vez más evidente, que sería mucho más fácil poner algún tipo de cerca alrededor del nido antes que naciera la cría. Al hacerlo, sólo necesitaríamos controlar los vallados, y cuando las crías salieran, no tendríamos que buscarlas por entre los guijarros.

Discutí mi idea con Andy y estuvo de acuerdo, así que me fui caminando hacia Punta Apua con un rollo de alambre tejido e hice cercas circulares para poner alrededor de cada nido. Fue un deleite. Ahora se podía recolectar a las crías sin correr el riesgo que se perdieran en el pedregal.

Otra idea que discutí con Andy fue la forma de liberarlas. De acuerdo a mi entendimiento, las tortugas volvían a su lugar de nacimiento para poner sus huevos, porque la playa les quedaba, de alguna manera, grabada en su memoria al nacer. El mecanismo de fijación en sí era desconocido, y se me ocurrió que si colocábamos la cría directamente en el agua, podíamos estar interfiriendo con este mecanismo. Por lo tanto, sugerí que lleváramos los pichones a unos cien metros de la playa, a una pequeña zona que estaba libre de guijarros y permitirles forjar, desde allí, su propio camino hacia el mar. Después de consultarlo con George Balazs, el biólogo marino local, Andy estuvo de acuerdo en que deberíamos hacer el cambio.

También comencé a cavar nidos unos pocos días después de incubados. Invariablemente había unas pocas crías que no habían sido capaces de escapar del nido y que, de lo contrario, hubieran muerto. Esto no significaba que estas crías eran débiles, simplemente habían quedado atascadas en el medio de los cascarones que las rodeaban y no tenían forma de salir.

Al finalizar la temporada, habíamos liberado alrededor de mil crías de Punta Apua, las que, de lo contrario, hubieran perecido en el pedregal. Como resultado del programa de rotulación, estuve en condiciones de estimar que la población total de las tortugas carey hawaianas, no eran más que unas veinte hembras en edad de reproducción. Era casi el punto límite de la extinción. Si este notable animal iba a resistir, entonces cada cría era importante.

Con el trabajo anual de las tortugas terminado, continué ayudando con los Nenes (gansos hawaianos). Los Nenes sólo se encuentran en Hawai y habían sido rescatados del límite de la extinción durante los años cincuenta, cuando la población había descendido a sólo treinta y cuatro pájaros. Desde entonces, los números se habían elevado a unos pocos centenares a través de la cría en cautiverio, pero la población no parecía sustentarse sola en forma salvaje. El problema radicaba en que todos los pichones se morían virtualmente a los pocos días de nacer. Se suponía que la inserción de la mangosta mataba a los gansarones, pero sin saber lo que realmente le estaba pasando a las crías, era imposible asegurarlo. Nuestra labor consistía en observar a los pichones de ganso y tratar de determinar qué les estaba ocurriendo.

A diferencia del programa de las tortugas, el del Nene, había estado en vigencia durante largo tiempo, y cada año se usaba el mismo procedimiento. Primero buscábamos Nenes que tuvieran nidos, y una vez que los localizábamos con sus huevos, le adosábamos un radio transmisor a uno de los adultos. Los pichones abandonan el nido inmediatamente después de nacer y siguen al adulto a zonas con abundante comida. Al ponerle un radio transmisor a uno de los adultos, podíamos localizar al grupo familiar cuando queríamos, para controlar su progreso.

Lamentablemente, el líder del proyecto no estaba a favor de observaciones prolongadas a un determinado grupo familiar. Prefería los controles diarios de cada grupo familiar, lo que significaba que a cada familia se le dedicaba sólo unos pocos minutos. Este acercamiento no revelaba demasiada información, ya que no lográbamos observar por qué los pichones estaban desapareciendo. Un día podíamos estudiar una familia con tres pichones y, al día siguiente, había sólo dos. Dentro de las dos o tres semanas después del nacimiento, invariablemente las crías se habrían perdido todas, pero al no haberlas observado desaparecer, no teníamos ningún aporte nuevo.

El estudio estuvo más limitado por el hecho de que el proyecto se llevaba a cabo solamente en horario de trabajo. La labor finalizaba a las 17 hs. todos los días y no se hacía nada durante los fines de semana. Era bastante sorprendente que después de tantos años de estudio no se hubiera revelado casi nada. A diferencia del programa de las tortugas, el del Nene tenía un régimen de manejo bastante rígido y las mejoras sugeridas no eran bienvenidas.

Durante mi trabajo en el programa de los gansos, trabé amistad con un Nene particularmente domesticado, llamado NA. Le puse ese nombre porque en la banda de su pata decía "NA". Cada vez que estaba buscando Nenes, muy a menudo me encontraba con NA, e invariablemente venía a ver lo que estaba haciendo. Fue una amistad que cultivé, compartiendo mi almuerzo con él y usándola para ganar la confianza de los otros Nenes que deseaba capturar, para precintar o estudiar.

En 1992, Andy Kikuta se fue y el programa de estudio de las tortugas quedó en manos de Larry Katahira, que tenía puntos de vista muy diferentes. Larry tenía un estilo para dirigir mucho más autocrático que Andy. En realidad, ambos tenían muy poca experiencia para llevar a cabo trabajos de campo, pero Andy siempre había estado dispuesto a escuchar sugerencias de aquellos que sí la tenían. Larry no.

En octubre de 1992, dos muchachas alemanas llamadas Anja y Heidrun vinieron a trabajar en el Programa de Tortugas. Después de darles el entrenamiento habitual, las mandaron a Punta Apua a observar las nidadas que salieran. Unos días más tarde, me mandaron solo a controlarlas y quedé horrorizado de lo que vi.

Al caminar por la playa, encontré una cría muerta en los guijarros, y luego otra y otra más. Cuanto más miraba, más encontraba. En total, más de cincuenta crías muertas y tres vivas que estaban muy débiles. Los cerramientos de red que yo había hecho el año anterior estaban todavía en uso, pero ellas los habían puesto en el lugar erróneo.

Aparentemente, Anja y Heidrun habían decidido pasar un día de excursión por la costa y no se habían preocupado por controlar la playa antes de partir. Siempre existía el riesgo que se perdieran crías durante la noche y, por esa razón, la inspección de la playa a la mañana temprano era una prioridad. Ya que si se detectaban crías antes que el sol calentara demasiado, aún estaban a tiempo de salvarse. No quedaba demasiado claro si esta tragedia había sido el resultado del poco entrenamiento o pura negligencia, pero ciertamente, se podría haber evitado.

Al no salir más crías del nido, pedí permiso para excavarlo y liberar las que quedaban atrapadas entre los cascarones de huevos. Para mi desilusión, Harry no me lo permitió. Me dijo que nuestro trabajo era sólo controlar y no interferir en los procesos naturales. Cuando estuve completamente solo en una playa desolada, cavé el nido de todas formas, y liberé 25 crías saludables que estaban atrapadas entre los cascarones. Estas eran las únicas que podrían sobrevivir de un nido con un total de 174 huevos. Volví a enterrar el nido, de manera que los otros trabajadores no se dieran cuenta que yo lo había excavado.

Había logrado salvar algunas de las crías del nido, pero el problema subyacente era que los otros compañeros estaban instruidos para no excavar los nidos. Esto, inevitablemente, llevó a la pérdida innecesaria de crías que eran vitales para la supervivencia de la tortuga carey en las islas. Al final de la temporada, Larry envió un equipo para que excavaran todos los nidos con el objetivo de contar el número de huevos que se había empollado. Además de los cascarones vacíos, también descubrieron cientos de pichones muertos que se podrían haber salvado fácilmente. Un desperdicio trágico.

A Larry no le importaba en absoluto dicha pérdida, pero a su jefe, Dan Taylor, sí. Todo lo que habíamos aprendido durante la primera temporada se había echado a perder, simplemente por un cambio de dirección. Siempre voy a afirmar que cuando una población está al borde de la extinción, ya es demasiado tarde como para no intervenir. A menos que los factores que hubieran producido dicha reducción fueran contra atacados, el resultado era inevitable. Para las pocas tortugas carey hawaianas que quedaban ya se había acabado el tiempo.

En 1993, me fui de Hawai para hacerme cargo de un empleo como Oficial de Conservación en las Islas

Malvinas, unas pequeñas islas alejadas de la costa de Argentina.

Segunda parte: La guerra de los pingüinos

¿Cómo se puede vencer a una organización que no acepta la corrupción?
Asegurando una intervención del gobierno dentro de esa entidad y destruirla desde sus entrañas.

¿Cómo se puede vencer a un individuo cuya honestidad impide la corrupción?
Difamándolo con falsas denuncias de fraude, hasta que la mismísima verdad se vuelve oscura.

CAPÍTULO 9

Aún no se sabe cuándo fue la primera vez que un hombre pisó las Islas Malvinas. Los registros más antiguos existentes de las Malvinas datan del siglo XVIII, pero es certero que los seres humanos las habían visitado mucho antes y probablemente se hubieran establecido por un largo tiempo. Se puede encontrar pruebas de esto en la historia de la fauna de las islas.

Geológicamente hablando, Las Islas Malvinas nunca han sido parte de América del Sur. La evidencia geológica demuestra que las Malvinas, en realidad, se desprendieron del continente Africano hace millones de años, antes de la evolución de los mamíferos y pájaros, y se deslizaron hacia América del Sur como resultado del desplazamiento continental. Como tal, las Malvinas nunca han estado en contacto con los mamíferos y aves del continente, que evolucionaron después de que las Islas se apartaran. Esas especies que aparecieron en las Malvinas antes del advenimiento del hombre deben haber viajado por tierra o por aire.

Se sabe que las islas vírgenes que surgen del lecho del océano por la actividad volcánica, pueden colonizarse por especies que son traídas por las tormentas o que van a la deriva por las corrientes oceánicas. Las islas de Hawai y Galápagos son dos ejemplos bien conocidos. Las mismas demuestran una jerarquía de colonización.

Las primeras en llegar son las especies marinas, que arriban a las costas como individuos que nadan libremente o que están a la deriva en las corrientes del océano. Todo tipo de seres vivos, desde algas hasta invertebrados marinos, tortugas y focas pueden colonizar rápidamente las nuevas tierras. Hawai es el ejemplo de colonización de una isla remota, ubicada sola en el medio del Océano Pacífico, entre los continentes de América y Asia, y allí llegaron estas especies al comienzo de su historia. En verdad, van y vienen con tanta facilidad, que prosiguen para mezclarse con poblaciones de otras partes del mundo, evitando la formación de nuevas especies. Las tortugas Carey y la Verde encontradas en Hawai son las mismas que las que hay en toda la zona ecuatoriana, como lo son las algas y los invertebrados marinos.

A las especies terrestres, naturalmente, les resulta más difícil llegar a islas tan remotas, ya que las plantas, pájaros e insectos son los primeros en llegar, llevados por su propio poder de vuelo o como viajeros pasivos impulsados por el viento. Las semillas y los pequeños insectos que no vuelan y las arañas, a menudo, utilizan los vientos para dispersarse en amplias zonas y durante miles de años, condiciones caprichosas, harán que vuelen sólo unas pocas, muchos kilómetros a través de los océanos para colonizar tierras remotas. Hawai está ubicada a más de tres mil kilómetros del continente más cercano, no obstante volaron muchos insectos, pájaros y plantas a esta tierra virgen donde florecieron. Como su travesía era un evento tan improbable, fueron separados del resto de su especie y evolucionaron para formar otras nuevas y únicas para Hawai.

Los animales que no pueden ser transportados por el viento, se atienen a flotar hasta islas distantes, y aún teniendo en cuenta circunstancias fortuitas, algunos animales no pueden realizar dicha travesía. Ningún mamífero terrestre había colonizado Hawai o las islas Galápagos hasta que el hombre lo llevó. En realidad, la única manera que un mamífero terrestre llegue a islas remotas sería por una hembra preñada que se dejara llevar por las corrientes del océano, pero el gran consumo de energía de los mamíferos de sangre caliente, los haría morir de hambre mucho antes de que pudieran llegar muy lejos.

Sin embargo, los reptiles de sangre fría, que tienen un requerimiento de energía mucho menor, lograron llegar a las islas Galápagos llevados por las corrientes del océano. Las tortugas pueden flotar sobre sus espaldas si se caen en el agua y, al tener sangre fría, pueden sobrevivir a bajas temperaturas corporales y por largos períodos sin comida, logrando estar vivas en toda la travesía por el océano. Al ser reptiles, una única hembra arrastrada por la corriente hasta la costa, puede colonizar nuevos horizontes con sólo poner huevos.

Las tortugas y las iguanas llegaron a las Islas Galápagos, y al ser separadas del resto de su especie, formaron una nueva. Sin embargo, ningún reptil pudo llegar a Las Malvinas. Estas Islas están más cerca del continente que Hawai o Galápagos, pero el cruce por el océano es muy diferente. Las corrientes del Pacífico ecuatorial en los alrededores de las Islas Galápagos son cálidas, en total contraste con las corrientes frías del Atlántico Sur que bañan las costas de las Malvinas. Se duda que aún los reptiles puedan sobrevivir a las frías temperaturas marinas del océano del sur al cruzar desde el continente hasta las Islas Malvinas.

Ningún reptil ni anfibio llegó a las islas, y aún las Malvinas tenía el zorro malvinense. Este animal era un zorro único para las islas. Muy diferente de sus pares sudamericanos, evidentemente había vivido en las Malvinas por mucho tiempo. ¿Y aún es posible que con la evidencia de cualquier otra isla virgen de la tierra, una zorra preñada haya cruzado desde América del Sur, logrando sobrevivir a la travesía del océano helado, para que dé como fruto una nueva especie?

Se necesitan dos días para cruzar con una embarcación poderosa. Las corrientes del océano, no corren en la misma dirección del viaje, entonces se necesitarían fuertes vientos para empujar cualquier despojo desde América del Sur hasta las Malvinas. Semejante travesía llevaría semanas y el tiempo de supervivencia para estos animales de sangre caliente en esta agua, sería de minutos, obviamente no de días, ni semanas. El antecesor del zorro malvinense no podría haber cruzado impulsado por la corriente. Al no haber existido nunca un puente, la única explicación es que el zorro malvinense descendió de los zorros que habían traído los primeros exploradores de las Malvinas.

Nunca se ha descubierto quiénes fueron estos primeros pobladores. El único medio más probable sería a través de Tierra del Fuego o la Patagonia, pero es sólo una especulación. No se habrían preservado fácilmente sus embarcaciones, ropas y herramientas, hechas de madera y piel. Además de la presencia del zorro malvinense, no hay otra evidencia de su paso por las Malvinas. Cuando el hombre se estableció en las Islas en el siglo XVIII, rápidamente llevó al zorro malvinense a su extinción.

Las Islas Malvinas siempre han sido un lugar muy difícil para vivir. Con el viento que sopla en este páramo, el clima puede ser muy inhóspito para los pobladores, y aún así, la fauna que forjó su camino en las islas prosperó. Trescientas especies de plantas, unas sesenta especies de aves y un número desconocido de invertebrados se adaptaron al clima de las Malvinas. Sin ser muy ricas en número de especies, las Islas fueron exuberantes en abundancia de fauna. Con unos pocos predadores y una costa que ofrecía sitios de reproducción en abundancia, enormes poblaciones de aves marinas eran controladas sólo por la comida que había disponible. Y alimento había en demasía. Millones de millones de pingüinos prosperaron en el suelo rico en alimentos de la Plataforma Submarina Patagónica, que convirtió a las Malvinas en un paraíso para las aves y mamíferos marinos. Esta abundancia de la fauna se convertiría en un importante recurso económico para los exploradores y pobladores.

Antes de la proliferación de la luz eléctrica durante el siglo XX, la iluminación era principalmente con lámparas de kerosene y antes del desarrollo de las reservas de gas y petróleo, el aceite que se usaba para iluminar, provenía de las ballenas y las focas. Las ballenas eran un gran negocio, y las aguas que bañan las Islas Malvinas era la zona de caza favorita. También mataban a las focas y a los lobos marinos por su piel y su aceite y hasta a los pingüinos los mataban a mansalva por la pequeña cantidad de aceite que tenían. Los pingüinos vivos eran arrojados al fuego para que la grasa de su cuerpo lo avivara, que a la vez atizaba enormes calderas que derretían las reses muertas de las focas hasta convertirlas en grasa y aceite.

Las ballenas y las focas se reproducen lentamente y la matanza indiscriminada causó que las poblaciones estuvieran en riesgo. Pero los pingüinos se reproducen rápidamente si la comida es abundante. A pesar de la enorme cantidad de pingüinos muertos por los cazadores de ballenas y focas, sus poblaciones permanecieron con un alto número. La gran mortandad de adultos se compensaba por la rápida reproducción, que era posible por la abundancia de peces y calamares.

Muchas embarcaciones visitaban las Islas Malvinas durante los siglos XVI y XVII, cazaban focas y pingüinos, recolectaban huevos y aves de corral, pero la primera colonización documentada de las Islas fue la de los franceses. El 31 de enero de 1764, un joven oficial francés, Luis Antoine Bouganville, llegó a las islas y comenzó a construir un asentamiento en el extremo noreste de la Isla Soledad. El Cabo Bouganville aún lleva su nombre. El 5 de abril de 1764, Bouganville proclamó al archipiélago en nombre del Rey Luís XV de Francia y las llamó "Les Malouines".

El Rey Carlos III de España inmediatamente protestó ante el gobierno francés por lo que consideró como una incursión en el territorio español del Atlántico Sur bajo los términos del Tratado de Utrecht de 1713 y el Pacto de Familias de 1761, y el 1 de abril de 1767, Francia entregó la colonia a España, que las ocupó y las administró durante los siguientes 45 años.

En 1766, un asentamiento británico se estableció en Puerto Egmont en la Isla Saunders. Las autoridades españolas en Buenos Aires ordenaron la expulsión de los ingleses y ésta se llevó a cabo en junio de 1770. Un año más tarde, los ingleses volvieron a Puerto Egmont y permanecieron allí hasta 1774, cuando volvieron a ser expulsados.

En febrero de 1811, los pobladores españoles de las Malvinas fueron retirados para reforzar las fuerzas españolas exiliadas en Uruguay, en un intento final para resistir el movimiento de la independencia en Buenos Aires. Después de tres años de luchas, las fuerzas españolas fueron finalmente derrocadas en Montevideo el 20 de junio de 1814. Dos años más tarde, en el Congreso de Tucumán de 1816, las Provincias Unidas del Río de la Plata (que más tarde se convertiría en Argentina) declararon formalmente su independencia de España. Ellos proclamaron la posesión de las Islas Malvinas en 1820, y se volvieron a establecer en Puerto Louis en 1833, veintidós años después que los españoles se habían ido. Para esa época, los ingleses también habían colonizado las islas y establecido la administración británica, una situación que iba a conducir a una larga disputa permanente con Argentina sobre la soberanía.

Durante el siglo XIX, las Islas Malvinas tenían una mala reputación porque allí se estafaba a navegantes inocentes cuando buscaban que les repararan los barcos dañados. El comercio entre Europa y las costas americanas del Pacífico era un negocio muy exitoso, especialmente siguiendo el ímpetu del oro norteamericano de 1800, y la única ruta de navegación para este negocio significaba dar la vuelta por el Cabo de Hornos. El Cabo de Hornos es muy conocido por sus terribles tempestades, y aquellos barcos que lograban sobrevivir al viaje, a menudo sufrían daños.

La gran proximidad de las Malvinas al Cabo de Hornos significaba que los barcos que habían resultado averiados al dar la vuelta, llegarían como pudieran a Puerto Stanley en busca de reparación. Las Malvinas no tenía una mano de obra muy desarrollada, capaz de hacerse cargo de dichos arreglos, estaban más interesados en dejar varadas esas embarcaciones en las Malvinas como para reclamarles la carga y los materiales de construcción de los barcos en forma de pago.

Por las cotizaciones tan onerosas para los arreglos y a través del sabotaje, muchos barcos eran dejados de lado porque el precio de la reparación era muy elevado, obligando a los dueños de las embarcaciones y a la tripulación a buscar el pago a través de los aseguradores, mientras que Puerto Stanley adquiría materiales de construcción y una gran variedad de carga que no la podían llevar a ningún lado sin el navío. Muchos de los restos de naufragios se conseguían de esta manera, montando almacenes útiles con una ganancia que les llovía del cielo por las mercaderías que quedaban varadas y, muchos de los edificios más viejos de Puerto Stanley, fueron construidos con los materiales de dichos barcos.

Con el descubrimiento del Estrecho de Magallanes y la construcción de faros en toda su extensión a principios de 1900, los barcos no necesitaron pasar más por el Cabo de Hornos. El comercio de los barcos dañados declinó y la Sirena caza bobos del mundo naviero cambió de negocio.

El ganado ovino ha sido el sostén de la economía de las Malvinas desde los primeros asentamientos y durante la mayor parte del siglo XX, fue el ingreso principal de las Islas. La crianza de ovejas es una forma muy difícil de ganarse la vida, especialmente en un clima tan inhóspito como el de las Malvinas. Semejante trabajo tan sacrificado, a cambio de un salario honesto, no se adecuaba a las expectativas de los ventajeros y charlatanes y, al irse, moldeó el carácter del verdadero isleño, dedicado a la tierra, al trabajo duro, gente amigable y, por sobre todas las cosas, honesta. Estas cualidades aún existen hoy en día, pero se han reprimido por el retorno de los farsantes en busca del dinero fácil, a través de la pesca comercial y de la exploración de petróleo.

En 1982, la larga e ininterrumpida disputa con Argentina se volvió a atisbar y terminó en guerra, cuando Argentina tomó por la fuerza las islas el 2 de abril de 1982. Inglaterra envió una flota militar como respuesta, que liberó a las islas el 14 de junio de 1982 a costa de cientos de muertos. Los soldados argentinos ofrecieron sus vidas creyendo que estaban liberando las islas. Les habían dicho que serían bien recibidos por los oprimidos isleños, que los saludarían con vítores y flores. Esto era mentira, fueron recibidos con escupitajos y odio por una población que los consideraba invasores. Los soldados ingleses dieron sus vidas creyendo que estaban defendiendo la democracia; el derecho de los isleños malvinenses a vivir libres de la tiranía y la opresión; otra mentira, como se ha demostrado a través de la historia.

Antes de la guerra de 1982, las Malvinas eran una espina en el flanco del gobierno británico, la que estaban tratando de extraer a través de medios diplomáticos. A trece mil kilómetros de distancia, siendo un drenaje inoportuno para la economía británica, los dos mil habitantes de las Islas Malvinas significaban muy poco para Gran Bretaña. En realidad, aparte de los mismos isleños, la única que quería a las islas era Argentina. Si hubiese demostrado un grado de paciencia moderado, finalmente hubieran ganado la propiedad de las islas por medios diplomáticos. Sin embargo, el débil gobierno argentino de esa época, necesitaba un rápido ajuste por sus desastrosas políticas económicas, y pensó que el hecho de tomar las Malvinas por la fuerza, haría el milagro.

La invasión de las Malvinas llevó al gobierno argentino a un patriótico apoyo público, pero dicha popularidad duró poco. En tanto, una primera ministra, Margaret Thatcher, con la misma determinación, se mantuvo en sus treces e hizo la promesa solemne de recuperar las islas. Si las Malvinas se iban perdiendo gradualmente, a través de los medios diplomáticos, era aceptable, pero permitir que Argentina tomara un trozo de suelo británico por la fuerza, no. El hecho de no reclamar las islas a un dictador Latinoamericano hubiera significado el final de la reputación británica de mayor poderío mundial, y Margaret Thatcher estaba decidida a asegurar que esto no ocurriera durante su mandato.

En poco más de dos meses las fuerzas argentinas se habían rendido, murieron 266 ingleses y 649 argentinos, e Inglaterra había recuperado un puesto de avance con ganado ovino del que habían estado tratando de librarse por mucho tiempo. Los políticos del Gobierno Británico decidieron que al haberse metido en tanto lío para recuperar a las Malvinas, era mejor que hicieran algo. Durante años de no haberse ocupado, el gobierno finalmente buscó las formas de dar nuevos aires a la economía de las islas, y salió con un plan muy simple.

Durante los años '70, cada vez más barcos pesqueros habían estado incursionando en los alrededores de las Malvinas, muchos eran de países que ya habían depredado sus propios recursos por la pesca indiscriminada. Junto con los representantes de la comunidad malvinense, se decidió, en una serie de conversaciones secretas, que se establecería una zona de control de 320 kilómetros alrededor de las Malvinas y que, en el futuro, cualquier embarcación que quisiera pescar en esa zona, tendría que pagar un derecho de admisión muy elevado. Todo lo que se necesitaba era un sistema de licencias, y gente que las vendiera.

Olfateando dinero y con la consciencia de que más manos en la torta significaría una tajada menor, no pasó mucho tiempo para que ciertas personas involucradas en estas charlas secretas, reclamaran alguna ventaja para asegurarse una porción de la riqueza. A los isleños malvinenses les parecía una locura que algunos dejaran sus empleos seguros para poner compañías pesqueras, hasta que el plan secreto fue develado. Mucha de la distribución de la riqueza que existe en las Malvinas hoy en día, emana de estos movimientos astutos (por no llamarlos deshonestos). En Inglaterra, los negociados de aquellos que poseen informes secretos sería ilegal, pero en las Malvinas, la política y el dinero fácil van de la mano. ¿De qué sirve hacer política si no vas a forrar tus bolsillos?

Con las embarcaciones pesqueras que pagaban cada una cientos de miles de libras por las licencias, el dinero empezó a llover. Muchos ponían compañías auxiliares que distribuían sus riquezas en una gran variedad de otras empresas, ayudando a disimular la verdadera fuente de sus millones. En un par de años, las Islas Malvinas había cambiado de la pobreza, a un ingreso anual de más de £20.000 por cada hombre, mujer y niño. Pero ese dinero nunca fue distribuido entre los pobladores. Aquellos que se habían sentado a la mesa de la abundancia, al lado de sus colegas del gobierno británico, tenían la mayor parte de la riqueza privada, mientras que el resto de la población era forzada a buscar su participación a través de los muchos empleos estatales lucrativos que consolidaban 80 millones de libras al año.

Por supuesto, los trabajos mejor remunerados siempre iban a los amigos de los amigos, que exitosamente se iban pasando a los familiares y a la red de los "viejos muchachos". Muchos de los beneficiarios estaban viviendo en el exterior, presentados con contratos por los que se pagaban rigurosos salarios, con casa, viajes y muchas otras comodidades a las que nunca habían estado acostumbrados. Muchos de estos agentes contratados ni siquiera eran necesarios, y comenzaron hacer valer sus designaciones, reestructurando el manejo simple del gobierno para que fueran considerados como indispensables. El cambio de un sistema común de gobierno que funciona, por algo terriblemente complicado y todo repentinamente, conduce a que nadie pueda prescindir de la gente que dirige el sistema.

Esta fue la fiesta de la economía de las Malvinas. La época de construir una escuela y hospital nuevos y modernos, que serían la envidia de cualquier pueblo inglés. El momento de construir un matadero modelo de la Comunidad Económica Europea para procesar un manojo de ovejas, un sistema de calles para unir cada granja remota y una nueva casa para el gobernador. Tiempo de poner un precio de entrada a los chicos que querían usar la cancha de fútbol y de sancionar leyes estrictas para controlar quiénes tenían derecho a usufructuar las riquezas y quiénes no. La época de designar dos supervisores para cada trabajador, establecer un cronograma de vacaciones pagas para todo ciudadano "calificado", y enviar representantes del gobierno a lugares exóticos en misiones diplomáticas para "determinar hechos". ¡Una de esas misiones, terminó con la propuesta de la construcción de una aldea de ovejas Cotswold en un remoto criadero, por parte de un primer mandatario!

Pero este superávit de riqueza vino con un precio escondido. Con las grandes cantidades de peces y calamares que se estaban sacando de las aguas de las Malvinas, no era sorprendente, quizá, que el número de aves marinas y focas que vivían de los mismos peces y calamares comenzaran a declinar. Pero en 1993, nunca nadie había hecho un censo de la fauna como para darse cuenta de lo que estaba ocurriendo. Fue cuando tomaron al portador de malas nuevas- un mensajero que, como ocurre a menudo, iba a ser condenado por traer malas noticias.

CAPÍTULO 10

Llegué a las Islas Malvinas en octubre de 1993 para hacerme cargo del puesto de Oficial de Preservación para la Conservación de las Malvinas, una organización de conservación financiada por el gobierno. Había pedido si mi fecha de comienzo podía ser postergada hasta noviembre, para poder rendir mis exámenes para la Universidad y completar así mi curso a distancia de Bachiller en Ciencias. La Conservación de las Malvinas había contestado que era imperioso que comenzara en octubre, pero me dijeron que podía rendirlos en el Centro Educativo Mount Pleasant, ubicado en la base militar a unos 65 kilómetros de Puerto Stanley. Hasta me ofrecieron el transporte para poder llegar al centro.

Los primeros días después de mi llegada, pasé la mayor parte del tiempo estudiando para mis exámenes, el esfuerzo valió la pena porque aprobé con notas sobresalientes, y estuve entonces libre como para concentrarme en la tarea que tenía en manos.

Mi antecesor se había ido varios meses antes de mi llegada, y mis dos ayudantes, Tim Stenning y Jeremy Smith, eran tan novatos en el trabajo como yo, de manera que estaba en una etapa de aprendizaje intensivo. No obstante, gran parte del trabajo tenía rasgos similares al anterior, aunque con diferentes especies. La investigación estaba basada en un programa para controlar aves marinas que comprendía una especie de albatros y dos especies de pingüinos.

En cada temporada se visitaba un pequeño número de colonias de reproducción al finalizar la incubación y se contaba el número de nidos ocupados para determinar el tamaño de la población. Más avanzada la temporada, se volvía a visitar las mismas colonias para contar el número de pichones ya crecidos. La cantidad de crías se dividía por el número de nidos para determinar si el período había sido exitoso en términos de reproducción. El trabajo era emocionante y así comenzó mi amor por los pingüinos.

De niño, siempre me habían fascinado estas aves. Era difícil pensar en estas criaturas cómicas como animales salvajes, capaces de enfrentar el rigor de un medio ambiente peligroso y hostil. Las Malvinas tenían una fauna increíblemente rica y habitaban gran cantidad de pingüinos. En algunas zonas, el exagerado número de pingüinos era verdaderamente asombroso.

Cuando me fui familiarizando con el trabajo, comencé a interesarme en la forma en que se conducía parte del control. Los pingüinos de Magallanes eran los únicos pingüinos malvinenses que vivían en madrigueras y sólo una pequeña proporción de sus madrigueras era ocupada anualmente, lo que tornaba difícil contar los nidos. La Conservación de las Malvinas había sorteado este problema, demarcando una pequeña zona en el centro de la colonia de reproducción y poniéndole un anillo en la pata de cada adulto dentro de esa zona. A mi entender, había dos problemas fundamentales con esta modalidad.

En primer lugar, porque el área de estudio tan diminuto comprendía sólo la parte más densamente poblada del centro de la colonia y no estaba reflejando los verdaderos cambios en el tamaño de la población. Las diferencias en el número, se reflejarían por las variaciones en el tamaño general de la colonia, no sólo por la densidad. Como no se estaban registrando los alrededores de las colonias, no se podía determinar ninguna alteración en la población de la misma. Era, más bien, como si se estuviera determinando la población de una ciudad contando el número de casas en una sola calle.

En segundo lugar, la única manera de poder leer los anillos todos los años era atrapando al pájaro. Esto era posible con un palo largo de madera con un gancho en el extremo, parecido al cayado de un pastor. Todos los años las aves eran enganchadas de la pata y arrastradas afuera de su madriguera, justo después de poner los huevos, para poder leer los anillos.

Esto era tan irritante para los pájaros, que al día siguiente se podían ver montículos de tierra afuera de las madrigueras porque los animales, por el pánico, trataban de excavar para esconderse más adentro. En muchos casos, los pingüinos estaban tan enojados, que hasta pateaban sus huevos afuera de la cueva junto con la tierra. Estaba claro que era imposible registrar una reproducción exitosa, cuando el mismo proceso de estudio estaba alterando los resultados por la destrucción de los huevos.

Una de las primeras cosas que hice fue suspender la marcación y captura de estos pingüinos y cambiar la forma de estudiarlos. Establecí nuevas áreas de control, que contemplaban las colonias en su totalidad y utilicé simplemente la inspección visual para determinar qué cuevas estaban ocupadas. Como los nuevos lugares de registro cubrían ahora la colonia entera, los cambios en el tamaño de la población se podían registrar en la medida que la colonia se expandía o se reducía. Este nuevo método también implicaba que ya no había necesidad de manosear a las aves.

Otro motivo de mi interés era que de las cuatro especies de pingüinos que habitaban en las Islas Malvinas, sólo se estaban estudiando dos, en realidad. Los pingüinos de penacho amarillo, en particular, habían sufrido una marcada disminución durante los años '80, con adultos que se morían de a miles y aún así, esta especie estaba excluida del Programa de Estudio de las Aves Marinas. A mi entender, esto era un descuido serio y extendí el programa para incluir a las cuatro especies de pingüinos.

Mi preocupación final era algo más difícil de resolver rápidamente. Todo el Programa de Estudio de las Aves Marinas estaba basado en la presunción de que las pocas colonias que se estaban estudiando cada año, eran el reflejo de los cambios de la población total de las Malvinas. Para las especies que permanecían en sitios de reproducción fijos, esto era quizá una presunción razonable, pero para los pingüinos Papua, no.

Los pingüinos Papua mudan sus colonias a poca distancia año a año y, muy a menudo, desaparecen colonias enteras de una ubicación determinada, con pájaros que se dispersaban a lugares alternativos. La Conservación de las Malvinas había elegido tres zonas donde estudiar a los pingüinos Papua; sitios donde había una alta concentración de pingüinos. Como estos lugares tenían ya una alta población, era inevitable que se observara una cierta disminución como resultado del movimiento al azar.

La única solución era extender el número de lugares a estudiar, incluyendo los más pequeños y combinarlo con un censo completo de todos los sitios de reproducción de las Malvinas. Un censo de toda la isla era la única manera de determinar si los cambios en las colonias especialmente seleccionadas eran representativos de la población en general. Obviamente, dicho proyecto sería un compromiso mayor, pero yo estaba confiado que se lograría con una buena planificación.

Con esto en mente, les di las directivas a Tim Stenning y a Jeremy Smith para que condujeran un censo de todas las colonias de pingüinos Papua en la Isla Soledad. Esto representaba sólo una porción de lo que se necesitaría para emprender un censo en toda la isla pero, no obstante, daría una indicación en cuanto a la logística para llevar a cabo dicho proyecto. Resultó ser que el censo en la Isla Soledad se terminó en sólo dos semanas. Esto me convenció que un censo de pingüinos en toda la isla era logísticamente factible, pero el proyecto tendría que esperar hasta que los fondos estuvieran disponibles.

La oficina de Conservación de las Malvinas, para ese entonces, era sólo una casilla y la única computadora que poseía estaba juntando polvo en un rincón porque nadie sabía cómo usarla. Todos los datos que la Conservación de Malvinas había reunido durante años, estaban registrados en trozos de papel guardados en los archivos. Ni siquiera había formularios adecuados para registrar datos.

Armé algunos formularios apropiados para el registro de datos y comencé a buscar la forma de ingresar información a una base de datos en la computadora. Lamentablemente, la computadora no tenía software para crear bases de datos, entonces me compré una computadora propia con el software necesario para realizar el trabajo. Pasé la mayor parte de mi tiempo libre sacando información de literalmente cientos de trozos de papeles sueltos y, de a poco, fui construyendo una base de datos. Ahora, por fin, las tendencias de la población empezaban a surgir de las cifras mezcladas y era obvio, que los pingüinos de penacho amarillo no eran los únicos que habían sufrido una merma durante la década anterior.

A principios de 1994, discutí con la Conservación de las Malvinas, la necesidad de desarrollar técnicas de estudio de base en las islas. Los programas de investigación de la Conservación de las Malvinas sólo se habían concentrado anteriormente en los pingüinos y los albatros, pero había una clara necesidad de expandir esta investigación para cubrir toda la fauna.

Era importante asegurar que cualquier estudio de base se condujera de acuerdo a las técnicas aprobadas internacionalmente, pero para lograrlo, las categorías de hábitat utilizadas en Gran Bretaña necesitaban alterarse para que se adecuaran al medio ambiente de las Malvinas. Muchos tipos de hábitat que se encontraban en las Malvinas, como los montecillos de hierbas, no existían en Gran Bretaña y, por lo tanto, era necesario agregarlos.

Durante enero de 1994, dirigí inspecciones piloto en varios lugares de las islas para determinar qué categorías nuevas se necesitaban. Como resultado de estos estudios, armé un Programa de Estudio de Base fundamentado en una metodología estándar, pero que se ajustara a los hábitats y especies de las Malvinas. Los primeros estudios de base se programaron para el verano de 1994/95.

Los estudios de base se podían poner en práctica con muy bajo presupuesto, ya que lo único que se necesitaba era alguien calificado y con experiencia para realizar el trabajo y los medios de transporte para llegar al lugar. Por lo tanto, estaba bastante confiado en poder poner en marcha estos estudios para la próxima temporada.

El censo de pingüinos de toda la isla era de una propuesta totalmente diferente. Para censar tantas zonas en el término de unas pocas semanas era necesario tener varios equipos trabajando. El gran número de islas alejadas también implicaba que se necesitaría alquilar un barco y eso sería oneroso. Aunque la Conservación de las Malvinas estaba en un proceso de recaudar fondos a través de un Acercamiento a los Pingüinos, era poco probable que estos fondos estuvieran disponibles hasta 1995 como muy temprano. Por lo tanto, dejé la idea en suspenso.

A principios de Junio, recibí un llamado telefónico del hospital para avisarme que no había pasado el examen médico para la póliza del seguro de vida porque estaba anémico. Me citaron para repetir el análisis de sangre y éste demostró un recuento de glóbulos aún más bajo. Después de un examen médico, me derivaron a un cirujano, el que descubrió que tenía un tumor en la zona intestinal. Dos días más tarde, el 15 de junio de 1994, me internaron en el hospital para operarme y sacarme el tumor.

Para ese entonces, ya era un veterano en cirugías, pero nada podría haberme preparado para lo mal que me iba a sentir. Me desperté yaciendo de costado con una sonda que subía por mi nariz y bajaba por mi garganta. Tenía unas nauseas terribles y estaba vomitando constantemente, lo que se empeoraba por la sonda. También estaba ansioso y sentía que mi corazón latía irregularmente, produciendo una sensación muy incómoda en mi pecho que no cesaba. Me sentía tan mal y descompuesto, que no podía dormir más que unos minutos, a pesar de estar exhausto. El tiempo pasaba terriblemente lento.

El martes siguiente, el cirujano vino a visitarme y me explicó lo que había hecho. Aparentemente, había encontrado un tumor del tamaño de un pomelo grande en mi intestino y éste se había unido a algunos de los órganos adyacentes. El cirujano había quitado el tumor y casi un metro del intestino afectado y había sacado todos los restos del tumor que estaban adosados a los otros órganos. Él me dijo que pensaba que era muy poco probable que fuera canceroso, pero que lo mandaría a analizar para estar seguro.

El miércoles me dieron permiso para irme del hospital por un par de horas para asistir a una importante reunión del Consejo de Turismo en las oficinas de la Corporación de Desarrollo de las Islas Malvinas. Yo no me sentía nada bien, pero logré quedarme lo suficiente para discutir los Principios para el Turismo de la Fauna, que era el tema relevante para mi trabajo.

El miércoles siguiente, yo tenía que recibir los resultados de los exámenes del tumor y estaba muy nervioso. Había tenido un sueño terrible la noche anterior, que me habían diagnosticado cáncer y tenía que irme de las Malvinas. Pensé que estaba preparado para todo tipo de situaciones difíciles, pero nunca esperé la noticia que me dieron.

Habían estudiado la porción de intestino y se habían encontrado dos tumores separados con dos tipos de cáncer diferente. Me diagnosticaron un linfoma No-Hodgkins muy agresivo, que había formado el bulto del tumor y un carcinoide mucho más pequeño y de crecimiento más lento. Que me diagnosticaran cáncer era bastante desolador, pero tener dos clases diferentes creciendo dentro de un mismo tumor, me parecía irremediable.

Me informaron que se estaban tomando medidas urgentes para que tomara el primer vuelo a Gran Bretaña y fuera a atenderme con un equipo especialista en cáncer en el Hospital Woolwich en Londres. Tendría que someterme a una serie de exámenes para determinar mi pronóstico. Yo estaba pasmado con la noticia, y me fui a casa a tomarme un whisky doble.

Habiendo sido testigo de cómo mi madre se había consumido por el cáncer unos diez años antes, yo ya sabía algo de la enfermedad y sus tratamientos. Cada tipo de cáncer tenía su propia terapéutica y su propia expectativa de vida. Tener la esperanza de vencer dos tipos diferentes, parecía casi imposible. Comencé a pensar más en términos de lo que podía lograr en el tiempo que me quedaba de vida, que en curarme.

Pasé los últimos días publicando un artículo sobre mis hallazgos del pingüino de penacho amarillo y terminando una exposición de la Conservación en las Malvinas para la Semana del Granjero.

El miércoles 6 de julio finalmente me fui de las Malvinas con destino a quién sabe qué. No tenía idea si volvería a ver las Islas y a todos mis nuevos amigos nuevamente. Atrás quedaba la felicidad que había descubierto en esas maravillosas islas –destrozada por la enfermedad, justo como lo había pronosticado. Me la pasaba preguntándome por qué tenía que haberme ocurrido a mí, pero no encontraba respuestas.

Finalmente, llegué al Hospital Woolwich y pronto comencé con una serie de exámenes. Radiografías, análisis de sangre, un centellograma y, lo peor de todo, un estudio de médula. Éste consistía en sacar una muestra del tejido medular de mi cadera traspasando el hueso con un taladro diminuto. Me dieron anestesia local, pero ésta sólo adormece la piel, no el hueso de la cadera. No hace falta decir lo doloroso que fue, pero muy necesario.

El 20 de julio fui a ver al médico para que me diera los resultados de mis análisis. Al carcinoide lo había sacado por completo y era un cáncer de crecimiento muy lento, que el médico consideraba que no era para prestarle mucha atención en ese momento. El otro cáncer era un linfoma y los exámenes no habían mostrado signos evidentes de que hubiera tomado otras partes del cuerpo. Sin embargo, era una forma de cáncer muy agresivo y sólo necesitaba de unas pocas células activas para producir tumores secundarios. Para peor, el centellograma había arrojado un cierto espesor alrededor de la zona de la cirugía, que era una posible evidencia de más células del tumor.

En vista del riesgo que representaba que el linfoma estuviera todavía en mi cuerpo, el médico me recomendó sesiones de quimioterapia. Sabía algo de esto por la enfermedad de mi madre, pero quedé sorprendido cuando me dijeron que debía someterme a quimioterapia durante cuatro meses. Iba a recibir una dosis concentrada de quimioterapia todos lo martes por dieciséis semanas.

Como mi linfoma era de una cepa tan agresiva, era importante tratar de combatirlo lo más severamente posible con la forma de quimioterapia más fuerte que pudiera soportar. Si después de un par de semanas la quimioterapia resultaba ser demasiado fuerte para mí, entonces se reduciría la potencia, pero por supuesto, así también serían las perspectivas del éxito y mi supervivencia final. La única buena noticia era que los tipos de cáncer severos, como mi linfoma, respondían mejor que los menos agresivos, a la quimioterapia.

Así que el martes 26 de julio comencé con mi primera dosis de quimioterapia. Me pusieron un catéter en la vena del brazo y éste estaba conectado a una bolsa grande de fluido que contenía la quimioterapia. Durante la primera hora me sentí bien, esperaba no reaccionar mal a la aplicación, pero después comencé a sentirme realmente descompuesto.

Empecé a sentir náuseas, pero eran mucho peor que las náuseas que uno podía esperar cuando estaba enfermo. Comencé a sentir, oler y degustar los químicos podridos que recorrían mi cuerpo. Era como si tuviera algún compuesto químico extraño en mi boca que no podía escupir pero, por supuesto, no estaba en mi boca, sino en mi torrente sanguíneo.

Mi corazón comenzó a latir irregularmente y a sudar en forma profusa aunque tenía frío. Hasta el sudor apestaba a los químicos horrendos y comencé a vomitar sin parar. Durante horas continué vomitando, mientras mi cuerpo trataba de expulsar los venenos que atribuía que se originaban por algo que hubiera comido. El médico me explicó que la quimioterapia era, en verdad, un veneno y el tratamiento apuntaba a encontrar un equilibrio para matar las células cancerosas y no matar al paciente.

Continué vomitando todo el día siguiente, aunque no hubiera nada en mi estómago para despedir. Finalmente el constante esfuerzo rompió los delicados vasos sanguíneos de mi garganta y me provocó vómitos con sangre así como también de bilis.

Seguí en este horrible estado durante dos días y luego comencé a recuperarme. Finalmente me sentí lo suficientemente bien como para dejar el hospital por unos pocos días y pasé el fin de semana con mi tía Anne en New Forest. Estaba aliviado de haberme recuperado del malestar. Traté de convencerme de que la primera dosis sería la peor y que los tratamientos subsiguientes serían menos traumáticos. Lamentablemente, no fue el caso.

Volví al hospital el martes siguiente y me dieron mi segunda dosis de quimioterapia. Una vez más, estuve terriblemente mal por dos días y comencé a sentirme realmente abatido. No podía imaginar cómo sería capaz de pasar otras catorce semanas. El hospital quedaba tan lejos de la familia, que ellos no podían visitarme demasiado y yo realmente necesitaba que alguien me levantara el ánimo.

Al finalizar la cuarta dosis, los efectos colaterales comenzaron a evidenciarse. Además de la indisposición semanal que le seguía a cada sesión, me sentía muy débil, mi cabello se caía y estaba perdiendo sensibilidad en los dedos. Las partes de piel sensible también estaban comenzando a lastimarse. La zona que rodea la boca se resquebrajaba y se partía, lo que me generó numerosas úlceras. Lo peor de todo fue que la piel de alrededor de mi ano sufrió la misma suerte. Cada vez que yo movía el intestino, la piel se abría y sangraba abundantemente, causándome una agonía intolerable durante las horas siguientes. El dolor era tan fuerte, que no podía ni estar sentado, parado, acostado, ni dormido. Todo lo que deseaba era acurrucarme en un rincón y morirme.

Yo quería decirle al médico que aliviara el tratamiento o aún que lo terminara y me dejara librado a mi suerte. La vida es preciosa, pero ¿a qué costo? De esta manera, me sentía tan mal cada vez que me aplicaban la quimioterapia, que me hubiera muerto contento de haber detenido el sufrimiento.

El cuarto fin de semana, fui a ver a mi hermana Alison y a su marido Martin en Canterbury. Tenía que ir en tren a todos lados y esta vez el viaje me provocó una recaída. No me sentía bien en la plataforma y tuvieron que ayudarme a subir de vuelta al tren. Apenas pude dormir por los vómitos esa noche y, en ese momento, mi garganta estaba sangrando nuevamente. Llamaron a un médico local y me dieron una inyección para tratar de controlar los vómitos.

Para entonces yo estaba en la cuarta parte de mi tratamiento y me sentía demasiado abatido. Todavía tenía un largo camino que recorrer y mis fuerzas para afrontar las drogas se habían escurrido completamente. El dolor de la piel abierta de mi ano y mi boca me torturaba y ninguno de los calmantes que me habían dado hacía diferencia alguna. Para rematar, mi próximo centellograma debía hacerlo dentro de cuatro semanas, era mucho tiempo de espera para saber si el tratamiento estaba funcionando – si iba a vivir o morir.

Estaba en semejante agonía por las lastimaduras de mi piel, que cada día era una pesadilla. Esto se agudizaba por la necesidad de tener que arrastrarme hasta el hospital para que me inyectaran más drogas en mis venas, con la certeza de que me harían sentir más descompuesto que lo que cualquier persona que nunca se haya sometido a la quimioterapia pudiera imaginarse. Para peor, existía la posibilidad de que todo fuera para nada; que tarde o temprano, caería víctima de la misma muerte horrible que las mi madre.

Me habían abandonado la fuerza física y la voluntad de luchar. Estaba convencido que mis posibilidades de sobrevivir a dos tipos de cáncer eran muy pocas y que el infierno por el que estaba atravesando era probablemente inútil. Comencé a hacer planes para el día en que los doctores me dijeran finalmente que no había nada más que hacer. Les dije a los médicos que tenía dificultades para dormir a causa de la preocupación y me recetaron dos pastillas para descansar, por día. En realidad, no tomé ninguna de esas píldoras, sino que las guardé para el momento indicado en que pudiera necesitarlas y terminar con mi sufrimiento.

Cuando volví al hospital el martes siguiente, me sentía muy deprimido. Mis análisis de sangre demostraban que estaba muy anémico como resultado del sangrado constante de las fisuras en mi cola y mi boca. Me aplicaron mi quimioterapia y luego una transfusión de sangre que duró once horas. El jueves, me sentía como para irme del hospital y volví a la casa de Alison y Martin.

Ellos estuvieron fantásticos al permitirme ir allí cuando quisiera. Era muy importante para mí salir del hospital lo más pronto posible todas las semanas. El pabellón era uno especial para enfermos de cáncer y el hecho de estar rodeado del olor a la quimioterapia y otros pacientes muriéndose, no ayudaba ni a mis náuseas, ni a mi moral.

La transfusión de sangre había incrementado el recuento de mis glóbulos rojos, pero para contrarrestar el daño que la quimioterapia le estaba causando a los glóbulos blancos, me dieron inyecciones para estimular la producción de estos. Tenía que administrarme solo estas inyecciones y se aplicaban en el estómago. No era muy agradable, pero me las arreglaba.

Sin nada más que hacer, sino convivir con mi sufrimiento, yo trabajaba en mi computadora, proyectando el esquema del trabajo de campo de la próxima temporada para la Conservación de las

Malvinas. Parecía cada vez más dudoso que volviera a tiempo como para comenzar el trabajo de campo y yo era el único empleado con experiencia suficiente como para planificar el programa de trabajo. Yo no quería que la investigación se viera afectada por mi enfermedad, entonces hice una planificación muy bien detallada, paso a paso, para que los otros miembros del personal la siguieran y la envié por fax a la oficina.

También cargué todas las notas manuscritas del trabajo de campo de la investigación de las aves marinas de los últimos cinco años a la base de datos de la computadora que yo mismo había diseñado. En cada etapa del proceso, descubría pautas y tendencias que habían sido completamente obviadas mientras que los datos habían permanecido en trozos de papel. Escribí un número de artículos sobre los hallazgos que había hecho y los envié a Stanley para que fueran publicados.

Finalmente llegué a la mitad de mi quimioterapia y me mandaron a hacer otro centellograma. Este estudio mostró un espesamiento alrededor de la zona de la operación mucho mayor que lo que se había visto antes. Nadie parecía estar seguro de lo que esto significaba, pero existía la esperanza de que fuera tejido que se estaba cicatrizando en vez de células cancerosas remanentes. En vista de esto, la quimioterapia debía continuarse como estaba planeado por otras ocho semanas.

Yo era optimista que el tratamiento estaba funcionando, aunque estaba preocupado por el diagnóstico tan vago que me habían dado del espesor de la pared del intestino. Sin embargo, aún me quedaban ocho semanas de tratamiento. Me repetía a mí mismo que si ya había hecho ocho semanas, podía hacer otras ocho. En realidad éste no era el caso. Aún si mi espíritu estaba en alza, no estaba tan seguro de que mi cuerpo lo estuviera. Cada semana yo me sentía más débil y tenía mayor dolor aún.

El sangrado de las fisuras en mi ano había empeorado progresivamente y ahora estaba necesitando transfusiones cada dos semanas. El dolor era aún insoportable y aunque el médico me diera analgésicos de los más potentes, no notaba la diferencia. Cada vez que movía el intestino, la piel se abría nuevamente, causándome un sangrado incontrolable y un dolor increíble.

Para ese entonces, todo mi cabello se había caído y mis uñas también estaban cambiando de color. La piel de mi boca y mi garganta se había estropeado, convirtiendo al acto de comer y tragar en un proceso doloroso y sentía permanentemente náuseas. También estaba comenzando a sentirme completamente desgastado. No tenía energía, me costaba respirar, mi corazón latía irregularmente y había comenzado a ver borroso. Además, se habían alterado mis nervios, al punto que no podía hacer uso de mis dedos adecuadamente. Era una lucha lograr abrochar un botón.

Todo esto era cotidiano en un día bueno –un día en que no estaba continuamente vomitando por los efectos de una dosis de quimioterapia. No podía entender cómo mi cuerpo resistiría ocho semanas más. Cada semana que pasaba me sentía más enfermo y más débil.

Había llegado al punto en que mi aparato digestivo se cerraba los martes. Trataba de tomar un buen desayuno los martes a la mañana, sabiendo que sería mi última comida por un par de días. Cuando llegaba al hospital, en horas del atardecer, comenzaba a sentirme mal. Me había vuelto tan temeroso al tratamiento, que vomitaba antes de que hubiera comenzado la quimioterapia y la comida que había ingerido unas horas antes, no se digería en absoluto. Aparentemente, todo esto era completamente normal a unas pocas semanas de comenzado el tratamiento.

La enfermera me dijo que esta forma de quimioterapia era tan horrible, que los pacientes, a menudo, sufrían ataques de vómitos durante meses y aún años después, cada vez que recordaban su tratamiento. Ella me contó que una vez se había encontrado con un ex paciente en el centro de compras, dos años después de su tratamiento. Ni bien el paciente la reconoció y recordó la quimioterapia, terminó vomitando en la calle.

No obstante, la persona que esté transitando un tratamiento similar y que pudiera estar leyendo esto, no debería desesperarse, porque cada tipo de quimioterapia es único. El mío era el más potente y el más tóxico, con el objetivo de vencer la forma más agresiva de cáncer. Otros tipos de quimioterapia tienen efectos colaterales mucho menos severos.

Como un esperado intervalo de vuelta a la rutina, había recibido una invitación para la apertura de una exposición de arte, para ayudar a la Defensa del Pingüino de la Conservación de Malvinas, en el Centro de Ecología de Londres. Iba a asistir el Príncipe

Andrés y el Señor David Attenborough y yo quería conocer especialmente a este último. Afortunadamente era un lunes, lo que me daba el tiempo suficiente para recuperarme de mi tratamiento semanal.

Yo estaba con Alison y Martin en Canterbury ese fin de semana y mi hermana me acompañó como mi invitada. Conocí al Príncipe Andrés y hablé muy poco con él, pero conversé mucho con el Señor David Attenborough sobre la fauna en las Islas Malvinas. Él estaba muy atraído por las Malvinas, habiendo ya completado el trabajo de la serie documental sobre la fauna "La Vida en el Congelador". Fue una conversación muy interesante, con un hombre que era tan carismático en persona como en televisión.

Para ese entonces estábamos en Octubre y ya podía ver la luz al final del túnel, con el deseo de poder resistir físicamente. Ahora estaba recibiendo transfusiones de sangre más a menudo y me estaba inyectando yo mismo, en el estómago, cada vez más cantidad de hormonas para estimular la producción de glóbulos blancos. Con un recuento de glóbulos blancos tan bajo, los médicos temían que me pudiera agarrar una infección que mi cuerpo no pudiera soportar, pero hasta el momento, me las había arreglado para sortear cualquier tipo de infección seria.

Las uñas de mis dedos habían comenzado a decolorarse a lo largo del tratamiento. A principios de noviembre, yo estaba cerrando la puerta del auto de mi tía, cuando me arranqué toda la uña, lo que me causó un sangrado importante. Estaba sostenida por una pequeña porción de piel, pero logré ponerla en su lugar y vendarla con mi pañuelo hasta que pudiera llegar al médico. El doctor simplemente, me puso un vendaje para mantenerla en su lugar.

Cuando miré al resto de mis uñas, entendí la razón por la que habían cambiado de color y era porque estaban desprendidas de la piel de abajo. En realidad, todas mis uñas estaban solamente sostenidas por el lugar de crecimiento y cualquiera de ellas podría haberse arrancado ante la más suave presión. Para evitar que ocurriera lo mismo con las demás uñas, me las corté hasta la mitad de su largo normal, de manera que estuvieran bien cortas. Parecía tonto tener la punta de mis dedos sin uñas, pero era mejor que desgarrarlas.

El martes 8 de noviembre, tuve mi última sesión de quimioterapia. Como era habitual, estuve descompuesto por dos días pero finalmente, dejé el hospital por última vez y regresé a Canterbury. El lunes 14 de noviembre, Alison y Martin me llevaron a Brize Norton, donde tomé el avión de regreso a las Malvinas. Les di un gran abrazo y les agradecí por todo su apoyo. Sin mis salidas del hospital de los fines de semana, mi estado de ánimo se hubiera debilitado completamente. Tenía una gran deuda de gratitud hacia toda mi familia.

Cuando abordé el avión con destino a las Islas Malvinas, terminé el último capítulo de la peor pesadilla que alguna vez pudiera haber imaginado. Si hubiera sabido que mi quimioterapia iba a ser tan terrible y dolorosa, honestamente, puedo asegurar, que jamás la hubiera comenzado. Si viviera para disfrutar cincuenta años delirantemente felices, como resultado del tratamiento, aún no valdría la pena semejante dolor y sufrimiento.

Todo el tratamiento me quebró. Me dañó física y emocionalmente y confirmé mi convicción que hay veces en que la muerte es preferible a la vida. En lo más recóndito de mis pensamientos, no podía desechar la idea que sólo había postergado lo inevitable. Como mi madre antes que yo, algún día, tendría que enfrentar a mi cáncer nuevamente.

CAPÍTULO 11

Aunque era maravilloso regresar a las islas, no saltaba de alegría como podría haber esperado. En realidad estaba en un estado completamente depresivo y me resultaba difícil reconstituirme.

Todavía sufría de muchos de los efectos colaterales, pero me aseguraron que gradualmente cederían, ahora que la quimioterapia había terminado. Sin embargo, el problema principal radicaba en que no podía pensar en términos de futuro. Estaba completamente convencido que tarde o temprano el cáncer volvería y me resultaba muy difícil hacer planes a largo plazo.

El programa de trabajo de campo que yo había trazado ya estaba en marcha cuando llegué a las Malvinas. Afortunadamente, Tim Stenning había colaborado con nosotros el año anterior y, por lo tanto, estaba familiarizado con el tema. El estaba más que capacitado para llevar a cabo el trabajo de campo sin supervisión y tenía a Steve Bronie como asistente. Jeremy Smith, nuestro ayudante de la temporada anterior, ya no estaba en la Conservación de las Malvinas y se encontraba en Gran Bretaña haciendo un Máster. Aparte de mí, Tim era el único investigador con experiencia y su presencia fue inestimable después de mi enfermedad.

Aún tenía la obligación de llevar a cabo el Programa de Investigación de Base y el grueso de este trabajo debía hacerse en enero y principios de febrero. Tim parecía estar en condiciones de mantener el Programa del Control de Aves Marinas con Steve Bronie, lo que me dio libertad para abocarme a planificar y conducir el trabajo de Investigación de Base.

Comencé con algunos estudios de prueba en los alrededores de Hearndon Water y Punta Penarrow, para asegurarme que todo funcionara de acuerdo a lo planeado. Luego en enero de 1995 inicié mi Estudio de Base del Estrecho Berkeley.

Esto no era una tarea sencilla. El objetivo era caminar más de 100 kilómetros de costa dos veces; primero a lo largo de ésta y luego, de vuelta, a través de la vegetación que había detrás de la playa. Se debía registrar todo tipo de vegetación y la geología de la costa, y cada simple pájaro o mamífero encontrados durante el recorrido, debían ser registrados en el mapa, en su ubicación exacta.

Las poblaciones de pingüinos se pueden contar fácilmente porque se crían juntos en colonias densamente colmadas, pero la mayoría de las otras especies costeras están desparramadas a lo largo de toda la playa, tornando imposible los recuentos de colonias. Estas especies sólo pueden ser censadas registrando el número total de parejas de reproducción a lo largo de las vastas extensiones de la línea costera. Al haber establecido la densidad de reproducción, en términos de nidos por kilómetro de costa, es entonces posible repetir el recuento en los futuros años para determinar cualquier cambio de población. Estos datos también pueden ser volcados a los mapas de vegetación y tipos de costa, para demostrar qué tipo de ambientes son favorables para cada especie.

Partí solo el martes 10 de enero de 1995, en mi antiguo Landrover cargado con el equipo de acampar atrás y mi moto montada adelante. Inmediatamente me enfrenté al desafío de tener que cruzar el Paso Drunken Rock. Éste era el único lugar en que el Río Murrell se podía cruzar en auto, pero el terreno era muy blando y me quedé atascado en el barro aún antes de llegar al río. Después de 40 minutos de cavar y poner tablas debajo de las ruedas, finalmente llegué al río.

Viejas huellas de vehículos surcadas en la orilla del río me mostraron por dónde cruzarlo, pero no había ninguna demarcación del otro lado. Un muchacho joven llamado Joe Clarke había venido de una de las granjas en su moto y estaba esperando para recibirme del otro lado de la orilla, así que me dirigí hacia donde él estaba ubicado. El río estaba alto y pronto el agua cubrió el piso del vehículo, pero yo tenía que seguir. Llegué a la otra orilla e inmediatamente me empantané otra vez. Podía ver ahora que el terreno donde estaba atascado no era en realidad la orilla opuesta, sino una pequeña isleta paralela a la orilla. Todavía me quedaban otros 100 metros o más para llegar al otro lado del río.

Joe esperaba pacientemente, mientras que yo cavaba para sacar al Landrover nuevamente, pero finalmente llegué hasta el lado opuesto. Lo seguí hasta la Granja Murrel donde me recibió con una esperada taza de café. Éste sería el último asentamiento que yo encontraría durante mi viaje a lo largo de la costa norte de Puerto William. Llegué al pie del Monte Low poco antes del anochecer y armé el campamento.

Al estar solo, no me molesté en armar la carpa, simplemente puse mi bolsa de dormir en la parte de atrás del Landrover. Podía ver las luces de Stanley titilando a la distancia a través del Estrecho y saboreaba la paz y la tranquilidad. Las estrellas brillaban sobre mí y el aire de la noche estaba vivo con el grito nocturno de una becada volando.

No me incomodaba trabajar solo, en realidad, lo prefería. El estudio de Base era un trabajo para alguien experimentado y requería la mayor concentración. Uno necesitaba estar en silencio y alerta para la búsqueda de pájaros empollando y el hecho de andar de a dos, no conducía a la cautela y la quietud. De todos modos, yo era también una persona bastante solitaria. Desde el momento de mi desfiguración en la adolescencia, me resultaba difícil sentirme a gusto con extraños. Esto era en parte porque me sentía incómodo con mi apariencia y en parte por mi timidez. Creo que mucha gente lo consideraba como que era poco amigable, pero no era así.

Siempre había sido tímido, aún de joven, pero la muerte de Jackie y mi posterior deformidad lo habían agudizado al extremo. Yo era una persona que tenía confianza en muchos aspectos, pero no en las relaciones personales. Otra gente tiende a intuir cuando alguien se siente incómodo y se retrae en esas situaciones. Dichas reacciones sólo sirven para reforzar los sentimientos propios de falta de adecuación.

El cáncer también cambió mi forma de ver la vida, pero no para mejor. Me había vuelto demasiado consciente de mi mortalidad y sentía que lo que me quedaba de vida iba a ser poco. Mis sueños inconclusos pasaron a ser más urgentes porque sabía muy bien que el tiempo se me acababa.

De estos sueños no realizados, los que más pesaban en mi mente eran la pérdida de Jackie y de nuestro bebé. Mientras estaba feliz de dedicar mi vida a la conservación de la fauna, sentía una necesidad que me quemaba por encontrar el amor y la compañía de una mujer única, como la que había perdido.

Mi otro deseo imperioso era hacer algo útil con mi vida. Mi interés por la conservación de la fauna siempre había sido muy fuerte y mi deseo de alcanzar algo significativo en este campo era otra fuerza motora. Fue por esta razón que había invertido tanto de mi propio dinero en comprar una computadora, la moto y el equipo de campo, esenciales para conseguir que los nuevos proyectos de la Conservación de las Malvinas se pusieran en marcha.

La Conservación de las Malvinas estaba recibiendo un presupuesto anual de sólo £32.000 y esto no era suficiente para pagar las cosas que se necesitaban para los proyectos. Yo pensaba constantemente en conducir el censo de pingüinos en toda la extensión de la isla. Me parecía que la única manera de llevar a cabo dicho trabajo para la temporada 1995/96 sería financiarlo yo mismo. Había estimado que se podría poner en marcha con alrededor de £20.000 y sabía que podía afrontarlo. En realidad, justo había recibido una herencia de más de £20.000 de mi abuela y decidí que lo usaría para materializar mi sueño.

No se podía negar que semejante proyecto sería un hito en la conservación de los pingüinos. Las Malvinas era un lugar muy importante para los pingüinos y aún nadie podía decir cuántos había. Sin ningún dato de población, era imposible determinar si los pingüinos estaban bajo la amenaza de la pesca comercial o la exploración del petróleo. Un censo en toda la isla proporcionaría un número base con el que podría cotejarse cualquier cambio futuro. Sería un trabajo que tendría un lugar en la historia.

Para ese entonces, la prioridad era conseguir que el Proyecto de Estudio de Base estuviera en funcionamiento. Este trabajo no era menos importante. Sería el primer paso para tener datos básicos sobre otras especies diferentes a los pingüinos. Estos antecedentes también aportarían una línea de base con la que se podría medir cualquier cambio a posteriori, aunque a una escala mucho menor que mi propuesta del censo de pingüinos.

Al día siguiente, levanté campamento y me fui a Caleta Kidney; la entrada sur al Estrecho Berkeley y el punto de partida de mi estudio. Después de acampar, caminé por la costa marcando en el mapa qué zonas tenían acantilados, arena, piedras, canto rodado o barro de estuario y qué zonas contenían importantes asociaciones biológicas tales como mejillones o algas. También registré la ubicación de cada pájaro o mamífero observado, contando aquellos encontrados en grupos y anoté si estaban empollando o sólo se encontraban allí. En el viaje de vuelta, caminé unos doscientos metros por detrás de la playa, volcando en el mapa los tipos de vegetación y registrando la fauna que había.

Generalmente podía estudiar alrededor de cuatro kilómetros de costa por día, aunque dependía en gran parte del tipo de playa. Las zonas de acantilados eran mucho más lentas, debido a la necesidad de recorrer por todos lados cada arroyo en búsqueda de cormoranes de las rocas, quetros no voladores y caranchas. Llevé sogas y cuñas para trepar, de manera que pudiera tener acceso a los lugares particularmente difíciles del acantilado, aunque los peñascos del Estrecho Berkeley, no eran en general, demasiado complicados de alcanzar.

A veces era consciente que estaba llevando a cabo mi trabajo de campo de una manera que sólo podía ser descripta como descuidada, especialmente teniendo en cuenta que estaba totalmente solo en una zona que era muy remota. Bajar por las laderas de los acantilados para buscar aves marinas, fácilmente podría haber terminado en un desliz que me habría dejado varado y posiblemente lastimado. A la vez, yo había dicho que iba a estar afuera por un par de semanas, así que en tal caso, la ayuda no aparecería por un tiempo considerable.

Sería falso sugerir que mi dedicación al trabajo pesaba más que mi seguridad personal. Nunca me he considerado heroico y, en muchas ocasiones, cuando estaba muy asustado, tenía que esforzarme para continuar. Pero siempre tenía en lo más recóndito de mis pensamientos, que morir por una causa en la que creía, era preferible a morirse de cáncer. Yo le tenía mucho más miedo a morirme de cáncer que de una caída.

Cuando había terminado de explorar hasta el pie del Monte Low, tenía que volver por la misma ruta y cruzar el pasaje hacia la Isla Long. Sabía por comentarios que existía una vieja huella abandonada que se podía seguir, pero al no ser usada en tanto tiempo, resultó imposible transitarla. Generalmente me orientaba fácilmente, pero sin saber la ruta correcta, era inevitable que llegaría a pantanos y valles de ríos por donde el Landrover no podía pasar.

Seguí la línea de los postes del telégrafo, que sabía que conducían a la granja de la Isla Long, pero encontré mi camino truncado en varias oportunidades por ríos y ciénagas. Después de retroceder varias veces para sortear estos obstáculos naturales, finalmente llegué a Punta Strike Off y acampé.

Durante la noche hubo una lluvia torrencial y cuando finalmente paró el domingo a la tarde, el terreno estaba totalmente inundado. Hice mi estudio de la zona aledaña y después partí hacia la granja de la Isla Long. Ahora ya estaba sobre una huella demarcada, pero era sobre una pendiente bastante empinada, y la copiosa lluvia la había hecho traicionera.

Llegué a un lugar particularmente difícil de acceder; tenía que bajar por una cuesta escarpada y llena de barro, por donde ahora corría un arroyo que la cruzaba, como consecuencia de la lluvia. El Landrover perdió estabilidad por la inclinación y comenzó a deslizarse de la senda resbaladiza hacia el borde. Logré detenerlo un poco, pero el vehículo se había ido de la huella y estaba apoyado en un ángulo bastante precario. Traté de moverlo lentamente para volver al sendero, pero el coche se quedó en dos ruedas mientras se acercaba al punto de bajar la montaña. Lo puse en cuatro ruedas nuevamente, apuntando otra vez hacia abajo de la colina, pero eso me alejó aún más de la huella. Ahora estaba sobre un pasto muy resbaladizo, que lo inclinaba peligrosamente hacia el borde del acantilado. Cada vez que volvía a la senda, el Landrover comenzaba a inclinarse con mucho riesgo y amenazaba con desbarrancarse.

Me bajé para ver lo cerca que estaba de volcar. Traté de considerar dónde estaba el centro de gravedad para determinar si descargando el coche ayudaría o no. Decidí que probablemente sí, aunque era dudoso que esto sirviera demasiado.

Vacié todo el equipaje y luego traté una vez más de girar y ponerme atravesado a la cuesta para llegar a la huella. A veces, las ruedas más bajas se hundían en un pozo haciendo que las ruedas más altas se elevaran y quedaba haciendo equilibrio en dos ruedas. Cada vez que pasaba esto, tenía que corregirlo dirigiéndolo montaña abajo, lo que me acercaba más al borde y quedaba apuntando hacia abajo una vez más.

Era completamente imposible hacer marcha atrás subiendo la montaña, ya que el pasto mojado no me daba ningún punto de amarre. Lo mejor que pude hacer fue manejar paralelo al borde, manteniendo mi curva de nivel y tratando de evitar depresiones que pudieran ladear al Landrover al pasar su centro de gravedad. Si no hubiera sido por el hecho de que la huella bajaba por la montaña, dudo que pudiera haberlo logrado. De la manera que estaba, pude bordear mi camino hasta que la senda finalmente llegó a la cima del acantilado y me las arreglé para retomarla. Yo estaba aliviado, habiendo tenido visiones de que posiblemente se despeñara el Landrover conmigo adentro.

De ahí en más, la huella mejoró y finalmente llegué al poblado en la Isla Long y me recibieron Neil y Glenda Watson. Pasé otros tres días investigando la isla y volví a casa, a Stanley, por el camino de grava, habiendo completado la mitad de mi estudio.

La segunda parte de la inspección de la costa norte del Estrecho Berkeley, pasó sin mayores incidentes hasta casi el mismísimo final. Mientras iba camino a casa, llegué al Estero Fish, el frente de un estuario que regularmente se cruza en Landrover cuando hay marea baja. Traté de seguir las huellas del vehículo anterior, pero de repente me enterré de punta en un pozo lleno de barro. Me bajé para echar un vistazo.

El eje frontal había desaparecido de la vista y estaba metido dentro del barro, mientras que las ruedas traseras aún estaban altas y secas sobre la roca firme.

No había suficiente tracción sobre la piedra resbaladiza para sacar la parte delantera afuera del barro y me puse a trabajar con la pala y tablones. Me quedaban un par de horas de luz natural y la marea estaba comenzando a subir. El tiempo apremiaba. En dos horas, el lugar donde estaba varado el Landrover estaría inundado y yo no avanzaba nada tratando de liberar las ruedas delanteras. Di un paso hacia atrás como para evaluar la situación.

El pozo estaba tan blando y húmedo que le daba poca posibilidad al eje y a los tablones. Por otro lado, el hecho de que las ruedas traseras estuvieran sobre tierra firme, significaba que yo podía hacer marcha atrás para salir del pozo teniendo mayor tracción. Lo que necesitaba era otro vehículo que me remolcara; entonces decidí que la mejor opción era ir caminando hacia el caserío de Puerto Louis.

Me puse contento encontrar a Mike y Sue Morrison en casa. Sin la menor duda, Mike me condujo hacia el Estero Fish y atamos su vehículo al mío con una soga de remolque. Con ambos vehículos, con tracción en las cuatro ruedas, mi Landrover salió enseguida, acompañado por un horrendo olor del barro negro anaerobio, que ahora cubría la parte delantera.

Le agradecí mucho a Mike y me disculpé por la estupidez de mi parte, de meterlo en problemas. Volvió a su casa a comer su postergada cena y me aboqué a la tarea de encontrar un lugar adecuado para acampar, antes de que oscureciera. Finalmente completé mi estudio épico el 2 de febrero y pasé unos pocos días descansando en casa.

El 7 de febrero, partí hacia la Isla Westpoint para comenzar una investigación similar. El Estrecho Berkeley había sido un estudio costero ideal, pero Westpoint ofrecía un desafío aún mayor, ya que yo quería adquirir experiencia en los recuentos de los pájaros terrestres de una franja conductora, para estimar su población en las islas pequeñas. Westpoint tenía el tamaño ideal para probar dicha experiencia.

Me recibieron Roddy y Lily Napier en la pequeña pista de aterrizaje. Como era habitual, me dieron una muy cálida bienvenida y, en esta ocasión, hasta me habían preparado una habitación en su propia casa, como para evitar que me alojara solo en la casa de huéspedes.

Westpoint era quizá mi lugar favorito en todas las Islas Malvinas, no sólo que Roddy y Lily eran tan amables, sino que la isla tenía una sensación de paz y tranquilidad en toda su extensión, que yo había experimentado en pocos lugares. Después de un largo día de trabajo, a menudo me gustaba ir a Devil's Nose a pasar una hora o dos entre los pingüinos y los albatros, a reflexionar sobre mi vida y las dificultades personales que había enfrentado.

Mi estudio se ajustó mucho a lo planeado y después de una semana volví a Stanley. Mis esfuerzos estaban ahora concentrados en asuntos más mundanos, tales como cambiar nuestra casilla por una oficina adecuada e incorporar un nuevo miembro al personal, para promocionar la educación del medio ambiente.

El 19 de marzo me enteré que a Roddy lo habían llevado de urgencia al hospital por una apendicitis. Era irónico que hacía sólo unas pocas semanas me había dicho que la única manera de que alguna vez dejara la Isla Westpoint sería con los pies para adelante. Cuando lo vi por primera vez, lucía muy mal, pero cuando fueron pasando los días, se recuperaba cada vez más y ya era el mismo de siempre y pasábamos muchas horas hablando de la vida silvestre y de las Malvinas. Había muy poca gente cuya opinión yo respetaba tanto y muy pocos, cuya amistad valorara en gran medida. Lo visitaba casi todos los días mientras que él estaba en el hospital y luego, en su casa de Stanley, recobrando su salud.

El 29 de marzo fui a Westpoint a hacer el último recuento de la temporada de aves marinas. También le prometí a Roddy que lo ayudaría con unas pocas tareas que se necesitaban hacer en la granja, mientras que él estaba obligado a guardar cama en el hospital. Estos trabajos incluían hacer la mecánica de los Landrovers y esquilar unas de las pocas ovejas que se habían perdido. Alan White también había ido a Westpoint para seguir todo de cerca, durante la ausencia de Roddy y, entre los dos, comenzamos tratando de recoger las ovejas.

Teníamos tres de los perros de Roddy para ayudarnos. Dos de los cuales eran inexpertos y se pasaban la mayor parte del tiempo correteando y desparramando a las ovejas, sin prestar ninguna atención a nuestras órdenes. El viejo perro Rope era excelente, pero sólo podía correr poco tiempo porque se cansaba, así que terminamos corriéndolo a él y poniéndolo en el Landrover para sacarlo cada vez que lo necesitábamos de verdad. Finalmente, logramos meter las ovejas descarriadas en el corral, listas para ser esquiladas.

Antes de comenzar la esquila, tuvimos que afilar las tijeras y, el único amolador disponible para esto, era una vieja máquina a combustible prehistórica. La rueda de esmerilar estaba propulsada por un motor a nafta y el tanque estaba ubicado arriba del motor, goteando combustible por todos lados mientras estaba en funcionamiento. Las chispas de la piedra de pulir saltaban sobre el tanque de combustible que perdía y aún hoy no entiendo cómo no estalló todo en llamas.

Volví a Stanley el 2 de abril y poco después a Roddy lo llevaron nuevamente al hospital para otra operación. El 13 de abril, presenté mi propuesta para realizar un censo de pingüinos en toda la isla, ante el Comité de Conservación de las Malvinas y se mostraron interesados en la idea. En realidad, las únicas dudas fueron expresadas por aquellos que pensaban que semejante proeza sería imposible. Les aseguré que con una cuidadosa planificación podía realizarse y les di una breve descripción de la costa. Se sugirió que el dinero recientemente donado por la Fundación Bienvenidos se podría usar en este proyecto, en cuyo caso yo podría ahorrar el mío.

Poco después de esta reunión, tuve que regresar a Gran Bretaña porque tenía que hacerme el primer control después de la quimioterapia. Estos exámenes no arrojaron ningún signo de cáncer, lo que fue un profundo alivio para mí.

Mientras que estaba en Gran Bretaña asistí a un encuentro con los miembros del directorio de la

Conservación de las Malvinas en el Reino Unido, para presentar mi propuesta. Ellos también se mostraron entusiastas con el nuevo proyecto y comencé a trabajar en algunos de los detalles logísticos. Esto incluía comprar otra moto para todo terreno y mandarla a las Malvinas, ya que cada uno de los dos equipos de censo con base en tierra, necesitaría una para llegar a las colonias más remotas.

Después de dos semanas de estadía en Gran Bretaña, volé a Nueva York para asistir a una conferencia organizada por la Sociedad de Conservación de la Fauna. Yo iba a dar una charla sobre el estudio de aves marinas en las Islas Malvinas. Me hospedé en el hotel St. Moritz on the Park, llamado así porque daba directamente frente a la calle del Parque Central.

Debido al cambio del huso horario con respecto a Gran Bretaña, me sorprendía despertándome a las cuatro de la mañana todos los días, lo que me permitía ver al Parque Central en su esplendor. Todas las mañanas me iba al café de la esquina a desayunar a las cuatro y luego daba una vuelta por el parque. Era tan pacífico y tranquilo a esa hora de la mañana. Los árboles y los lagos estaban ocultos por la neblina y los pájaros y las ardillas hacían lo suyo sin reparar en mi presencia.

Yo vagaba por la pista de patinaje desierta y por el carrusel dedicado a una niña muerta llamada Michelle que, de acuerdo a la placa, "había adorado a los bonitos caballos". Podía identificarme con los corazones rotos de los desconsolados padres que habían colocado esa placa allí y sentía algo más que melancolía. No había un alma alrededor. A eso de las 6.00 de la mañana, los que trotaban comenzaban a aparecer por docenas y a las 7.00 era una locura. Momento de regresar al hotel para tomar el desayuno oficial.

La habitación la pagaba la Sociedad de Conservación de la Fauna, que andaba muy bien, ya que la habitación costaba unos cuantos dólares la noche. El desayuno también era caro y yo me limitaba a una taza de café. Aún eso costaba U$10.

La conferencia anduvo muy bien y yo estaba bastante satisfecho con mi presentación. El último día nos ofrecieron una visita guiada por el Zoológico del Bronx, que era francamente impactante. Al haber terminado la conferencia, tuve todo un día libre para recorrer Nueva York antes de regresar y, decidí volver al zoológico para verlo bien. Usé el subterráneo para llegar, lo que era una gran experiencia en sí misma. Cuando me senté en el vagón completamente lleno de gente, me di cuenta que yo era la única persona blanca en el coche. Nunca he sido racista y el hecho de que fuera el único blanco fue más una sorpresa que una preocupación. De chico, me habían enseñado una lección muy desgarradora sobre el racismo y nunca la he olvidado.

Yo solía jugar al criquet para mi escuela y un día, cuando íbamos camino a la cancha de juego en Whalley Range, nos encontramos con un accidente que recién había ocurrido. Un niño negro de unos 8 o 9 años había sido atropellado por un auto y estaba tirado en la calle. Un par de personas estaban tratando de ayudarlo y nosotros sólo mirábamos con horror. Los ojos del pobre chico estaban abiertos de terror, mientras la sangre de su vida brotaba de su torso abierto. El sabía que se estaba muriendo y su expresión denotaba el miedo que estaba experimentando en sus últimos momentos de vida.

Cuando nos fuimos, nuestro maestro nos dijo, "No se aflijan por esto. Es sólo un bastardo negro menos en el mundo."

Algunos de mis amigos se rieron, pero yo sentí semejante sensación de repugnancia por el hecho de que a un ser humano igual a mí, pudiera haberle interesado tan poco lo que recién habíamos presenciado.

CAPÍTULO 12

El 26 de mayo volví a las Malvinas y comencé poniendo en funcionamiento la computadora de la oficina. Nunca la habían cargado con Windows, porque los expertos habían dicho que no tenía memoria suficiente, pero me las arreglé para instalar el software de Windows que había comprado para mi propia máquina y pronto tuve funcionando una oficina, con la comodidad de la base de datos. Hasta ahora yo había tenido que hacer todo el análisis de datos en mi propia computadora, es decir, en mi tiempo de descanso, en casa. Ahora podría terminarlo en horas de trabajo.

Los meses siguientes los pasé escribiendo los resultados de mi trabajo de investigación de base y haciendo todos los preparativos para el censo de pingüinos de toda la isla, que se aproximaba. El censo requería una gran planificación porque era un proyecto colosal. Se debían visitar y hacer el recuento de más de cien colonias de crianza, en un período de cuatro semanas y muchos de los sitios, quedaban en lugares remotos o en islotes más alejados.

Decidí que el grueso del trabajo lo harían tres equipos. Yo mismo me encargaría de la Isla Soledad, en Landrover y moto; Jeremy y Sinead Smith harían lo mismo, en la Isla Gran Malvina y Mike Riddy y un ayudante visitarían todos los islotes más alejados, en bote. Dos de las islas más grandes, Saunders y Pebble, iban a ser censadas por la Sociedad Ornitológica con aviones de la Fuerza Aérea, que enviaba un equipo para cada isla. También logré conseguir un Hércules de la Fuerza Aérea Británica para que me llevara a sobrevolar las Islas Jason, y obtener fotografías aéreas de estas enormes colonias.

A fines de octubre, todo estaba preparado para que el censo comenzara. Los equipos empezaron los recuentos simultáneamente. Yo solo, estaba cubriendo la Isla Soledad, pero también coordinando el esfuerzo en conjunto, a través de visitas constantes a la oficina en Stanley, como para lograr que todos los equipos funcionaran bien. Comencé a contar las enormes colonias de pingüinos Papua en Punta Bull y luego me volví para censar las colonias en Puerto Moffat. Cuando iba saliendo de Puerto Moffat, me empantané seriamente tratando de cruzar una zanja y perdí varias horas cavando, tratando de sacar el Landrover. En momentos como estos, es que realmente uno extraña una compañía. Preferentemente con espaldas fuertes.

Con el Landrover desencajado, no podía ver la manera de cruzar la zanja, así que seguí con la moto, que la llevaba en la parte delantera del Landrover para estas ocasiones. Llegué al puerto y fui a donde se suponía que debería haber encontrado las colonias de pingüinos, pero no había ni rastros.

La ubicación de la colonia se había registrado hacía sólo un año y aún si la misma se hubiera mudado, debería haber un sector desgastado en el sitio del año anterior, pero no encontré nada. Di vueltas por el puerto, constatando asiduamente con el mapa. Tenía la vieja granja como punto de referencia y todas las características se daban, como si ellos hubieran estado, pero no había pingüinos.

En mi desesperación, me fui en moto hasta la cima de la colina más cercana para tener una vista panorámica. El puerto y la granja estaban allí abajo, como correspondía, pero ahora podía divisar otra casa a la distancia. Después de estudiar cuidadosamente el mapa, se me aclaró el problema. La casa de allí abajo no era la del Puerto Moffat en realidad, sino que era la casa del Puerto Danson. La que podía ver a la distancia, era la del Puerto Moffat. Estaba en la dirección equivocada. Las formas de ambos puertos y la ubicación de las respectivas casas, eran muy parecidas y yo estaba convencido que ese era el lugar indicado. Después de viajar otras dos horas por un terreno lleno de baches, finalmente llegué a la colonia de pingüinos y traté de volver al Landrover antes que oscureciera.

El resto del viaje no presentó ningún problema; yo había terminado el censo de la mitad sur de la Isla Soledad, en sólo nueve días. Volví a Stanley para saber cómo andaban los otros equipos. Me puse contento al saber que estaban todos trabajando en término, de acuerdo a lo estipulado.

La temporada anterior, el mecánico local había sacado de circulación al Landrover que yo estaba usando. La oficina del Reino Unido nos había enviado otro Landrover en su reemplazo, pero debido a varios inconvenientes, lo habían despachado demasiado tarde como para que llegara para el inicio de mi trabajo del censo. Le habían dado una nueva fecha de arribo para el 8 de noviembre, entonces fui a buscarlo al puerto.

Ann Brown, la secretaria en el Reino Unido, nos había asegurado que estaba en excelentes condiciones y con sólo 96.500 km. y con un detalle de su mecánica completo. Le pedí que lo hicieran revisar por un profesional antes del embarque y ella me había asegurado que lo haría. Yo estaba, por lo tanto, horrorizado al descubrir que el vehículo era un desastre.

Al motor lo habían armado con una tapa de cilindro y un bloque de motor que no coincidían. Tenía un conducto que salía de la tapa del cilindro, cuyo extremo no llevaba a ningún lado. Para solucionar el problema, el culpable había puesto el conducto en una botella de plástico atada con un alambre al motor. Esta botella se derritió durante el trayecto de 5 km. desde el puerto a la oficina de Conservación de las Malvinas.

La instalación eléctrica era deficiente, el escape estaba roto y desprendido, a la dirección le faltaba alineación y el motor emanaba un humo azul por el caño de escape. El vehículo era un desastre y yo le escribí a la secretaria para informarle. Le sugerí a los miembros del Directorio local que lo único que se podía hacer con el coche era devolverlo para recuperar el dinero invertido. En mi opinión, iba más allá de la reparación económica, simplemente nos habían engañado.

Mirando más detalladamente, los números del motor y la caja de velocidades, no concordaban con los de la documentación y descubrimos que el motor original y la caja de cambios se los habían robado y le habían puesto un conjunto usado. Huelga decir que la inspección profesional que yo había solicitado, la que Ann Brown se había olvidado de llevar a cabo, hubiera detectado estas fallas. Más tarde, descubrimos que Ann Brown había comprado el vehículo a un "amigo" y comencé a sospechar que alguna negociación clandestina había tenido lugar, para sustituir las £6.000 de los fondos de caridad, por un Landrover gastado que apenas valía su peso en chatarra. Apelé a los miembros de la Conservación de las Malvinas que estaban involucrados, John Croxall, Ann Brown y Julian Fitter para que denunciaran el asunto en la policía, pero no quisieron. Ni siquiera estuvieron de acuerdo en devolver el vehículo para recuperar el dinero, por razones que ellos solos saben.

Me vi forzado a terminar mi trabajo de campo, en el viejo Landrover fuera de circulación, y partí para cubrir la zona noroeste de la Isla Soledad. Me llevó diez días en total y volví a Stanley para el 20 de noviembre.

A fines de noviembre, el estudio en bote de los islotes se había terminado y el equipo de la Gran Malvina concluyó poco después. La única parte del proyecto que faltaba era la fotografía aérea de las Islas Jason, para ayudar a marcar en el mapa estas enormes colonias. Esto se llevó a cabo con un Hércules de la Fuerza Aérea Británica.

Yo estaba atado por el arnés con la puerta lateral abierta, para poder sacar una serie de fotografías panorámicas mientras volábamos por la ladera del acantilado, donde estaban anidando los albatros y los pingüinos. El piloto se veía que disfrutaba el desafío de tener que hacer semejante maniobra, en tanto nos aproximábamos a cada parte de la costa, en una carrera rápida. Nunca hubiera pensado que un avión tan grande pudiera manejarse tan fácilmente. Yo estaba literalmente pegado al piso por la fuerza de gravedad, sin poder moverme, mientras nos inclinábamos al virar, al ponernos en posición para la primera recorrida, por la ladera norte del acantilado de Steeple Jason.

Al bajar hasta alrededor de 76 metros sobre el nivel del mar, estábamos tan cerca del acantilado, que yo sentía que casi podía sacar la mano y tocar los pájaros. Puse la máquina en toma automática, para sacar una serie de fotografías panorámicas, de toda la longitud de la ladera del acantilado. El piloto estaba volando tan cerca de la velocidad mínima, como le era posible, para que me resultara más fácil tomar las fotos, pero la turbulencia hacía que bajáramos de a 30 metros. A sólo 76 metros sobre el nivel del agua, no nos quedaba mucho margen de error. La posibilidad de que un pájaro golpeara un motor, era mejor ni pensarlo. Estos eran muchachos bravos.

"Espero que lo hayas logrado". El piloto suspiró por el sistema de intercomunicación, mientras frenábamos hacia el final de la pista. "No podemos repetirlo".

Más tarde me dijeron lo cerca que habíamos estado de abarrancar en el mar por la turbulencia severa. Afortunadamente, los acantilados que quedaban, estaban en una orientación diferente del viento y no serían afectados por una turbulencia de tal grado. Para estas zonas más fáciles, me di el lujo de sacar dos tomas en cada sitio, asegurándome así una vista panorámica perfecta.

No tengo palabras para agradecerles a los pilotos de la Fuerza Aérea por el gran trabajo que habían hecho y las fotografías que tomé fueron fantásticas. Realmente podía acomodar cada juego de fotos y pegarlas para obtener una fotografía grande de todo el largo de la ladera del acantilado. Algunas de ellas estaban tan nítidas, que se podían contar los nidos individuales, pero todo lo que realmente se necesitaba era marcar en el mapa las zonas que las colonias estaban ocupando. Las tomas sirvieron mucho más que para ese propósito.

Con el trabajo aéreo terminado, lo único que me quedaba era coordinar los resultados del censo, sumar los totales de todas las colonias y hacer el informe final. Este era un capítulo de mi vida del que me sentía inmensamente orgulloso. Los investigadores de aves marinas de los años venideros, podrían remitirse a este trabajo histórico y determinar, exactamente, si las poblaciones de pingüinos habían aumentado o disminuido, desde el momento en que este censo se había realizado. Logré el objetivo que me había propuesto hacía casi dos años, gracias al trabajo incansable y la dedicación de más de cien personas. Empleados, voluntarios, personal militar, terratenientes y miembros del público en general, habían participado todos. Quizá uno de los más grandes logros del proyecto, era la forma en que se había podido reunir gente de todos los estratos de vida, para lograr un objetivo común.

El éxito del proyecto atrajo mucho la atención de los medios de comunicación y el 9 de diciembre de 1995, fui a Punto Voluntario a conducir un reportaje sobre pingüinos, para el Programa de Historia Natural de la BBC. La entrevista fue grabada mientras estábamos sentados cerca de una de las colonias del pingüino rey; continuamente nos interrumpían los polluelos trepándose por nuestras piernas, probando los cordones de nuestras botas y el pelo con sus picos y aún haciendo zancadillas con la conexión del micrófono.

Mi trabajo de estudio de base también había recibido la aprobación gubernamental el año anterior. El Gobierno de las Islas Malvinas, me contrató para conducir investigaciones similares, en un número de lugares en los alrededores de las Malvinas, como parte de un contrato mayor entre el Gobierno de las Islas, la Conservación de las Malvinas y Brown & Root.

Al día siguiente de Navidad, decidí comenzar en uno de estos sitios, la costa de los alrededores de Puerto Mare y la playa de Bertha. Puerto Mare era un puerto militar, donde amarraban todos los buques de guerra: una zona donde se suponía que debía tener mucha seguridad. No podía haberme visto más sospechoso, caminando entre los navíos, los depósitos de combustible y las instalaciones militares, anotador y lapicera en mano y los binoculares en la otra. A cada rato me detenía y estudiaba los alrededores con mis binoculares y garabateaba mis hallazgos en el mapa. Estaba seguro que finalmente alguien, me detendría, para preguntarme qué estaba haciendo, pero nunca lo hicieron.

Con el trabajo de campo y los estudios de base terminados finalmente en febrero de 1996, escribí los hallazgos de nuestro censo de pingüinos y los presenté al gobierno. Los resultados fueron alarmantes. En base a los estudios de población conducido por la Investigación Antártica Británica en 1984, los pingüinos en las Malvinas habían descendido de seis millones en 1984 a sólo un millón en el término de doce años. Esta era una caída devastadora y, en parte, coincidía con el establecimiento de la pesca comercial en los alrededores de las Malvinas.

El Gobierno de las Islas se mostró muy hostil hacia mi informe y el Concejal Mike Summers y el Primer Mandatario Andrew Gurr me dijeron que dicho reporte podría ser muy perjudicial para la economía de las Malvinas, que dependía de la pesca comercial. Me pidieron que eliminara mis informes, pero no acepté, de manera que el gobierno simplemente, desestimó mis hallazgos. Sin embargo, cuando la evidencia de un descenso en los pingüinos de las Malvinas fue terminante, el gobierno comenzó a echarle la culpa a un problema de descenso mundial.

Los pingüinos que habían sufrido las caídas más importantes eran los de penacho amarillo del sur y los pingüinos de Magallanes; estas dos especies sólo se encontraban en las Malvinas, Chile y Argentina. Por lo tanto, para que el gobierno sugiriera que el descenso en las Islas era parte de una tendencia global, significaba que estos pingüinos también debían haber declinado en Chile y Argentina. En ese momento, esos datos no existían, como para decir si era verdad o no; de manera que la única forma de resolver el dilema, era conducir un censo similar en América del Sur.

Decidí que usaría el dinero que tenía reservado para el censo de los pingüinos de las Malvinas, y llevar a cabo uno similar en Chile y Argentina; así poder determinar si lo que decía el gobierno era verdad o no. Para alcanzar ese fin, tomé un avión hacia Punta Arenas, para reunir información en la Universidad de Magallanes, la Corporación Nacional Forestal, la Fundación Otway y el Instituto Patagónico, sobre la ubicación de las colonias de pingüinos ya conocidas. También me acerqué a la Armada Chilena a pedir ayuda para llegar a las Islas Ildefonso y Diego Ramírez, que eran dos de las colonias más grandes y más remotas, ya que ellos tenían una estación meteorológica naval en las mismas.

Todos me ayudaron y apoyaron en el proyecto; la Armada chilena estuvo de acuerdo en darme un pasaje a bordo en una de las embarcaciones de suministro naval, que iban a las islas cada tanto. El problema principal se presentaría en ponernos de acuerdo con las fechas de sus salidas y el tiempo que yo tendría disponible para hacer el censo. Mi prioridad todavía estaba focalizada en el Programa de Estudio de Aves Marinas en las Malvinas, lo que significaba que no podría comenzar el censo en América del Sur hasta noviembre de 1996, cuando tuviera más tiempo libre.

Mis discusiones con los naturalistas locales, pusieron de manifiesto que las ubicaciones remotas, de muchas de las colonias de Chile y Argentina harían casi imposible un censo con base en tierra, como el realizado para Las Malvinas. Las colonias estaban distantes y esparcidas sobre una zona demasiado grande, como para hacerlo factible. Estuve forzado a volver a considerar mis opciones y decidí que una solución más realista, sería llevarlo a cabo por vía aérea. Obviamente, no sería tan preciso como uno con base en tierra, pero era la única opción posible y sí tenía la ventaja de permitir un estudio de los lugares no registrados previamente, ya que los datos de las ubicaciones de las colonias eran aún incompletos.

Para evaluar la posibilidad de dicho plan, viajé a Ushuaia, donde se asentaría gran parte del trabajo del censo aéreo, en los alrededores de Tierra del Fuego. Mis averiguaciones iniciales con las muchas agencias que hacían vuelos comerciales fueron desalentadoras, porque el costo era extremadamente caro. Para volar esas distancias sobre mar abierto, ellos insistían en que era necesario usar un avión con máquina de cilindros gemelos, como un Twin Otter, que era muy oneroso. Estos aviones tenían caídas de la velocidad bastante altas, lo que haría más difícil tomar las fotografías y el recuento. Sin embargo, conocí a un hombre de negocios del lugar llamado Ricardo, que poseía su propio avión y me dijo que estaba preparado para hacer el trabajo, a un precio competitivo.

El tenía un Cessna de un solo cilindro. Señaló que era un riesgo volar distancias largas a mar abierto, con un avión de un solo cilindro, pero dijo que estaba dispuesto a hacerlo si yo tambíen lo estaba. Me sentía muy feliz de correr el riesgo; entonces comenzamos a ponernos de acuerdo en algunas propuestas, como qué zonas necesitaba cubrir. Resultó ser que los vuelos eran tan largos, que el tanque del Cessna no tenía la capacidad necesaria, sin embargo, Ricardo me aseguró que él podría solucionar el problema, llevando tanques de combustible adicionales dentro del mismo avión.

Cuando volví a Punta Arenas unos días más tarde, las cosas comenzaron a tomar forma y lo que al principio parecía ser imposible, ya no lo era. El único problema todavía era el costo. Aún contratando a Ricardo, en vez de una organización comercial, necesitaba varias semanas de vuelo, para cubrir las enormes distancias de la costa a estudiar y no sería barato. La estimación inicial era de unas £20.000.

Una manera de reducir el costo, era usando la Marina Chilena para llegar a las remotas islas de Ildefonso y Diego Ramirez. También eran, por la distancia, las más peligrosas de alcanzar en un avión de un solo motor, porque estaban muy lejos del continente. Los datos históricos sugerían que éstas eran las colonias de pingüinos más grandes de América del Sur, convirtiéndolas en las más lentas de contar y agregándole los problemas del tiempo de vuelo. Por lo tanto, continué buscando el pasaje a bordo de la embarcación de suministro Naval.

De vuelta en Punta Arenas, visité la oficina de la Tercera Zona Naval para ver si se había logrado algún progreso con la fecha de mi pasaje. Lamentablemente, me dijeron que los días se establecían con no más de dos semanas de anticipación, por lo tanto, no sería posible saber si la embarcación de suministro, estaría navegando o no, en el momento adecuado hasta noviembre. Esto significaba postergar demasiado mi censo, que debía comenzar en diciembre.

El 9 de julio de 1996, la Conservación de Las Malvinas organizó una reunión de Comisión y yo presenté mis planes para llevar a cabo un censo de pingüinos en América del Sur. Les dije que mi propuesta era financiar el proyecto yo mismo y que no necesitaba ninguna ayuda económica. Sin embargo, los invité a participar, al punto que me dieran tiempo libre del trabajo, para poder realizarlo. Todavía me debían muchos días de vacaciones y estaba dispuesto a usarlos si era necesario, pero en verdad, esperaba que consideraran al proyecto lo suficientemente importante, como para que me permitieran hacerlo oficialmente en horario de trabajo.

Después de muchas deliberaciones por parte de los miembros de la Comisión, me dijeron que apoyaban el proyecto, pero pensaban que el trabajo fuera de las Islas Malvinas, tendría que ser considerado como vacaciones. Por lo tanto, me tomé este tiempo como licencia anual.

CAPÍTULO 13

Para octubre de 1996, los planes para la exploración de petróleo seguían a paso firme y en las Malvinas se vivía un clima de anticipado alboroto. La Conservación de las Malvinas se estaba preparando para su Asamblea Anual General, en la que se iban a elegir los nuevos candidatos para gobernar la organización, por un voto de los miembros contribuyentes subscriptos. Brian Summers había sido un excelente gerente para la organización, pero como renunciaba, debía elegirse uno nuevo. Lewis Clifton, director de una de las compañías que excavaría petróleo en las Malvinas, se propuso como candidato.

Quedé espantado por la alternativa. El gerente tenía total control de la organización y los empleados como yo y mi personal a cargo, estábamos obligados a respetar lo que el gerente nos dijera. Yo estaba muy preocupado por el conflicto de interés que un director de una compañía de petróleo, pudiera tener con respecto a la protección del medio ambiente. Estaba convencido que los miembros contribuyentes subscriptos, no elegirían a Clifton como gerente en la Asamblea Anual General, y no era el único. Otros miembros compartían mi preocupación acerca de la designación de Clifton.

Para mi sorpresa, los miembros decidieron ignorar el procedimiento democrático establecido en la constitución, eligiéndose ellos mismos y a Lewis Clifton en la oficina, antes de la Asamblea General Anual. Las designaciones fueron presentadas a la Asamblea después del hecho, sin sugerir ningún candidato alternativo. Esto era totalmente ilegal y una violación directa de la constitución y de los mismísimos principios democráticos. La Comisión de Caridad del Reino Unido, le escribió a la Conservación de las Malvinas, dejando sentado que habían quebrantado la constitución y que las designaciones eran ilegales. Pero la Conservación de las Malvinas hizo caso omiso y no cambió sus designaciones. La única organización de conservación de la fauna de las Islas Malvinas estaba ahora en manos del director de Desire Petroleum, con consecuencias calamitosas para la fauna de las Malvinas.

El 9 de octubre de 1996 hicimos una reunión de la comisión asesora del gobierno FENTAG (Grupo de Tareas del Medio Ambiente de las Islas Malvinas). Habíamos hecho varias reuniones antes y presentamos un número de sugerencias al gobierno, sobre la protección del medio ambiente que se necesitaba para la exploración del petróleo, pero el gobierno de las Islas Malvinas había desestimado virtualmente todas nuestras sugerencias. Dejé en claro en la reunión que yo consideraba que el gobierno no estaba haciendo honor a su promesa de proteger el medio ambiente, y el Grupo de Tareas del Medio Ambiente se estaba convirtiendo en nada más que un sello de goma, por la desconsideración de las autoridades.

En varias ocasiones el gobierno había estipulado que los planes para la exploración del petróleo se estaban llevando a cabo bajo la guía del Grupo de Tareas del Medio Ambiente pero, en realidad, los consejos del grupo se estaban ignorando. Insté a la comisión para que hiciera una recomendación seria al gobierno; que los procedimientos de seguridad del medio ambiente que habíamos pedido, se respetaran, o que públicamente, desmentiríamos la declaración del gobierno de que estaba operando bajo nuestra guía. A horas de la reunión, recibí una llamada telefónica para avisarme que un derrame de petróleo en el puerto había matado a un número de cormoranes.

Inmediatamente me dirigí al puerto (FIPASS: Servicios de Embarque y Puerto Interino de las Malvinas), donde seguramente una embarcación amarrada había descargado petróleo. El petróleo estaba llegando a las paredes de las mismísimas oficinas responsables de reforzar la protección del medio ambiente marino. Entre el petróleo había un número de cormoranes muertos, por lo tanto, inmediatamente, volví a Stanley y notifiqué a la prensa local. Vinieron con un fotógrafo que me tomó fotos sacando las aves muertas del petróleo. Dos días después, fue nota de tapa en los diarios, junto con las fotografías de las aves empetroladas, pero las autoridades del puerto aún no hicieron nada.

Al barco que había derramado el petróleo, le permitieron salir del puerto, sin demanda alguna y no habían demostrado ningún intento serio de limpieza.

Las Autoridades del Puerto ni siquiera contaban con ningún equipo para tratar petróleo derramado y el Jefe del Puerto, finalmente fue a la estación de servicios local, para ver si tenían algo para absorberlo. Tampoco habían limpiado el petróleo cuatro días después y todavía se seguían rescatando nuevos cormoranes. El personal de las Autoridades del Puerto se vio forzado a matar a las aves para terminar con su miseria.

Yo protesté mucho por este incidente y por la liviana actitud del gobierno hacia la protección del medio ambiente. Señalé que si las Autoridades del Puerto no podían evitar, ni limpiar un derrame de petróleo que estaba bañando las paredes de su propia oficina, poco se podía confiar, si tenían que controlar una industria mayor de petróleo que operaría a muchos kilómetros, mar adentro. Mis quejas cayeron en oídos sordos y la gente del mismo gobierno, comenzó a expresar su preocupación porque un encargado del medio ambiente, vocal. pudiera causar problemas, y era necesario hacerlo callar.

El Jefe del Puerto me informó que no gozaba más del permiso para entrar a las instalaciones del Puerto y Lewis Clifton me llamó para que almorzara con él en el Hotel Malvina House. Durante el mismo,me reprendió severamente por mis comentarios sobre el derrame de petróleo. Me dijo que la mala publicidad podía comprometer el normal desarrollo de la exploración del petróleo, haciendo cumplir restricciones del medio ambiente innecesarias. Le señalé que ese era mi trabajo como Oficial de Conservación, bregar por dichas restricciones para proteger el medio ambiente. Clifton me respondió dándome una orden directa como Gerente de la organización, que de ahora en adelante, el personal de la Conservación de las Malvinas, incluyéndome a mí, no tenía permiso para hacer ninguna declaración sin que antes pasara por sus manos. La única organización de conservación de la fauna de las Malvinas, ahora estaba oficialmente censurada por el director de la compañía de petróleo que iba a comenzar las excavaciones. ¿En qué otra parte del mundo podía ocurrir esto, excepto en las Malvinas?

Poco después del derrame de petróleo, tomé un avión hacia Punta Arenas para hacer los arreglos finales de mi censo de pingüinos en América del Sur. Me enteré que no habría ninguna embarcación de suministro naval que fuera a Diego Ramírez durante diciembre o principios de enero, por lo tanto, la única opción que quedaba, eran los estudios aéreos. No me desanimé demasiado porque, en parte, lo esperaba. Desde muchos puntos de vista, era más simple organizar todo el estudio utilizando el mismo medio de transporte, en lugar de tener que combinar vuelos y embarcaciones navales.

Noviembre era un mes agitado, en el que se hacía el recuento habitual de nidos de pingüinos, cormoranes y albatros para la Conservación de las Malvinas. La carga de trabajo se había incrementado nuevamente, por el agregado de dos sitios de estudio más, en la Isla Saunders y Puerto Stephens, pero no obstante, logré completar los recuentos para fines de noviembre con la ayuda de mi nueva asistente Carol Aldiss. Con el trabajo de control anual terminado, volví a Chile para poner toda mi atención en la enorme tarea que tenía por delante –el censo de pingüinos de América del Sur.

Mucha de la gente con la que hablaba, admiraba mi dedicación al intentar llevar a cabo semejante proyecto, pero pensaba que estaba loco al gastar £30.000 de mi propio dinero para hacerlo. En gran parte, probablemente tenían razón y el proyecto se había convertido en una obsesión personal, pero había algo de lógica detrás de todo esto.

Como recientemente me habían diagnosticado dos tipos diferentes de cáncer, pocas dudas me quedaban que mis días estaban contados. Desde mi más temprana niñez había querido alcanzar algún mérito real con respecto a la protección de las criaturas de Dios. No podía pensar en otra oportunidad mejor que ésta. Con la población mundial del pingüino de penacho amarillo del sur que se encontraba en Chile, Argentina y las Malvinas, ésta era una ocasión única para completar el censo mundial y comparar las poblaciones en América del Sur, con las de las Islas Malvinas, que se habían censado el año anterior. Sin otro recurso de financiación disponible, o lo pagaba yo mismo, o perdía la oportunidad de cumplir con la ambición de toda mi vida.

Desde Punta Arenas, tomé un colectivo hasta Ushuaia, donde me reuní con Ricardo. Como lo había prometido, el avión estaba preparado para el trabajo del censo. Había quitado todos los asientos para dejar espacio a una fila de tanques de combustible, que era necesario para alcanzar las islas más distantes.

En Ushuaia comenzamos a estudiar la zona desde la Isla de los Estados hasta el Cabo de Hornos. Esta era una vasta superficie a cubrir, pero ya habíamos determinado qué áreas tenían costas adecuadas para los pingüinos. Aún así, las distancias del océano, para cruzar con un avión de estas características, eran muy largas. Con un solo motor, cualquier desperfecto mecánico, hubiera significado una muerte casi certera. Aún si uno sobrevivía al accidente, el tiempo de supervivencia era de minutos, al estar inmerso en aguas tan frías, sin ninguna perspectiva de rescate por horas o aún por días.

Un avión con dos motores hubiera podido cubrir las vastas zonas abiertas del océano mucho más rápido, pero la ventaja del nuestro pronto se hizo ver. Una vez que localizábamos cada una de las colonias de pingüinos, podíamos acercarnos poniéndonos en la misma dirección del viento, permitiéndonos reducir nuestra velocidad mínima a tal punto que, en muchas ocasiones, estábamos casi detenidos. Esto era perfecto, porque me brindaba una base firme, desde la que podía hacer mis recuentos y tomar fotos. Un avión más veloz, hubiera sobrevolado la colonia demasiado rápido, como para haber tenido tiempo de contar.

Generalmente podíamos volar lo suficientemente bajo, como para poder ver los pájaros claramente, prescindiendo de binoculares, haciendo el conteo mucho más fácil de lo que había esperado. También sacaba fotos que tenían la claridad necesaria como para poder contar las aves, en forma individual, lo que me permitía cotejar con los recuentos que había hecho en escena. Grabé todos los números y mis comentarios en una cinta de audio mientras los hacía, para no tener que distraerme anotando nada.

Desde Ushuaia, cruzamos hasta Puerto Williams, lo que nos dio la posibilidad de cubrir la zona desde Diego Ramírez hasta la Isla Noir. A pesar de estar volando desde el amanecer hasta el crepúsculo, siete días a la semana, de a poco nos íbamos retrasando como resultado de las enormes distancias a cubrir. En el momento en que estábamos listos, para concentrarnos en la enorme franja costera norte de la Isla Noir, era obvio que no podríamos cubrir toda la zona, en el tiempo que nos quedaba.

Afortunadamente, antes de salir de Puerto Williams, conocimos a otro piloto llamado Toni, que también iba a volar hacia el norte camino a Perú. El iba a usar un King Air bimotor y nos ofreció su ayuda. Lo mandamos a su casa por una ruta que cubriría una franja costera que no tenía colonias conocidas, de manera que pudiéramos confirmar que estas zonas no exploradas, estaban vacías. Toni nos notificaría al llegar a Perú, si había encontrado alguna colonia o no. En caso afirmativo, él informaría su ubicación, de manera que pudiéramos conducir un recuento. Esto nos permitió, a Ricardo y a mí, concentrarnos en áreas más prometedoras y ahorrarnos una gran cantidad de tiempo.

Este encuentro resultó ser muy afortunado en verdad, porque la zona costera hacia el norte de la Isla Noir, estaba virtualmente desprovista de pingüinos. Había sólo un puñado de colonias diminutas, separadas por cientos de kilómetros y no encontramos ninguna colonia en esta zona, que no hubieran sido ya registradas. No nos sorprendió cuando Toni confirmó que no había visto colonias, en la ruta que había tomado.

Después de volar durante dos meses, estábamos absolutamente exhaustos. Dejé a Ricardo en Punta Arenas donde planeaba dormir por una semana antes de volver a casa. Tomé un avión directo a las Malvinas, para comenzar con la segunda fase de mi trabajo de control de aves marinas, para la Conservación de las Malvinas.

Inmediatamente me enfrenté con un número de problemas, que nadie había podido resolver, durante mi ausencia. Nuestra asistente de campo, Carol, tenía una gripe bacteriana y no estaba en condiciones de trabajar. Jeremy Smith, a quien le había confiado la conducción del recuento de polluelos en la Isla Soledad con Carol, no había querido trabajar solo, por lo tanto, no se había hecho nada. Inmediatamente encontré un ayudante de reemplazo y el trabajo de campo se puso en marcha, aunque con unos días de retraso. Jeremy salió a cubrir la Isla Soledad, mientras que yo sobrevolé solo la Isla Saunders y Puerto Stephens.

También me enteré en el Ministerio de Inmigración y Aduana que mi solicitud para el permiso de residencia había sido rechazada. Los requerimientos comunes para dicho permiso eran no tener antecedentes policiales, recursos financieros seguros y un examen médico, lo que había sido aprobado. Yo no encontraba ninguna razón valedera como para que me lo hubieran denegado y sospeché, que era por mis exigencias para la protección de la fauna, en contra de la exploración del petróleo y la pesca comercial, por lo tanto, pregunté las razones del rechazo. Se negaron a decirme el por qué.

Busqué consejo legal sobre el asunto y me informaron que era una violación del Derecho Internacional, el hecho de no brindarme una explicación. El Fiscal de la Corona confirmó que el Ministerio de Inmigración estaba obligado por la ley a darme una razón, pero todavía se negaban a hacerlo.

El 22 de febrero de 1997, viajé en avión a Quito, Ecuador, para asistir a una Conferencia Internacional sobre la Vida de Aves. En el camino, me quedé un par de días en Punta Arenas para recolectar mis fotografías aéreas del trabajo del censo de pingüinos. Mientras estaba allí, conocí a una joven llamada Elena, que trabajaba para Corcoran Ltd., la compañía de importación y exportación más grande de Punta Arenas. Nos llevamos realmente muy bien durante nuestra primera cita y le pedí verla nuevamente, cuando volviera a Punta Arenas.

Cuando pasé por el control de equipaje en Santiago para mi vuelo hacia Quito, me dijeron que no podía llevar dos bolsos de mano. O pasaba con uno solo, o no iba, no tenía elección. Cuando llegué a Quito, habían abierto y robado varios elementos del bolso que había registrado. Aparentemente, era una trampa común, hacerle pasar a la gente uno de sus bolsos y luego robarles, sabiendo que la mayoría elige llevar los objetos de valor, en los bolsos que quieren mantener a bordo.

La empresa internacional de Vida de las Aves me había prometido que me estaría esperando un representante en el aeropuerto, pero no había nadie. Por lo tanto, estuve obligado a tomar un taxi para encontrar un hotel, ya que Vida de Aves Internacional, no me había dado un número para contactarme, fuera del horario de trabajo. Al día siguiente, era domingo, entonces, nuevamente no podía llamar a la empresa para saber qué estaba pasando o dónde se suponía que debía ir. Decidí dar un paseo por la ciudad y me encontré con un mercado al aire libre.

Después de unos minutos de estar en el mercado, me empujaron de atrás y me choqué con un joven que estaba parado frente a mí. Me disculpé y di un paso hacia atrás. Mientras retrocedía, volvió a suceder lo mismo, esta vez lo vi cortarme el bolsillo del pecho con una navaja y arrebatar mi billetera. Temiendo que pudiera usar la navaja como arma, le di un puñetazo en la cara tan fuerte como pude, haciéndolo caer al piso. Me di vuelta para ver a quién tenía detrás de mí, pero con tanta gente, era imposible decir quién había sido su cómplice.

Me di vuelta para enfrentar al primer ladrón y era claro que estaba mal herido del golpe que le había dado. Le salía sangre de la nariz y se retorcía en el piso de dolor. Varias personas me estaban mirando como si yo hubiera provocado el ataque, entonces decidí que era tiempo de irme. Si nadie había sido testigo del intento de robo de mi billetera, realmente no quería quedarme esperando para explicarle a la policía por qué había golpeado al hombre tan fuerte.

Me abrí paso entre la multitud y me dirigí a un lugar menos congestionado para poder evaluar lo que habían hecho. El bolsillo de mi saco tenía dos grandes tajos atravesados, así como también mi billetera. Hasta los billetes del banco los habían cortado por la mitad con la navaja. Debe haber estado muy afilada y tuve suerte de que sólo habían cortado mi chaqueta y mi billetera.

Al día siguiente, finalmente, pude contactarme con Vida de Aves Internacional, quienes se disculparon por no haberme ido a buscar al aeropuerto. Me reuní con todos los otros participantes y nos llevaron en ómnibus a un centro de conferencias, a unos 30 kilómetros de la capital. La conferencia en sí anduvo muy bien, pero la administración de la Vida de Aves Internacional continuó con mucha desorganización.

No sé por qué razón, el personal de la empresa pidió que todos entregaran sus pasajes de vuelta de avión en recepción, de manera que pudieran hacer las confirmaciones necesarias como grupo. Al promediar la semana, nos devolvieron nuestros boletos y todo parecía estar bien. El último día, yo estaba almorzando, un par de horas antes que el micro nos llevara al aeropuerto, cuando uno de los miembros del personal de la Vida de Aves Internacional se acercó y me informó que había un problema.

La compañía se había olvidado de confirmar mi vuelo y, como resultado, mi pasaje de vuelta fue cancelado. Habían revendido mi asiento y yo estaba varado. No me gustó nada y les pregunté qué intentaban hacer al respecto. La solución que habían pensado para mi problema, era acercarme a la agencia de viajes más cercana, en Quito y dejar que yo arreglara el problema solo. Me fui de la conferencia con la impresión de que la Vida de Aves Internacional no era confiable ni para organizar el cuidado de un loro pichón, menos aún de especies en peligro de extinción.

Al haber perdido mi vuelo programado desde Quito, perdí también mi conexión con el vuelo semanal para regresar a las Malvinas. Por lo tanto, volví a Punta Arenas y pasé unos pocos días más con Elena, mientras esperaba el próximo vuelo. A Elena todavía le debían unos días de vacaciones, por lo tanto, fuimos a Puerto Natales y a Torres del Paine, donde pudimos conocernos mejor.

Cuando volví a las Malvinas, había una gran discusión entre el personal de la Conservación de las Malvinas, por el texto de un libro que estaba escribiendo uno de los miembros del Reino Unido, Robin Woods. El libro iba a ser producido por la Conservación de las Malvinas y se llamaría el Atlas de la Cría de Aves para las Islas Malvinas. Incluía números de población de cada especie de aves de reproducción de las Malvinas, pero estaba sólo basado en cuestionarios enviados a los granjeros. Básicamente, Robin Woods les había preguntado a los granjeros cuántas lechuzas y cuántos gorriones vivían en sus 50.000 hectáreas de tierra, ¡y luego presentaba estas respuestas en forma de estudio científico!

Para cada especie, de la que existían datos de población genuinos disponibles, los números del Atlas de la Cría de Aves, eran totalmente inexactos. Peor aún era la sección reservada a los pingüinos, que daba cifras de población de aproximadamente el doble de lo que habíamos registrado, durante nuestro propio censo de pingüinos.

Nuestro trabajo en las Malvinas había revelado enormes mermas de población. El Gobierno de las Malvinas había sugerido, que estas bajas eran parte de una tendencia global, pero mi censo en América del Sur había demostrado que éste no era el caso. El descenso en número de pingüinos estaba ocurriendo sólo en las Malvinas, no en los alrededores de América del Sur. Este tema necesitaba una investigación urgente; pero las cifras poblacionales falsas, ofrecidas por el Atlas de la Cría de Aves, hacían creer que las poblaciones de pingüinos, no habían sufrido una disminución tan dramática. Inmediatamente puse en el tapete la pregunta de por qué, una organización de conservación, avalaría la publicación de cifras de población, que ellos mismos sabían que eran falsas. ¿Por qué una organización de conservación, desearía hacerle creer a la gente, que las poblaciones de pingüinos eran mayores que lo que mostraba la realidad? Sólo podía pensar en una respuesta: para esconder la verdad y permitir que la exploración del petróleo y la pesca comercial continuaran sin ningún impedimento.

El 31 de marzo de 1997, tuvimos una reunión de comisión y yo saqué el tema ante los miembros. Le dije a la Junta, que si La Conservación de las Malvinas avalaba una publicación, que decía que había el doble de pingüinos que los que se habían registrado en su propio censo, no sólo estaban siendo deshonestos, sino que también estaban debilitando el argumento, para la protección ambiental, frente a la próxima exploración del petróleo. Varios miembros estuvieron de acuerdo con mi punto de vista y se pospuso el tema, para discutirlo más a fondo. Lewis Clifton estaba furioso.

Después de la reunión, Lewis Clifton me pidió hablar y me dijo que ya había tenido bastantes interferencias mías en la exploración del petróleo. Me trató de dinosaurio, que no podía aceptar el cambio y que correría la misma suerte de los dinosaurios, si no tenía cuidado. Me dijo que tenía un trabajo muy cómodo y que recibiría un gran aumento en julio, pero que estaba condenado a que me despidieran, si no dejaba de causar problemas.

Le contesté que los sobornos financieros, ocultos en un aumento salarial excesivo, no me persuadirían para comportarme en forma deshonesta. Yo había estado de acuerdo con quedarme tranquilo en ciertas cosas, desde nuestra primera conversación, pero no estaba preparado para falsificar datos de investigación y ocultar un colapso en las poblaciones de pingüinos. Le recordé, que era obligación de la Conservación de las Malvinas, informar los hallazgos que hicimos, no cubrirlos, como para que la exploración del petróleo y la pesca comercial pudiera proseguir sin impedimentos.

Clifton me advirtió que si no dejaba de estar en contra de la política del gobierno, él se encargaría, personalmente, que fuera despedido de la Conservación de las Malvinas, apartado de todas las comisiones del medio ambiente y echado de las Malvinas como ciudadano indeseable.

Le contesté que no creía, que los otros miembros de la Conservación de las Malvinas y el gobierno, le permitieran abusar de su poder de tal manera. Yo realmente, pensaba que la gente honesta podía hablar libremente, si esas cosas ocurrían. ¡Qué equivocado estaba! En Noviembre de 2003, la Suprema Corte de Justicia de las Islas Malvinas consideraría al Gobernador, al Fiscal de la Corona, al Primer Mandatario y a los miembros electos del Consejo Ejecutivo, culpables de ejecutar las amenazas de Clifton en contra de mí.

Lewis se dirigió hacia la puerta sin decir palabra. Se dio vuelta y colocó su dedo índice como si fuera un revolver antes de irse. Supe entonces, que tenía que cuidarme las espaldas.

Comencé a sentirme bastante asustado por lo que había sucedido y en lugar de irme directamente a mi casa, me preparé un café y me senté. Me lamenté por haber llegado a una instancia tan desafiante, después de todo, yo conocía la reputación de Clifton. Pero, honestamente, la alternativa era incalificable. Yo era un conservacionista porque creía en lo que estaba haciendo. Pienso que la humanidad actúa como guardián de la creación de Dios y fui insultado, ante la sugerencia de vender mis principios, por un buen aumento. Desde hacía un tiempo le rezaba a Dios, pero seguía pensando que estaba haciendo Su voluntad, al proteger la belleza que Él creó en el mundo.

No había manera que pudiera resignarme a falsificar datos de investigación a cambio de seguridad laboral y un aumento salarial. Me parecía que, como Director de Desire Petroleum, Clifton estaba más interesado en que el proceso de la exploración del petróleo siguiera su curso, que en la conservación misma. Si alguien quería debilitar una organización del medio ambiente, no había mejor manera de hacerlo que pasar a ser el gerente. Yo sabía en lo más profundo de mi corazón, que había hecho lo correcto, pero me resultaba más difícil convencerme de que hubiera hecho lo más sabio.

Tomé la decisión de confrontar el problema de lleno y al día siguiente, le conté a todo el mundo en la oficina, las amenazas que había recibido del gerente. Nadie se mostró sorprendido en lo más mínimo y el único comentario que recibí fue que me cuidara.

Al día siguiente, tomé un vuelo hacia Punta Arenas, esta vez para representar a las Malvinas en otra conferencia que se celebraba en la Universidad de Magallanes. Como la conferencia se hacía en Punta Arenas, también podía pasar un tiempo con Elena y nuestra relación comenzó a ser más seria.

El 24 de abril asistí a la primera reunión del Foro de Petróleo y Medio Ambiente de las Islas Malvinas. Éste era un organismo que apuntaba a coordinar los esfuerzos de las compañías petroleras y de la gente dedicada al medio ambiente, para protegerlo. El encuentro transcurrió en un clima muy positivo y parecía como si los representantes de las compañías petroleras, estuvieran ansiosos por emplear prácticas de protección saludables. En verdad, algunos de los representantes expresaron preocupación porque el Gobierno de las Islas Malvinas era el que parecía reacio a instrumentar una protección ambiental.

Durante la reunión, recopilé propuestas para un par de proyectos para estudiar el medio ambiente; uno, era un estudio de aves marinas en el mar y el otro, un programa de identificación de pingüinos satelital. Ambos investigarían la distribución de las aves en el mar, que era importante durante la exploración del petróleo. Los dos proyectos fueron recibidos con gran entusiasmo y se pudo vislumbrar, por parte de los representantes de la compañía petrolera, que los fondos podrían estar disponibles, para llevarlos a cabo.

Además de los proyectos que presenté ante el Foro de Petróleo y Medio Ambiente, también entregué dos planes adicionales, para que financiara el Gobierno de las Islas Malvinas. Uno era un estudio de campo de los sitios pantanosos, para evaluar la posibilidad de incluirlos bajo los lineamientos de la convención de RAMSAR. El otro, era un censo del caracará estriado, para realizarlo en la misma línea que el recuento de los pingüinos. Para ambos, se necesitaba alguien con experiencia en técnicas de censos de aves, y como yo estaba capacitado para realizar dicho trabajo, podíamos bajar los costos.

Tenía dos motivos para bajar los costos. El primero era que si resultaba económico, había mucha mayor probabilidad que el financiamiento estuviera disponible. El segundo, era que sospechaba que Lewis Clifton, en verdad, iba a tratar de echarme de la Conservación de las Malvinas. Siendo el único Investigador en Biología calificado de las Malvinas, sabía que la Conservación no podría completar estos proyectos a tan bajo precio sin mí. Si me despedían, se verían forzados a contratar personal extranjero, lo que triplicaría el costo, o a conducir el estudio con personal no calificado.

Un par de días más tarde, la computadora de la oficina se rompió. Trabajando con un presupuesto tan estrecho, no teníamos fondos para comprar una nueva, de manera que yo traje mi propia máquina para ponerla en su lugar. Aún tenía mi computadora portátil, así que podía arreglármelas sin ella.

Mis preocupaciones por mi futuro laboral se confirmaron, cuando me dijeron que mi puesto de trabajo iba a ser publicado y que Lewis Clifton estaría a cargo del proceso de contratación del nuevo personal. El 20 de mayo tuvimos una reunión de comisión, en la que se definió el procedimiento de contratación.

A principios de junio de 1997, recibimos la confirmación que el gobierno de las Islas Malvinas había otorgado a la Conservación £125.000, un incremento tres veces mayor que los fondos del año anterior. A mi entender, esto parecía un pago para silenciar el daño ambiental y, desde el momento que yo había dejado sentado que no me involucraría en esto, supe que me iban a despedir.

Me citaron del hospital para que me hiciera una biopsia del intestino grueso, para determinar si los dolores que estaba sintiendo podían indicar un rebrote de mi cáncer. Le notifiqué a Lewis Clifton que estaría internado para someterme a una operación el 17 de junio y que, por lo tanto, no podría asistir a una entrevista ese día. Tres días después, Clifton me informó que las reuniones las habían diagramado para el mismo día de mi operación. Me dijo que si no estaba presente, no me volverían a elegir para un nuevo contrato.

Pensé en cancelar mi operación, pero estaba asustado por las perspectivas de que mi cáncer pudiera volver y al postergar mi cirugía, podría sufrir consecuencias potencialmente fatales. Tomé un taxi hacia el hospital a las 8.00 de la mañana y me llevaron a la sala de operaciones al mediodía.

Me desperté de la anestesia general a la tarde temprano sintiéndome un poco grogui, pero por otro lado, no tan mal. Miré la hora para ver si tenía tiempo de asistir a la entrevista y todavía podía, entonces salí de la cama y comencé a vestirme. Una de las enfermeras me preguntó qué estaba haciendo y le expliqué que si no iba a la cita, perdería mi trabajo. Ella dijo que no creía que un empleador pudiera despedirme porque había estado internado por una cirugía, al momento de la entrevista. Le aseguré que éste en particular, lo haría.

Me tomé un taxi hasta casa, me puse el traje y llegué a la cita con varios minutos de sobra. Mientras esperaba afuera para que me llamaran, comencé a sentirme bastante mal. El dolor que una hora antes había sido sólo una molestia, ahora se había esparcido por todo mi abdomen y era intolerable. Me sentía con frío y pegajoso, como si la sangre estuviera drenando de mi cuerpo.

Finalmente me hicieron pasar y tomar asiento. Como era de esperar, el panel estaba dirigido por Lewis Clifton, que comenzó preguntándome qué pensaba que podía ofrecerle a la organización. Le contesté que yo había logrado mucho desde el momento de mi ingreso . Había creado y desarrollado un sistema computarizado que la Conservación de las Malvinas ahora usaba (antes de mi designación, las cartas se hacían a máquina y los datos se guardaban en trozos de papel). También había armado un Sistema de Información Geográfica, que requería un dominio considerable de computación y señalé que yo era el único empleado con suficientes conocimientos en informática, como para manejar el Sistema de Información Geográfico, que la Conservación de las Malvinas había adquirido recientemente.

En lo referente a la investigación, había expandido el programa de estudio de aves marinas de tres especies en tres lugares, a siete especies en ocho lugares, y este incremento era el resultado de una eficiencia mejorada, ya que no se había destinado ningún monto adicional en este campo. También había planificado y ejecutado un censo de pingüinos en toda la isla con gran éxito: un proyecto altamente ambicioso; imposible para muchos, pero que se había completado sin ninguna dificultad.

Con respecto a los proyectos futuros, señalé que era un investigador biológico con experiencia y calificado, habilidades que eran esenciales para llevar a cabo los próximos estudios de RAMSAR y del caracará estriado. Me di cuenta que estaba pareciendo arrogante, pero yo quería recordarle al panel que tenía las habilidades y las calificaciones, que eran muy valiosas para el éxito de la organización.

Clifton entonces me preguntó por qué ellos deberían volver a contratarme, si yo había demostrado deslealtad hacia la organización. Le pedí que explicara a qué deslealtad se estaba refiriendo y me dijo que yo había estado buscando un empleo alternativo a sus espaldas. Señaló que gente de la Conservación de las Malvinas, que estaba en otras comisiones, se había dado cuenta de mis solicitudes de empleo.

En todos los años que había estado en la Conservación de las Malvinas, yo solamente me había postulado para un empleo, era el puesto de Oficial Asistente de Planeamiento Ambiental. Lejos de hacer esto a espaldas de la organización, el director de ese momento, Brian Summers, no sólo había sido notificado, sino que acordó darme una carta de referencia para mi solicitud.

La postulación fue un desorden. Varias semanas más tarde, me enteré que el trabajo se lo habían dado a la esposa de Jeremy Smith y que ella había sido la única candidata. Me contacté con el Departamento de Recursos Humanos para saber cómo ella podía haber sido la única candidata cuando yo también me había presentado. Me dijeron que mi solicitud se había extraviado accidentalmente. Lo lamentaban mucho, pero ya era demasiado tarde para hacer algo al respecto.

Le aseguré a Clifton que ése era el único trabajo al que me había postulado y le pregunté cuáles eran los otros. Me dijo que no tenía intenciones de discutir el asunto, dando por terminada la entrevista. Me fui con un sentimiento de desilusión. Resultaba obvio que Clifton estaba realmente tratando de echarme, como me lo había advertido. Mi única esperanza era que el resto de la gente del panel fuera lo suficientemente fuerte, como para hacerle frente y le pidieran más detalles de las acusaciones que había hecho, para que pudieran verificar su validez.

Cuando llegué a casa, me di cuenta que estaba sangrando. Todavía me sentía con frío, pegajoso y muy débil. El dolor en mi abdomen era insoportable, me tomé cuatro pastillas de paracetamol para mitigarlo. Me acosté en la cama y lo próximo que recuerdo es que desperté a la mañana siguiente.

Estuve acostado por unas quince horas. El dolor había cesado, pero me sentía terriblemente débil. Me tambaleé al ponerme de pie y traté de dirigirme hacia la cocina para prepararme un café, pero nunca llegué. Me desmayé en el corredor y lo que sé, es que me llevaron de urgencia al hospital en ambulancia.

Me sentí muy avergonzado. No se podía negar que fue un error estúpido de mi parte, el haber ignorado el consejo del médico, pero la entrevista era muy importante para mí. Tal como estaban las cosas, ahora lamentaba haber asistido. Hubiera sido mejor dejar que Clifton me echara, por haber estado en el hospital al momento de la entrevista.

A la noche Jeremy Smith vino a ver cómo estaba. Le conté sobre lo ocurrido y me dijo que no me preocupara. Él me aseguró que siempre había oído cosas positivas de mi trabajo por parte de los demás miembros y que no había otros candidatos con las calificaciones y experiencia necesarias para hacer el trabajo de investigación. Eso era en parte lo que me preocupaba. Yo sabía que sin personal calificado en técnicas de censo de aves, el nivel de investigación bajaría, lo que le vendría bien a Clifton y a cierta gente. Sin credibilidad científica, el Gobierno de las Islas Malvinas tendría piedra libre para continuar con la exploración del petróleo y la pesca comercial.

Después de dos días me dieron el alta en el hospital y el 23 de junio tuvimos una reunión de comisión, pero todavía no había novedades sobre mi trabajo. A la mañana siguiente, fui a la oficina y encontré una carta sobre mi escritorio, era de Lewis Clifton. Decía lo que esperaba. Le habían dado el trabajo a otro y mi empleo en la Conservación de las Malvinas se terminaba esa misma semana.

Cuando los reporteros le preguntaron a Lewis Clifton por qué me habían despedido, hizo constar, en el diario El Guardián, que la Conservación de las Malvinas "había decidido reestructurar la organización sobre un nuevo fundamento, ya que estaban preocupados por el nivel de publicidad que estaban teniendo las aves contaminadas con petróleo. Había inquietud por el criterio un tanto negligente de Bingham". (El Guardián, 12 de octubre de 1999).

Para mí, ésta era una declaración sorprendente de hacer, especialmente a la prensa. Había sido claramente la obligación de ambos; la mía, como Oficial de Conservación y la de la Conservación de las Malvinas, como entidad, prestar atención a las aves contaminadas por el petróleo y al descenso en el número de pingüinos. Declarar que yo había sido despedido por el hecho de ocuparme de los pájaros intoxicados por petróleo, demostraba lo debilitada que había estado la Conservación de las Malvinas, por la gente que tenía intereses financieros en la exploración del petróleo y la pesca comercial. La declaración de Lewis Clifton demostraba, cómo la Conservación de las Malvinas había bajado el nivel de información sobre las aves empetroladas, a través de la censura, en vez de priorizar la protección del medio ambiente.

Mi notificación de despido, sólo me dio dos días para sacar mis pertenencias y preparar lo que podía para mi sucesor. Hablé con Clifton y algunos de los otros miembros y le sugerí que me dieran más tiempo para irme. Esto no sólo me daría la oportunidad de buscar un nuevo empleo y obtener un permiso de residencia, sino también tiempo para trabajar con mi sucesor para explicarle la tarea. Me preocupaba que si mi reemplazante se hacía cargo una vez que yo me hubiera ido, no entendiera la metodología de la investigación, la base de datos de la computadora o el Sistema de Información Geográfico. Otro problema era que la Conservación de las Malvinas todavía estaba usando mi máquina, que tendría que llevarme. Clifton me dijo que estaba todo arreglado y no aceptó mi pedido para extender los dos días que me había dado.

Mientras que estaba empacando rápidamente todas mis pertenencias, Nicki Buxton vino con una nueva computadora que Clifton había mandado para la oficina. Lamentablemente no tenía el software necesario para almacenar la base de datos que estaba instalada en la mía. Había mandado pedir el software, pero no iba a llegar hasta unos pocos días después de mi partida. La única solución era copiar la base de datos en un directorio, donde podría quedar guardado hasta que el software necesario llegara para abrirlo. Dejé escrito todos los detalles de cómo abrir la base de datos para cuando llegara el software y me despedí.

Me contacté con el Ministerio de Inmigraciones para conseguir un permiso de residencia temporaria, para poner mis cosas en orden. Sin esto, me hubieran deportado de las islas ni bien terminara mi empleo en la Conservación de las Malvinas. No podía evitar pensar que la notificación con tan poco tiempo que me había dado la Conservación de las Malvinas, era para forzarme a abandonar las Islas de esa manera. Dos días era una notificación de despido con ignominia, después de cuatro años de servicio.

Me dieron un permiso de tres meses, de esa forma pude hacer nuevos planes, antes de que me obligaran a irme; entonces fui a Punta Arenas y pasé seis semanas con Elena mientras pensaba cuidadosamente mi estrategia. Ella era la única persona que me podía alegrar, después de todo lo que había pasado.

CAPÍTULO 14

Ni bien volví de mis seis semanas en Chile, me contacté con un abogado para poner una compañía registrada privada, de manera que pudiera seguir mi estudio de la fauna como consultor independiente. También comencé a probar otros tipos de empleos, especialmente dependientes del gobierno, que ofrecían la residencia automáticamente. Uno de esos trabajos era Operador de Estación de Energía con el Ministerio de Trabajos Públicos.

También le escribí a la Conservación de las Malvinas ofreciéndome para los dos proyectos de investigación que el gobierno había acordado financiar. Sabía que no había nadie más en las Islas Malvinas con experiencia en censo de aves, que si contrataban empleados del extranjero, elevaría los costos más allá de la suma destinada. Yo había presentado el presupuesto a un nivel que tenía en cuenta mis habilidades, para hacerme cargo de gran parte del trabajo.

Ofrecí hacerlos, con un subcontrato por una suma sustancialmente menor que la que el Gobierno de las Islas estaba pagando a la Conservación de las Malvinas. Esto significaba que yo habría asumido la completa responsabilidad para completar el proyecto dentro del presupuesto acordado y, a la Conservación de las Malvinas le habría quedado una ganancia de lo que el Gobierno le pagaba. También sugerí que si no lo aceptaban, igualmente estaría deseoso de trabajar como asistente, por un salario normal.

La Conservación de las Malvinas nunca se notificó de mis cartas, pero mi reemplazante, Becky Ingham, me dijo extra oficialmente, que Clifton había desechado la idea inmediatamente. Esto dejaba a la Conservación de las Malvinas con un problema enorme.

A través de un estudio de escritorio conducido varios años antes, se había identificado a un número de candidatos en potencia para ser designados bajo la convención de RAMSAR. Por lo tanto, me presenté al Gobierno de las Islas Malvinas para conseguir financiamiento y conducir los estudios de base de los cuatro candidatos más prometedores. Sin otro investigador biológico calificado en las Malvinas, la Conservación tenía la opción de abandonar el proyecto, emplear a un investigador de línea de base de Gran Bretaña a un costo muy alto, o modificar el proyecto para que se ajustara a las capacidades del personal con que contaba.

La Conservación de las Malvinas eligió esta última – abandonar la investigación de línea de base que se había planeado pero, no obstante, reclamaba el dinero al Gobierno de las Islas Malvinas para escribir un "estudio de escritorio" – una información general que simplemente reformulaba el trabajo que ya se había hecho en el pasado. Como era de esperar, este "estudio de escritorio" concluyó con que se necesitaba un reconocimiento de las posiciones de los candidatos, ¡el mismo trabajo que se suponía, se había llevado a cabo con estos fondos!

El otro proyecto era el censo del Caracará Estriado, para el que se necesitaban aún más habilidades especializadas. Era necesario un investigador con experiencia en censo de aves rapaces para conducirlo, pero con tan poco tiempo de notificación, era imposible encontrar un Investigador Biológico de reemplazo. La Conservación de las Islas Malvinas finalmente decidió emplear a uno de sus miembros, Robin Woods, el afamado del Atlas de la Cría de Aves. Robin Woods es la única persona que conozco que puede determinar la población de gorriones con un margen de error del 5%, simplemente a través del envío de cuestionarios a los dueños de los campos (ver el Atlas de la Cría de Aves de las Islas Malvinas). Claramente, todos los otros biólogos del mundo que pasan años estudiando dichas poblaciones están equivocados. Todo lo que necesitan hacer es distribuir encuestas.

Ya he dicho que Robin Woods es, sin duda, una de las autoridades más competentes para observar el comportamiento e identificar los pájaros de las Malvinas, pero un censo de aves no necesita dichas habilidades, requiere una persona calificada en metodología de censos. Conducir un censo de aves es como hacer un inventario. Uno no necesita una graduación en literatura para inventariar una librería, pero sí necesita experiencia. El inventario de las poblaciones de aves, requiere un entrenamiento especial, razón por la cual, se crearon los cursos de investigación biológica, como el que yo había completado.

La Conservación de las Malvinas puso un anuncio porque necesitaba un ayudante de campo para que colaborara en el proyecto. Básicamente, era para trabajar de cadete, por un salario de sólo £40 por semana, pero yo me tragué mi orgullo y me presenté para ese puesto. Huelga decir que ni siquiera miraron mi solicitud.

Sin nadie calificado en técnicas de censo de aves, la Conservación de las Malvinas desarrolló una metodología totalmente inapropiada, que intentaba contar territorios. Esto no sólo da resultados inexactos de las aves como el caracará, sino que también consume mucho tiempo y, obviamente, el período estipulado para el censo se agotó y se quedaron sin dinero, con sólo la mitad del trabajo realizado. Al haber contado nada más que una parte de los sitios de reproducción y usando una metodología deficiente, los resultados no tenían validez. Ahora era imposible dar el total de la población, lo cual había sido el único propósito del proyecto.

Para salvar las apariencias, la Conservación de las Malvinas pidió nuevos fondos para completar el trabajo al año siguiente. El Gobierno de las Islas Malvinas, que estaba pagando mas bien por lealtad a la exploración del petróleo y la pesca comercial, que por un trabajo de conservación real, tenía el gusto de hacerle el favor, aunque esto significara pagarle a la Conservación de las Malvinas más del doble de lo que se había cotizado en un principio. Aún cuando el censo fue dividido en dos años, todavía estaba basado en una metodología incorrecta. Este proyecto, como yo lo había planeado, debería haber sido la base de una publicación científica revisada exhaustivamente de importancia mundial. Es innecesario decir que nunca lo fue. Semejante desorden, ningún diario científico de reputación podría haberlo aceptado para su publicación.

Quedaba claro que los directores de la Conservación de las Malvinas, estaban ahora sacrificando la integridad científica de la organización, por motivos personales y políticos y otros miembros de la organización tenían la misma opinión. Uno de ellos, Mark Nedd, propuso mi nombre para elegirme como director en la Asamblea General Anual en 1997. De acuerdo a la propia constitución de la Conservación de las Malvinas y a la Ley de Benevolencia, una vez que un nombre era propuesto y promovido, ellos tenían la obligación legal de presentarlo ante los miembros para votar en la Asamblea Anual General, de manera que los integrantes pudieran elegir a sus representantes democráticamente. Por supuesto, esto no ocurrió.

El Consejo Directivo de la Conservación de las Malvinas actuó de una manera totalmente ilegal, eligiéndose ellos mismos antes de la Asamblea General Anual y quitándome de la lista de candidatos presentada a la Asamblea General Anual, haciendo parecer como si ningún otro se hubiese postulado para la elección. Esto les negaba a los miembros de la organización su derecho democrático a votar. Varios se quejaron, diciendo que se había hecho para evitar que yo fuera electo Director, un lugar desde el que podría haber vigilado el nivel de investigación científica que se estaba llevando a cabo y todo este tema fue elevado a la Comisión de Benevolencia.

Ésta última investigó y confirmó que la Conservación de las Malvinas había actuado de manera ilegal e inconstitucional. Ellos le informaron a la Conservación de las Malvinas que las designaciones estaban fuera del marco de la ley y eran inválidas, incluyendo la de Lewis Clifton como presidente. Pero como ocurre tan a menudo en las Malvinas, la Conservación ignoró las leyes y no hizo ningún esfuerzo para rectificar el hecho. Como las Islas están tan alejadas y gozan de una legislación independiente, es imposible que organizaciones tales como la Comisión de Benevolencia y la Autoridad de Quejas

Policiales procesen, o hagan cumplir las leyes que ellos establecen. Los miembros que habían sido elegidos ilegalmente para puestos de poder en la Conservación de las Malvinas permanecieron en sus lugares, con el apoyo del Gobierno de las Islas Malvinas.

A pesar de mi falta de éxito con la Conservación de las Malvinas, me fue muy bien en mis intentos de reconstruir mi vida. Me había establecido como investigador independiente con el nombre de Unidad de Investigación Ambiental y luego me ofrecieron el puesto de Operador de Estación de energía, que al ser un empleo público, me dio los derechos de residencia automáticamente.

Yo estaba anotado para conseguir un terreno y construir, desde 1994 y el gran número de lotes que ahora estaban disponibles en el nuevo Desarrollo de Stanley Este, significaba que finalmente me ofrecerían uno. Comencé a diseñar mi casa y presenté los planos de construcción que fueron aprobados por la comisión de planeamiento. Lamentablemente, el terreno en sí no estaba todavía listo para ser entregado, así que aunque tuviera tiempo disponible, en realidad, no podía comenzar con la construcción.

Tampoco me era posible ingresar a la estación de energía inmediatamente, porque necesitaba un examen médico que el hospital no estaba en condiciones de realizar por dos semanas. Finalmente, pasé mi control bien y comencé a trabajar en la estación de energía. Era más trabajo del que había esperado. La mayor parte del tiempo el Operador de la Estación de Energía estaba a disposición para asegurar que todo anduviera sin problemas. A cada hora ellos controlarían los generadores y asentarían lo que leían en los medidores para confirmar que todo se desenvolviera adecuadamente. Como la carga se incrementaba y disminuía durante el transcurso del día, los operadores también cambiaban el número y tamaño de los generadores, para estar acorde a la demanda.

Cada operador trabajaba solo, la mayor parte del tiempo la pasaba sentado en la oficina de control haciendo lo que le correspondía, mientras que controlaba los medidores. Otros operadores leían el diario, escuchaban la radio, practicaban con la guitarra o hasta hacían alguna artesanía. En general, cuanto más ocupada estaba la persona, más alerta permanecía. Estar sentado mirando el reloj no sólo era aburrido, sino que llevaba a la gente a sentirse cansada o aún a quedarse dormida, especialmente durante las guardias nocturnas. Lo mejor era mantenerse ocupado.

Yo todavía conservaba mi computadora portátil, entonces comencé a llevarla al trabajo todos los días. Durante mi tiempo libre, escribía cartas, hacía cuentas y hasta redactaba artículos o manuscritos. Con la Unidad de Investigación Ambiental ahora oficialmente establecida, escribí los resultados de los censos de pingüinos de las Islas Malvinas y de América del Sur y envié los manuscritos para su publicación a la revista Conservación de los Pingüinos y a Orix, un diario científico confiable de la Flora y la Fauna Internacional.

Por una cuestión de cortesía, le notifiqué a la Conservación de las Malvinas que iba a publicar los artículos y, les expliqué que incluiría los resultados del censo de Pingüinos de las Islas Malvinas. Es regla general, que los resultados confidenciales reunidos mientras que uno esté trabajando en una organización, permanecen como propiedad de la misma, hasta que son de dominio público. Los resultados del Censo de Pingüinos de las Islas Malvinas se habían publicado oficialmente, aunque no habían tenido una amplia difusión. Esto me daba el derecho legal a usar los datos para mis publicaciones.

Los artículos que había escrito tendían a difundir los datos del censo de pingüinos de las Malvinas y de América del Sur. Para ese entonces, el Atlas de la Cría de Aves se había puesto en circulación, los artículos que yo iba a publicar demostrarían que los índices de población de pingüinos que el Atlas estaba mostrando, eran el doble de los que la misma Conservación de las Malvinas había contado. No fue sorprendente, cuando mis editores recibieron una carta del Dr. John Croxall, Presidente en el Reino Unido de la Conservación de las Malvinas, tratando de impedir su publicación y amenazando con acciones legales si los datos del Censo de Pingüinos de las Islas Malvinas, se hacían públicos.

Mis editores y yo tuvimos largas discusiones sobre el asunto y al haber tenido asesoramiento legal, estábamos convencidos que la Conservación de las Malvinas no tenía ningún derecho legal para ocultar los datos. Por lo tanto, los manuscritos fueron publicados.

Los datos del propio censo de la Conservación de las Malvinas estaban ahora a disposición para compararlos con los datos presentados en su "Atlas de la Cría de Aves de las Islas Malvinas". El censo mismo de la Conservación de las Malvinas había registrado 297.000 parejas de reproducción de los pingüinos de penacho amarillo, pero el Atlas de la Cría de Aves citaba 550.000. Igualmente, su censo había contado 65.000 parejas de reproducción de los pingüinos papua, mientras que su Atlas de la Cría de Aves, citaba 102.000. Enfrentados a las preguntas del público interesado, la Conservación de las Malvinas se vio forzada a admitir que las cifras del censo publicadas en Orix y la Conservación de los Pingüinos eran correctas, pero no ofrecían ninguna explicación de por qué las cifras eran aproximadamente el doble de las del censo, que se había publicado en el Atlas.

Las cifras correctas hubieran puesto más énfasis en promover mayor protección del medio ambiente, pero para el momento en que los artículos fueron finalmente publicados, la exploración petrolera ya había comenzado. A las pocas semanas de haber llegado el primer equipo petrolífero a las Malvinas, hubo tres derrames en lugares diferentes, produciendo la matanza y contaminación de cientos de pingüinos, cormoranes y otras especies. No me hacía ninguna gracia decir: "Yo se los advertí". En verdad, para mí era una falla personal haber permitido que esto ocurriera. Yo había alertado a mucha gente sobre cuál sería el resultado de poner un director de una compañía de petróleo, a dirigir la única organización de conservación de la fauna de las Malvinas: pingüinos contaminados con petróleo; y ahora esto era una realidad.

Había declarado en muchas ocasiones que la conservación de la fauna se la habían vendido a personas con intereses ulteriores, gente que había arruinado a la Conservación de las Malvinas desde su interior. Ahora sentía que las pruebas estaban a la vista para que todos las vieran, no sólo por lo que había ocurrido, sino por la forma en que la Conservación de las Malvinas ahora corría a buscar el amparo del gobierno y de las compañías petrolíferas, frente a los pingüinos moribundos.

La Conservación de las Malvinas inmediatamente alegó que el petróleo derramado había venido desde afuera de la zona de exclusión de 320 km., liberando al Gobierno de las Islas de toda culpa. Esto lo decían a pesar del hecho que se sabía que los pingüinos y cormoranes rescatados del petróleo, eran capaces de recorrer una travesía de menos de 32 km. de la costa en busca de alimento, resultando así imposible que se hubieran contaminado afuera de las aguas malvinenses. Un avión del Servicio Aéreo del Gobierno de las Malvinas, más tarde detectó la tercera y última mancha de petróleo, confirmando así que había ocurrido bien adentro de las aguas malvinenses, contrariamente a lo que la Conservación de las Malvinas había alegado.

Los derrames de petróleo no se habían producido por la perforadora, sino que lo habían arrojado de las embarcaciones con equipos petrolíferos. Un descuido tan obvio del medio ambiente, era el resultado directo de la negativa del Gobierno a fomentar niveles mínimos de protección y la decisión de la Conservación de las Malvinas de aceptar dinero del gobierno, a cambio de cerrar los ojos al daño ambiental. Como Lewis Clifton había declarado en El Guardián, la Conservación de las Malvinas había reducido, en efecto, el número en el informe de las aves afectadas por el petróleo, gracias al empleo de personal deseoso de mantener la boca cerrada, en vez de hacer algo efectivo para la conservación. El número real de pájaros embebidos en petróleo había subido y ahora hasta el público estaba enfurecido.

Quedó demostrado para la mayoría de la gente, que la Conservación de las Malvinas estaba realizando un gran trabajo para proteger las inversiones privadas en la exploración del petróleo y la pesca comercial, en lugar de proteger la fauna. Habían publicado datos falsos, intentado suprimir informes de disminución en las poblaciones de pingüinos, culpando a cualquiera, menos al gobierno de las Malvinas por los derrames de petróleo y habían designado directores de compañías de petróleo, pesca y embarcaciones para el consejo de síndicos, a través de medios ilegales.

Yo había hecho un excelente trabajo al revelar la corrupción dentro de la Conservación de las Malvinas, pero mi labor había resultado paupérrima al tratar de conseguir gente que avalara la protección ambiental que se necesitaba. El número de pingüinos muertos rescatados de los derrames de petróleo, era un testimonio de mi falla personal al respecto. Además me había hecho de enemigos poderosos y, entonces, comenzó la guerra sucia.

Uno de los miembros, Mike Morrison, me mencionó que los síndicos de la Conservación de las Malvinas habían comenzado a acusarme por haber destruido la base de datos. Cuando le pregunté qué razones tenían para pensar eso, me dijo que no habían logrado que funcionara desde que yo me había ido el pasado junio. Me ofrecí para ir a la oficina y solucionarlo, pronto descubrí el problema.

Lo que había quedado en la computadora como un archivo de base de datos, se había convertido en un archivo de procesador de texto, mezclando todos los datos. La persona responsable no había hecho un resguardo. Los registros de la computadora, mostraban claramente que había ocurrido después de más de un mes, de haber finalizado mi trabajo con la Conservación de las Malvinas. En realidad, yo había estado en Chile para la fecha en que el archivo se había echado a perder, por lo tanto, hasta la Conservación debía admitir que no era mi falta.

Más tarde descubrí que la computadora había sufrido una serie de estallidos debido a que Nicki Buxton le proporcionó un suministro de energía deficiente, razón por la cual llevó tanto tiempo que el problema se dilucidara. Aún así, parecía muy difícil que esto hubiera causado la pérdida de los datos. Era mucho más probable que alguien sin experiencia en bases de datos hubiera abierto el archivo de trabajos de Microsoft en el modo de procesador de texto y, accidentalmente, lo hubiera guardado en ese formato.

Imprimí la información del archivo como para probar que a la base de datos la habían fraguado más de un mes después que yo dejara el trabajo. Les ofrecí tratar de restaurar los datos utilizando el software de recuperación de datos, pero la Conservación de las Malvinas no aceptó mi propuesta. Al haber comprobado que mi sucesor había eliminado los datos un mes después de mi partida, consideré que allí se terminaría el asunto, pero estaba equivocado.

Mi terreno para construir, finalmente estuvo disponible y comencé a cavar los hoyos para los cimientos. Cada pozo tenía medio metro cúbico de volumen y me llevaba alrededor de dos horas cavarlo. Todavía estaba haciendo guardias en la planta de energía, por lo tanto, mi tiempo libre dependía de los turnos que tenía. Podía dedicar de tres a cuatro horas promedio por día, trabajando en la casa.

Con los pozos para los cimientos ya cavados, alquilé encamisados metálicos para moldear los pilotes en los que se asentaría la casa, para llenarlo luego con cemento. Yo no tenía un nivel con láser para medir los pilotes, como usaría cualquier constructor, entonces me las arreglé con una manguera de plástico llena de agua. El agua siempre mantiene el nivel en los extremos de la misma y así logré obtener las medidas correctamente.

Luego compré vigas de 275mm x 50mm y las encabillé de a dos atravesando las hileras de pilotes. Se pusieron viguetas cruzadas a través de las vigas dobles formando la base del piso. Construí las paredes con estructuras de madera de 100mm x 50mm, que las iba montando a medida que avanzaba en esta etapa. Seis semanas después de haber cavado el primer foso, ya había completado la estructura básica de la casa, excepto el techo, y lo había hecho todo solo.

El techo era el mayor desafío. Se iba a hacer de grandes vigas de celosías con forma de "w", que yo diseñé y armé sobre el piso utilizando listones de vigas de 100mm x 50mm. Construí un molde guía para asegurarme que fueran todas idénticas y pasé dos semanas cortando las maderas y armando la estructura del techo. Cuando estuvo terminado, me enfrenté a la tarea de montarlo arriba de las paredes, yo solo.

Cada viga de celosía medía 10 metros y pesaba 40 kilogramos y yo tenía que ponerlas arriba de las paredes que tenían 3 metros de alto. Lo logré colgando las vigas al revés adentro de la casa, sostenidas en cada extremo por las paredes externas, como una gigante letra "V". Por supuesto, era necesario dar vuelta los armazones para formar la estructura del techo, entonces construí un gran palo con forma de T que usé para empujar las vigas y darlas vuelta.

Al principio, tuve que poner un trozo de madera contra el extremo del gablete para sostener la primera viga de celosía, de lo contrario, se hubiera caído el extremo de la construcción cuando la daba vuelta. Una vez que la primera armazón estuvo colocada y clavada en su lugar, pude girar de a una viga por vez, de manera que se apoyaba contra la anterior. Una a una, levantaba cada viga por encima de las paredes y la soltaba para armar la estructura del techo. Estaba increíblemente complacido con mi logro. Me sentía cada vez más realizado cuando la gente comentaba que no podía creer que las hubiera subido yo solo.

Una vez que el esqueleto estuvo armado y asegurado completamente, las paredes y el techo estaban listos para ponerles los paneles de madera terciada de exterior. Esto no era difícil, pero requería mucho vigor por el tamaño de las hojas, que necesitaba levantar, sin ayuda. Día tras día y hoja por hoja, la casa estuvo revestida y para mediados del invierno, finalmente logré cerrar la casa, de manera que pudiera trabajar al abrigo durante el mal tiempo.

Con un empleo seguro y casa propia, volví a presentar mi solicitud para lograr el permiso de residencia permanente, que me habría dado el derecho a permanecer en las Malvinas sin necesidad de tener mi empleo público en la Planta de Energía. También hubiera podido conducir una serie de estudios de sensibilidad costera, que yo consideraba de vital importancia en vista de la exploración petrolífera existente. El Departamento de Planeamiento Ambiental se enteró de los estudios costeros que yo había realizado y, en marzo de 1998, me escribieron para preguntarme si estaría dispuesto a venderles los datos que había reunido.

Les contesté que no necesitaba pago por el trabajo que ya había realizado, pero que estaba buscando financiamiento para completarlo. Les dije que si ellos me ayudaban con los costos para completar el trabajo, yo les permitiría acceder a todos los datos. Me contestaron que mi sugerencia sería presentada a la comisión.

No tuve noticias por unas semanas y luego, el 29 de mayo de 1998, recibí una carta de Pete King, el Oficial Principal de Inmigración del Gobierno de las Islas Malvinas, que decía que mi solicitud de residencia había sido suspendida porque la Conservación de las Malvinas me había acusado de hurto de datos. No podía creerlo e inmediatamente le escribí al Gobierno de las Islas Malvinas para preguntar quién había hecho la acusación y qué se suponía que había robado. No quisieron darme ni el nombre de quien la había hecho, ni la naturaleza de la misma.

Hice unas pocas preguntas y el Primer Mandatario me dijo que la acusación la había hecho verbalmente uno de los miembros ante la reunión del Consejo Directivo. Desde que supe que la acusación provenía de un integrante de la Conservación de las Malvinas, inmediatamente pensé en el Concejal Lewis Clifton. El no sólo era el Director de la Conservación y la persona que me había amenazado con echarme de las Malvinas como una persona no grata, sino que también era miembro del Consejo Directivo del Gobierno de las Islas. Pedí que me confirmaran si era el Concejal Clifton el que me había acusado, pero se negaron a contestarme, diciendo que no era de interés público.

Luego hablé con Magnus George, que era uno de los directores de la Conservación. Me dijo que Lewis Clifton había estado diciendo que se habían robado de la Conservación de las Malvinas, los datos que yo había ofrecido vender al Departamento de Planeamiento Ambiental. Le aseguré a Magnus que no y le pregunté qué Estudios de Sensibilidad Costera había conducido alguna vez la Conservación de las Malvinas. Él no sabía, por lo tanto, le dije que le preguntara al personal, ya que era un hecho que la Conservación de las Malvinas nunca había conducido NINGÚN Estudio de Sensibilidad Costera en NINGÚN momento de su historia. Por lo tanto, era absolutamente imposible que mis datos alguna vez hubieran sido propiedad de la Conservación de las Malvinas. La acusación de hurto era no sólo un disparate, sino que era una mentira deliberada de Clifton para ensuciar mi reputación a través del rumor y la falsa acusación, seguro por la protección que gozaba con su puesto dentro del Consejo Directivo del Gobierno de las Islas Malvinas.

Inmediatamente le escribí a Tom Eggling, el Oficial de Planeamiento Ambiental, para preguntarle cómo la Conservación de las Malvinas podía haber tenido detalles de mi pedido de financiamiento. Él señaló que Jeremy Smith era parte de la comisión que había considerado mi solicitud, pero agregó que dicha información debería haberse mantenido en forma confidencial. Era claro que Jeremy Smith había quebrantado esta confidencialidad y la había pasado a los miembros de la Conservación de las Malvinas, quienes habían creído que dicho proyecto planteaba una amenaza a su posición, por ser la única organización de conservación oficialmente reconocida de las Malvinas.

También le pregunté a Tom Eggling si el Concejal Clifton u algún otro miembro de la Conservación de las Malvinas, me había acusado de robar estos datos. Él me confirmó que justo un día antes que la acusación fuera presentada ante el Consejo Directivo, Clifton le había escrito acusándome de haber robado los datos de Sensibilidad Costera. Le pedí que me lo confirmara por escrito y así lo hizo. Además afirmó, que después de recibir esta acusación, la comisión había revocado mi pedido de financiación.

Ahora que sabía en qué consistía la acusación, yo podía probar que no solamente era mentira, sino que también era un invento malicioso para desacreditarme. El 17 de julio, le pedí a mi abogado que iniciara un juicio por injurias y calumnias contra la Conservación de las Malvinas y el 13 de agosto de 1998, la Conservación de las Malvinas se retractó. Ellos le escribieron al Consejo Directivo y a mí mismo, disculpándose por toda sospecha de hurto o comportamiento deshonesto. Ellos declararon que no tenían ningún motivo de queja relevante en contra de mí.

Le dije a mi abogado que aún deseaba demandar al Concejal Lewis Clifton por haber hecho esas acusaciones. Tenía pruebas escritas que habían suspendido mi residencia por esa razón, que también rechazaron mi solicitud de financiamiento, por una acusación similar, en el Departamento de Planeamiento Ambiental. No había forma de justificar el hecho de haberme acusado de hurto; y yo consideraba que me debía una disculpa personal, como mínimo. Lamentablemente, los abogados locales, me dejaron en claro que no deseaban entablar un juicio por calumnias contra un agente del gobierno como Clifton, que tenía demasiados amigos poderosos.

El 31 de agosto, Pete King me dijo que el Concejo Directivo había reconsiderado mi solicitud de residencia y había extendido el período de suspensión de tres meses a dos años, a pesar de haberse retractado de las acusaciones. Cuando pregunté por qué suspendían mi solicitud, se negó a informarme. Me quedaba bien claro, que el motivo era que yo significaba una espina al costado, en lo referente a la protección del medio ambiente. Estaba convencido que si hubieran tenido razones valederas, las habrían escudriñado y divulgado, como lo habían hecho tres meses antes, cuando pensaron que habían encontrado algo. Al no darme una explicación de su decisión, me estaban negando el derecho a desafiar la legitimidad de la misma, una clara violación a los derechos humanos, bajo la ley de las Malvinas.

Mi abogado le escribió al Gobierno de las Islas, insistiendo en que yo tenía derecho a saber la razón de la suspensión, para que pudiera tener la oportunidad de defenderme. Él señaló que ya se habían negado a dar explicaciones del rechazo de mi solicitud en 1997. El Fiscal de la Corona había reconocido que esto significaba una violación a los derechos humanos de la Ley Internacional y había instruido al Concejo Directivo que no podían rechazar mi solicitud nuevamente, sin establecer las causas. Por lo tanto, en vez de rechazar mi pedido, lo habían suspendido por dos años, con lo que ellos consideraban que anulaba su obligación a dar una razón. A pesar de la insistencia de mis abogados, el Gobierno de las Islas Malvinas siguió negándose.

En septiembre de 1998, volví de otro viaje a Chile, por un trabajo de campo y, ni bien llegué a casa en las Malvinas, inmediatamente sospeché que alguien había estado en mi cuarto. Al principio, parecía como que no habían robado nada, pero cuando revisé más cuidadosamente, descubrí que faltaban tres videos.

Eran películas condicionadas que me había traído de Gran Bretaña, por lo tanto, no quise denunciar la falta a la policía. Los videos no contenían nada que no se pudiera comprar o alquilar en las Malvinas, por lo tanto, no estaba preocupado por darle al asunto un aspecto legal. Aún así, los ladrones no eran muy comunes en las Malvinas y esto hubiera sido una gran noticia. Yo no quería que el diario local llevara titulares como: "Bingham pierde videos pornográficos en un asalto", entonces no denuncié la pérdida.

Una semana más tarde, estaba escribiendo los resultados de mi censo de pingüinos en América del Sur, para un artículo del Scientia Marina y necesitaba algunos informes de investigaciones viejas, que había guardado debajo de mi cama. Cuando saqué algunas cajas para buscarlos, noté algo pequeño envuelto en un trapo que no reconocía. Lo desenvolví y encontré una pistola de 9mm.

En las novelas a menudo había leído la expresión "sudaba frío", pero ahora sé lo que se siente. Es la sensación exacta que sentí mientras me senté y me quedé mirando fijamente la pistola. Una gama de emociones y sentimientos se arremolinaron en mi cabeza, siendo el miedo el más poderoso. Era obvio, que la pistola no la habían puesto bajo mi cama, como un regalo de navidad adelantado. La habían dejado allí por alguna razón, y era exactamente para eso, para que la encontraran, pero no yo.

Cerca encontré dos cartones de balas. Sentí pánico, pero estaba seguro que todo esto debía haber estado allí por lo menos hacía una semana, por lo tanto, tenía que serenarme y actuar con calma. Revisé todo cuidadosamente para ver si habían puesto algo más, pero no encontré nada.

Ahora tenía que decidir qué hacer con el arma. Mi primera reacción fue vaciarla, pero no sabía si sería ilegal. Consideré la posibilidad de llevarla al destacamento de policía, pero no estaba seguro si me creerían. Yo sabía positivamente, desde el momento de la solicitud de residencia, que el gobierno de las Islas Malvinas me quería afuera y esto les daría una oportunidad ideal.

A pesar de las serias reservas que tuve para deshacerme de una prueba tan elocuente, decidí que lo mejor sería arrojar todo al mar. Sin perder más tiempo, me dirigí a Caleta Gipsy y caminé hacia Punta Engineer donde tiré todo.

Al día siguiente, concerté una cita para entrevistarme con el Gobernador Ralph, y expresarle mi preocupación porque mi discusión con la Conservación de las Malvinas y el Gobierno de las Islas, se me estaba yendo de las manos. Se acordó una reunión para el 5 de octubre de 1998 y el Fiscal de la Corona, David Lang, también estuvo presente.

Expliqué los hechos que me habían llevado a la disputa y le dije al Gobernador y al Fiscal que tenía razones para creer que se había lanzado una campaña de calumnias en contra de mí, generada por los miembros de la Conservación de las Malvinas y el Gobierno. Me quejé por la forma en que el Consejo Directivo había usado falsos testimonios, para suspender mi permiso de residencia y le dije que pensaba que las acusaciones habían sido el resultado de motivos financieros y personales de Clifton. Me quejé también, porque a pesar de limpiar mi nombre de las acusaciones que habían provocado la suspensión, el Consejo Directivo seguía en su postura y me negaba el derecho a saber las razones de dicha decisión. Luego declaré que tenía motivos para creer que iban a revisar mi propiedad, para tratar de encontrar evidencias y luego deportarme.

El Gobernador dejó sentado que había oído de mi discusión con el Concejal Clifton. Estuvo de acuerdo que fue un hecho desafortunado, que el Concejal Clifton, después de amenazarme, hubiera formado parte del panel de entrevista que había puesto fin a mi empleo en la Conservación de las Malvinas y del Consejo Directivo, que había suspendido mi solicitud de residencia. Me dijo que él no podía divulgar los motivos de la suspensión de mi pedido de residencia, pero que reconocía mi inocencia ante las acusaciones de Clifton.

El Gobernador me dijo que ya le había indicado al Concejo Directivo que estaba en desacuerdo con el modo en que habían manejado el asunto y, sugirió que si yo volvía a presentar mi solicitud, él les daría instrucciones para tomar una decisión o para develar las razones de su postura. También me aseguró que no toleraría el uso de la fuerza policial u oficiales del gobierno, para perseguir a un individuo y que si resultaba ser verdad mi predicción acerca del allanamiento de mi propiedad, él investigaría el tema más profundamente.

Me fui de la reunión con más confianza. Sentí que el Gobernador y el Fiscal estaban actuando los dos en forma imparcial y que ellos, en verdad, se meterían si otras entidades comenzaban a hacer abuso de su poder, en el intento de acusarme por algún delito. De inmediato hice lo que el Gobernador me había sugerido y presenté una segunda solicitud al Jefe de Inmigraciones, Pete King.

Al día siguiente, tuve una reunión con Magnus George, que representaba a la Conservación de las Malvinas. Sugerimos algunas formas de cooperar, pero además descubrí nuevas acusaciones que el Concejal Clifton había hecho en contra de mí. Esto me hizo considerar nuevamente la situación y comencé a pensar, si el gobernador posiblemente podría estar involucrado. Decidí que en vez de depositar toda mi fe en un hombre, debería tomar más precauciones para cubrirme, en caso que el Gobernador no cumpliera con su promesa. Todavía seguía creyendo que cualquiera que hubiera puesto el arma, iba a proseguir con el allanamiento de mi propiedad y si no encontraban nada, quién sabe qué podrían hacer después.

Escribí a la oficina del diario local, Penguin News, declarando que a pesar de no haber estado nunca preso en toda mi vida, temía que mi propiedad fuera revisada para acusarme y deportarme por falsos cargos. Penguin News no aceptó publicar la historia, entonces fui a verlos personalmente. Conversé con el Editor Asistente, Tony Burnett y le expliqué lo que había ocurrido. Él fue muy comprensivo. Le conté cómo el Concejal Clifton me había amenazado con echarme de las Malvinas como un ciudadano indeseable y fue entonces, cuando la comisión del gobierno, rechazó mi residencia por las falsas acusaciones que el mismo Clifton había hecho. Tony se interesó cada vez más. Estuvo de acuerdo en permitirme publicar una solicitada, pidiéndole a Clifton que explicara sus falsas demandas y cuando Clifton se negó a responder, Tony se dio cuenta que algo turbio estaba ocurriendo en el seno del gobierno y escribió un artículo de fondo muy condenatorio.

Para mayor seguridad, escribí a varios diarios del Reino Unido, explicando la situación en la que estaba inmerso y predije también, que la policía estaba por allanar mi casa buscando pruebas puestas allí a propósito, que yo mismo había descubierto y de las me había desecho.

El 14 de noviembre fui nuevamente a Chile para hacer recuentos de pingüinos en la Isla Magdalena. Volví a las Malvinas el 21 de noviembre y, a menos de una hora de llegar a casa, el allanamiento que había pronosticado, ocurrió.

Oficiales de la Aduana entraron por la fuerza con un documento de allanamiento, emitido bajo la premisa que se había descubierto un video pornográfico en mi correspondencia durante un "control de rutina del correo". Era claro que el video en cuestión era uno de los que habían secuestrado de mi habitación durante el asalto. Quienquiera que lo hubiera tomado, había arreglado para hacer que me lo enviaran desde Gran Bretaña, donde los Oficiales de la Aduana estarían justo esperándolo.

Los Agentes de la Aduana revolvieron mi casa de arriba abajo, pero no encontraron el arma, ni las municiones que esperaban. Sin embargo, confiscaron una espada del siglo XVIII que había pertenecido a mi familia por tres generaciones, con la explicación que era un arma de guerra ofensiva. También confiscaron otros videos que quedaban.

Al día siguiente, tomé un vuelo para la Isla Saunders, a las 8 de la mañana para continuar los recuentos de pingüinos. Me contacté con Tony Burnett por teléfono ni bien llegué, para informarle que mi predicción se había concretado. Sentí que él ahora sabía que estábamos tratando un caso serio de corrupción y, me dijo que iba a lanzar una investigación.

Cuando finalmente terminé mi estudio y volví a Stanley, comencé a enterarme más sobre la forma en que las autoridades habían reunido las excusas que necesitaban, para allanar mi propiedad. El 3 de diciembre me citaron del destacamento de policía para que los Oficiales de la Aduana me preguntaran sobre el video que habían encontrado en el correo. Me lo mostraron y pude confirmar que era uno de los que habían secuestrado de mi habitación en septiembre.

En algún momento, después de haberlo robado de mi casa, lo habían enviado a Gran Bretaña, donde alguien lo remitió por Correo Certificado. Al mismo tiempo, la Aduana había llevado a cabo un procedimiento de "control de rutina" de encomiendas, en el día exacto que el paquete había llegado y lo abrieron porque llevaba una etiqueta de correo certificado pero NO tenía la etiqueta de declaración ante la aduana. El remitente no podía haber dejado al paquete con una evidencia mayor, estaba más claro que si le hubieran escrito con tinta roja "Contenido ilegal".

No estaba en contravención por poseer un video, ya sea en Gran Bretaña o en las Malvinas, pero sí lo estaba al enviarlo por correo. Al sacar el video de mi habitación y mandármelo desde una dirección anónima, ellos habían incurrido en un delito, creando una situación inexistente. Más aún, el peso de la prueba caía sobre mí, al probar que la película la había enviado un tercero. Esto, por supuesto, era imposible de probar sin la ayuda del Gobernador o del Fiscal de la Corona.

Me acerqué a los dos, para pedirles que prestaran testimonio ante la corte considerando la reunión que habíamos tenido el 5 de octubre de 1998. El Gobernador estaba demasiado ocupado para atenderme y el Fiscal, David Lang, me dijo: "Me acuerdo que hemos tenido una conversación Sr. Bingham, pero no recuerdo los detalles de la misma".

Yo estaba furioso. Sabía que David Lang asistía a la iglesia regularmente y le pedí a mi abogado que lo calificara de testigo hostil, de manera que estuviera forzado a pararse ante la corte con su mano sobre la Biblia y repetir la negación de nuestra discusión. Yo también quería que lo sometieran a un detector de mentiras, pero mi abogado me dijo que no podía creer en los Reyes Magos. Me retó por haberme acercado a David Lang y me dijo que olvidara mis teorías de conspiración y me concentrara en mi acusación actual. Estaba todo muy bien, pero esa actitud me dejó sin defensa.

Elena me llamó el 28 de diciembre para levantarme el ánimo, pero me resultaba difícil concentrarme en nuestros planes de casamiento, para el que faltaban sólo dos meses, cuando temía perder mi casa, mi trabajo, mi negocio y todo por lo que había trabajado en las Malvinas durante los últimos cinco años. El hecho de ser deportado, que era el claro objetivo del gobierno, significaba perder el dinero, el tiempo y el esfuerzo que había puesto en mi vivienda y mi negocio. Me dejarían sin nada que ofrecerle a Elena en términos de seguridad y futuro. Yo no podría encontrar un empleo bien remunerado en Chile y si me obligaban a volver a Gran Bretaña, no tendría ni trabajo, ni casa. Las perspectivas laborales eran bastante desalentadoras en Inglaterra, aún sin tener que dar explicaciones de porqué me habían deportado.

Era época de fiestas y yo me sentía muy solo, a miles de kilómetros de mi familia en Gran Bretaña y a cientos de kilómetros de mi novia que estaba en Chile. Cada vez que salía, no podía saber quién era amigo y quién enemigo. Esta sospecha me hacía parecer un poco distante, lo cual era un círculo vicioso, por lo tanto, nunca me presentaba en sociedad, haciéndome sentir aún más solitario.

Los feriados de Navidad los pasé trabajando en la planta de energía y en mi casa. Esto, al menos, me permitió avanzar con los trabajos de construcción y, para los primeros días de Año Nuevo la casa ya estaba revocada y decorada por dentro. Éste era, al menos, un aspecto de mi vida por el que me podía sentir orgulloso. La casa rápidamente se estaba aproximando a la etapa en que estaría lista para vivir y lo había hecho todo solo. Nadie más que yo había celebrado tanto la finalización de esta obra de madera. Lo que más me preocupaba por sobre todas las cosas, sin embargo, era que todo este trabajo no serviría de nada si el Gobierno de las Islas Malvinas se salía con la suya. Lo que no sabía era que esto era sólo el comienzo. La justicia de las Malvinas estaba por hundirse en profundidades nuevas, aún no exploradas.

CAPÍTULO 15

El 20 de enero de 1999, un Oficial de la Aduana me entregó una cédula con fecha 12 de enero para que me presentara ante la Corte, por los cargos de recibir artículos prohibidos por correo. El día anterior a la audiencia en el Tribunal, llamé por teléfono al Fiscal de la Corona nuevamente, para pedirle que presentara la prueba, considerando la conversación que habíamos tenido en la Casa de Gobierno. El no aceptó, y más tarde esa noche, recibí una carta por correo electrónico que decía: "Declárate culpable mañana y tendrás la posibilidad de sobrevivir a esto. –Consejo de Amigo."

Yo ya había decidido declararme culpable ya que no existían posibilidades de probar la forma en me habían enviado el video, ante la negativa del Gobernador y el Fiscal, a prestar testimonio. Un juicio largo y prolongado, discutiendo los viajes por el mundo, de mis videos pornográficos era lo que menos necesitaba. Era mejor aceptar una multa que ser ridiculizado por la prensa. El mensaje por correo electrónico, meramente me sirvió para convencerme que había tomado la decisión correcta.

El 27 de enero de 1999, me presenté ante el Tribunal de delitos menores de Stanley y me declaré culpable por el cargo de recibir artículos prohibidos por correo. El Juez de Paz, Keith Watson, le pidió al Oficial de la Aduana que prestara declaración, de cómo era que ellos habían llegado a seleccionar mi encomienda para inspeccionar y por qué no me habían dado la oportunidad de estar presente durante la inspección. El Oficial de la Aduana contestó que les había llamado la atención que la encomienda había sido enviada por correo certificado sin la Declaración de Aduana correspondiente.

El Juez de Paz dijo que aceptaba que los Oficiales de la Aduana hubieran actuado dentro del marco de la ley, pero agregó que, en su opinión, era una forma muy extraña de conducir la investigación. Dejó en claro que el video en cuestión no era ilegal en sí mismo y que ni siquiera era obsceno. Dijo que como mucho, sólo podría ser considerado indecente y aún así, sólo dentro del nivel más bajo de lo que se describe como indecente. Preguntó si el Fiscal de la Corona estaba de acuerdo con su evaluación de la situación y ellos reconocieron que sí. Por lo tanto, me multaron con £50, la multa mínima permitida por la ley para dicho delito.

Yo estaba satisfecho con el resultado y sabía que había tomado la decisión correcta al declararme culpable. Estaba claro que el Juez de Paz sospechaba la forma en que se habían reunido las pruebas y así lo había declarado. También había dejado registrado que el video no era obsceno y que apenas podía calificarse como indecente. La percepción del Juez en mi caso había quedado indicada por el nivel de multa que me había impuesto; menos de la mitad de lo que se les carga a los conductores que exceden el límite de la velocidad.

Yo sabía muy bien que ciertas personas, dentro del Gobierno de las Islas Malvinas, habían ido demasiado lejos al imputarme serias acusaciones para lograr deportarme. Ellos corrieron un gran riesgo al colocar un arma de fuego en mi habitación y habían logrado nada más que una multa por negligencia, que posiblemente no podría afectar mi residencia. Yo esperaba que después de haberse arriesgado y fracasado, se calmaran. Lamentablemente estaban tan convencidos que su poder los ubicaba por encima de la ley, que comenzaron a recurrir a formas cada vez más audaces para tratar de deportarme.

A sólo tres días de la audiencia en la Corte, recibí un llamado telefónico anónimo.

"Entiendo que usted tiene algunos videos a la venta," dijo el que llamaba. Era la voz de un hombre joven, entre los dieciocho y veinte años. "Yo vi su aviso en Penguin News…De Ámsterdam, ¿no? Usted debe estar bastante nervioso por haberlos perdido."

"¿Quién habla por favor?", pregunté, pensando que era algún gracioso.

"Nadie…" Hubo una pausa. "Supongo que cree que éste es el fin del asunto ¿no?"

"Espero que sí", contesté.

"Bueno, no lo es, es sólo el comienzo…Lo vamos a seguir hasta que nos lo saquemos de encima para siempre."

"¿Por qué están haciendo esto?", pregunté, pero colgó.

Pocas dudas quedaban que la llamada era de alguien que tenía que ver con el problema, así que le pedí a la policía que la rastrearan. Lamentablemente, el sistema telefónico de las Malvinas no contaba con ningún servicio para detectar llamadas pasadas. Sin embargo, me ofrecieron poner un aparato en el teléfono, que la registraría, si volvía a comunicarse.

Estuve de acuerdo y la policía hizo los arreglos necesarios. Todo lo que tenía que hacer era presionar un botón cuando la persona anónima llamaba y las líneas estarían ligadas hasta que se lograba rastrearla. El aparato se llamaba ILM Interceptor de Llamadas Maliciosas. En verdad, no creía que volviera a suceder, pero estaba equivocado.

Sólo tres días después, volvió a llamar.

"No estás recibiendo el mensaje ¿no? Todavía estás causando problemas. ¿Por qué no te vas de las Malvinas ahora, antes de que te echen?" Era la misma voz y yo presioné el botón. Las líneas telefónicas se ligaron y percibí el pánico del otro lado, al darse cuenta que algo inesperado había ocurrido.

Como yo había ligado mi línea con la del que llamaba, tuve que salir a buscar un teléfono público para notificar a la policía que había captado al anónimo. Me dijeron que me volverían a llamar con los resultados del rastreo. Cuarenta minutos más tarde, me dijeron que se había cometido un error durante la investigación y que la identidad del anónimo se había perdido "accidentalmente".

Yo estaba furioso y tenía muchas sospechas. Después de colocarme un arma y usar un video robado para obtener una cédula de allanamiento para encontrarla, sabía que había agentes dentro del sistema de justicia que estaban involucrados y no creí que la identidad del anónimo se hubiera perdido "por accidente". Estaba seguro que la llamada se había rastreado y había dado como resultado a alguna persona que no se podía dar el nombre por razones políticas; alguien cuya identidad sería un bochorno, si lo demandaban por hostigamiento.

Unos días después, me arrestaron nuevamente. Yo estaba trabajando en mi casa cuando dos oficiales de policía se apersonaron y dijeron que me estaban deteniendo por fraude, bajo la Ley de Hurtos. Fui trasladado al destacamento de policía de Stanley y allí me enteré que era por una declaración falsa sobre mis calificaciones, en un formulario de suscripción a un empleo. En la oficina de indagatoria, me mostraron una copia de un formulario de inscripción para un trabajo que, según el oficial que intervenía, Jonathan Butler, dijo que era mía.

El formulario de inscripción que me presentaron como prueba estaba plastificado, con mi firma oculta. Lo único que se podía ver era la parte que describía las calificaciones y, en verdad, era un falso testimonio sobre mis habilidades, pero en ningún momento pensé que era mi verdadero formulario de inscripción. Le dije al oficial de la investigación que consideraba que el documento era falsificado y que no estaba preparado para contestar ninguna pregunta más, hasta que no tuviera la oportunidad de constatarlo. Finalmente me dejaron en libertad y me fui a casa.

El 6 de febrero de 1999, tomé un avión hacia Chile para casarme con Elena. Debería haber sido el día más feliz de mi vida; pero la boda se estropeó por el pensamiento que la policía de las Malvinas estaba ahora involucrada en una persecución perversa para deportarme, utilizando cualquier medio que tuviera a su alcance. Desde ese momento había podido confirmar que el documento presentado estaba fraguado, y me asustaba pensar que la Policía de las Malvinas recurriera a dichas tácticas.

Elena y yo pasamos los primeros días en Punta Arenas. El lunes 8 de febrero, fuimos al Registro Civil de Punta Arenas, donde nos casamos por civil para que nuestro matrimonio fuera legal. Luego tomamos un avión hacia el norte, a Concepción y nos dirigimos en colectivo a la pequeña villa de Los Álamos, donde la verdadera boda iba a tener lugar. Esta era la ciudad natal de Elena y nos quedamos con sus padres, hasta el día de la ceremonia.

Los Álamos es una zona muy rural y era como retroceder en el tiempo. Muy pocas casas tenían teléfonos y todavía se usaban caballos y carros para transportar mercaderías. Elena había vivido cerca de Los Álamos toda su niñez.

Dos días antes de nuestra boda, Elena me llevó a una plantación forestal de las inmediaciones y me explicó que era el lugar donde había crecido desde niña. Alguna vez había sido un pueblo lleno de vida, llamado Pilpilco, con su hospital propio, escuelas, destacamento de policía y todas las cosas que hacen a la vida de una ciudad. La mayoría de la población vivía de la industria minera y su padre también había sido minero. Cuando cerraron las minas, la tierra se vendió para la ingeniería forestal y la gente fue expulsada de sus hogares. Toda la ciudad se había reducido a piedra de cantera por la maquinaria y habían puesto en su lugar una plantación forestal.

Era una sensación pavorosa caminar por las sendas de la ingeniería forestal, mientras Elena señalaba dónde había estado alguna vez la escuela y dónde se había erigido su casa. Encontramos restos de tejas, una cocina vieja y varios artefactos domésticos. Yo estaba atónito de ver cómo una comunidad completa, había sido destrozada tan insensiblemente, para dar paso a las plantaciones de ingeniería forestal. Apenas puedo imaginarme cómo debe haberse sentido ella, inspeccionando los restos de lo que alguna vez había sido su hogar.

Después del éxodo masivo, Elena y su familia se habían mudado a la villa vecina de Los Álamos, donde habían permanecido. Su casa era bastante grande, lo que estaba perfecto, porque Elena tenía once hermanos y hermanas; muchos de ellos habían venido a Los Álamos para el casamiento. Lamentablemente, nadie había hecho los preparativos para la boda a pesar que le habían asegurado a Elena que sí. Faltaban dos días para la ceremonia y no habían encargado la torta, ni contratado al fotógrafo, ni siquiera contábamos con la reserva de la iglesia.

El párroco nos dijo que el domingo que habíamos pedido no era posible, porque tenía que oficiar una ceremonia en otro distrito. No deseábamos cambiar la fecha, porque nuestra boda la habíamos planeado para el día de San Valentín. La familia de Elena nos había asegurado que había reservado fecha en la iglesia y con el sacerdote. Ahora ellos estaban diciendo que no tenía importancia si nos casábamos el sábado. Les aseguré que sí la tenía. Finalmente, logramos encontrar otro sacerdote que podía celebrarla el domingo y pudimos conseguir nuestra torta de bodas y un fotógrafo, con tiempo de sobra.

El día de la boda, a la mañana, Elena se fue a la casa de su hermano para prepararse y yo fui a Lebu a reservar el hotel para nuestra luna de miel. También dejé un regalo de casamiento, una botella de champagne y un enorme ramo de flores sobre la cama, listos para cuando llegáramos después de la ceremonia. No volví a la casa de los padres de Elena hasta media hora antes de la boda y estaban todos nerviosos porque yo iba a llegar tarde. Deberían haberse preocupado más por sus propios preparativos que por los míos. En quince minutos ya tenía puesto mi traje y estaba listo para ir. Sin embargo mi chofer, no estaba.

A las 19, el horario que yo debería haber estado en la iglesia, el hermano de Elena, que era el que me iba a llevar, no estaba preparado. Yo no llegué hasta las 19.20, veinte minutos tarde. Sin embargo, no necesitaba haberme preocupado, porque Elena llegó con cuarenta minutos de retraso. A nadie parecía importarle – esto era Chile.

Elena estaba absolutamente impactante con su vestido de novia de encaje color crema, acompañada por su hermano mayor. La ceremonia se celebró en castellano con el estilo tradicional chileno. Después de la boda, nuestro chofer nos llevó por la ciudad en el auto, que para ese momento lo habían decorado con moños, banderolas, latas y muchas inscripciones. Todos en la villa nos saludaban y nos gritaban mientras nos conducían por la calle principal y las adyacentes.

Finalmente llegamos a la casa del hermano de Elena, donde se había preparado la recepción. Era una casa grande, pero la exagerada cantidad de gente colmó su capacidad. Al fin, a la 1.30 h, después de mucho beber, comer y bailar, nos llevaron a nuestro hotel, en Lebu. Elena estaba asombrada de encontrar un gran ramo de flores, un regalo y una botella de champagne esperando sobre la cama, mientras yo la llevaba en brazos desde la entrada, hasta la habitación.

Destapamos el champagne y Elena abrió su regalo; una bata muy bonita. A pesar de los problemas que me acechaban al regresar a casa, al menos había podido sacarlos de mi mente en esta ocasión tan especial. Nuestra luna de miel pasó demasiado rápido y el fin de semana siguiente, volví a las Malvinas con ella y su hijo de nueve años, para comenzar nuestra vida matrimonial.

Ni bien llegué, tuve la sensación que alguien había estado en mi casa nuevamente. Revisé minuciosamente para ver si habían colocado algo más, pero no pude encontrar nada. Sólo sentía en mi interior que la policía y el gobierno estaban tramando algo más, pero no podía descifrar qué.

Decidí que necesitaba ayuda externa, alguien que pudiera olfatear el escándalo y la corrupción si ocurría algo más. Por lo tanto, escribí a algunos diarios del Reino Unido, explicando que me habían pedido que inventara datos para cubrir los descensos en el número de pingüinos, y me habían amenazado con echarme de mi empleo y la deportación de las Malvinas, si no aceptaba. Les conté que había perdido mi trabajo unas semanas más tarde y, desde entonces, se me habían imputado falsos cargos por importar un video prohibido y me había salvado de casualidad, que me acusaran por portar un arma de fuego y por hacer una declaración falsa en un formulario de suscripción.

En mis cartas dije que no esperaba que los reporteros tomaran mi historia seriamente en esta instancia, pero les pedía que conservaran mi carta en los archivos y que esperaran el desenvolvimiento de los hechos. Expliqué que si yo tenía razón, algo más ocurriría en poco tiempo y entonces ellos sabrían, que tenían una historia que valía la pena. Les dije que a pesar de no haber tenido nunca ningún problema con la policía en toda mi vida, antes de llegar a las Malvinas, sospechaba que me iban a fabricar algo muy pronto.

Dos días más tarde, un llamado de teléfono me despertó a las 4.40 h. Yo estaba seguro que era otro llamado malicioso, pero no. Era mi padre, para darme la tremenda noticia que el marido de mi hermana, se había matado. Mi padre estaba llorando mientras me contaba que Martin iba camino al trabajo a la mañana, cuando su Landrover había patinado y se había incrustado en la parte trasera de un camión que estaba parado en un semáforo, en la cima de una cuesta. Había muerto allí mismo; no se sabía si había sido en el acto.

Yo estaba absolutamente estupefacto por la noticia. No pude sentir pena al principio. Era como si mi mente, que sabía que era verdad, no le hubiera transmitido el mensaje a la parte del cerebro que respondía emocionalmente. Recién a la mañana siguiente comencé a sentir una profunda sensación de pérdida.

Martin había sido un miembro cercano de la familia y muy querido desde que se había casado con Alison. Ellos parecían haber tenido el matrimonio perfecto. Habían hecho todo de a dos, habían seguido la misma carrera de arqueólogos y siempre habían tenido la suerte de encontrar trabajo juntos. Casi nunca habían estado separados en 20 años. Yo sabía que Alison estaría devastada y me sentía completamente inservible al estar tan lejos.

Me resultó difícil concentrarme en mi trabajo, durante muchos días y este estado hubiera continuado por más tiempo si el Gobierno de las Islas Malvinas no hubiera cometido otra parodia legal, cambiando mi pena en ira.

El 3 de marzo yo estaba haciendo el turno de la tarde en la planta de energía, cuando una de las Oficiales de la Aduana, Jenny Smith, fue a mi trabajo para verme. Previamente, le había pedido permiso a mi jefe para arrestarme delante de mis colegas, en vez de hacerlo en la privacidad de mi hogar. Ni bien llegó al lugar, me previno y me dijo que me iban a acusar por otro caso de fraude. Yo pensé que estaría relacionado con el documento por el que la policía me había detenido unas semanas antes, pero no.

Ella me dio una serie de documentos que yo había presentado a la Oficina de Inmigración y Aduana a través de los años, relativo a mis solicitudes de residencia. Me pidió que los revisara cuidadosamente y que le dijera si las declaraciones vertidas eran todas verdaderas. Sentí correr un escalofrío por mi columna, preguntándome si quizá, había cometido algún error en algún lado o alguna declaración que difiriera entre una solicitud y otra. Estudié los documentos cuidadosamente, pero no pude encontrar ninguna discrepancia ni error.

Jenny Smith señaló que yo no había declarado ningún antecedente delictivo en ninguno de los formularios. Yo estuve de acuerdo, preguntándome que podían haber encontrado de malo en eso. Entonces Jenny me dijo, que habían recibido información que yo tenía antecedentes penales por robo, hurto de autos y peleas. Me eché a reír, porque significaba un alivio que fuera otro acto de incompetencia de su parte, en vez de algo serio.

Jenny Smith no le encontró el lado divertido al asunto, y me entregó una lista de fallos por delitos cometidos, dando las fechas y sentencias de la corte con mi nombre arriba. Yo le dije que nunca me habían declarado culpable de ningún delito y le indiqué que no sería difícil probarlo. Un simple llamado telefónico a la corte pertinente, era todo lo que se necesitaba, para confirmar que los fallos no eran míos. Quizá al darse cuenta que algo no concordaba, me dijo que no me detendría aún, pero que debería presentarme en el destacamento de policía cuando terminara mi guardia, para registrar mis huellas digitales. Las mismas serían enviadas a la INTERPOL para probar si los fallos condenatorios eran míos o no.

Me presenté en la policía como me lo habían solicitado y me tomaron las huellas digitales. También le envié una carta por correo electrónico a mi padre contándole lo que había pasado. Le di la lista de las acusaciones que Jenny Smith me había entregado y le pedí que se comunicara con la policía local para pedir ayuda. No le tenía confianza a la policía de las Islas Malvinas en absoluto, después de todo lo que había ocurrido. Era claro que ellos eran parte de una persecución perversa para deportarme y no eran demasiado exigentes con los métodos que estaban utilizando. Al día siguiente, mi padre me envió por fax un formulario que yo debía firmar, para que la policía de Gran Bretaña condujera la investigación.

Dos días más tarde, fui al Correo para retirar mi correspondencia y la gente que me recibió lo hizo con mucha frialdad. Aquellos con los que conversaba comúnmente, no me dirigían la palabra y los que no conocía se me quedaban mirando. Cuando salí, casi me tropecé con una señora mayor que ni siquiera sabía quién era. Ella dio un paso hacia atrás y me escupió.

"No necesitamos gente de su clase aquí," dijo mientras me empujó para pasar. "Regrese a su lugar de origen".

Ya todo el mundo pensaba que era un ladrón convicto, pero ¿cómo? Yo estaba enojado porque Jenny Smith le había pedido permiso a mi jefe para detenerme en mi trabajo, en vez de abordar el asunto en mi casa, y creía que ella debía haber discutido el tema con mis colegas cuando vino a detenerme, pero pronto descubrí la verdad.

Aparentemente, poco después de haber llegado a mi trabajo para advertirme e interrogarme, se había ido a discutir el tema en el café Stanley Arms. Es difícil entender por qué, una Oficial de la Aduana de larga trayectoria, podía irse a un café y notificar al público que yo era un ladrón convicto, a menos que la intención fuera avivar el odio local hacia mí. Desde el momento que los argumentos eran mentira, el Gobierno de las Islas Malvinas nunca hubiera podido usarlos como razón, para deportarme, así que parecía probable que la intención verdadera era que me despreciaran por estas alegaciones falsas. Esa ira también iba dirigida a mi esposa y a mi hijo adoptivo de nueve años, que recién habían llegado de Chile para comenzar una vida nueva en las Islas Malvinas.

El 11 de marzo, me citaron para que compareciera en el destacamento de policía de Stanley, para otro interrogatorio, con mi abogado. Fue una total pérdida de tiempo, porque el Oficial de Inmigración y Aduana que estaba a cargo del caso no se presentó. Sin embargo descubrí de dónde habían sacado la información sobre mis fallos condenatorios la Oficina de Inmigración y Aduana. Provenía de la Policía de las Islas Malvinas. ¡Qué sorpresa!

Aparentemente, la Policía de las Islas Malvinas, al haber hecho un "control de rutina" en mi correspondencia y en todos mis formularios de suscripción antiguos, había decidido hacer un "control de rutina" para ver si yo tenía alguna condena anterior o algún otro secreto que ocultar. Por supuesto, el hecho que la Policía de las Malvinas estaba inspeccionando cada documento que en algún momento yo hubiera escrito y cada acción que hubiera ejecutado, en busca de razones para detenerme, era todo absolutamente rutinario y de ninguna manera, tenía relación con la amenaza de echarme como un indeseable, si no me callaba en lo referente a la baja en número de pingüinos.

Jock Elliott, de la Policía de las Islas Malvinas, declaró que INTERPOL le había enviado un fax con una lista de fallos condenatorios a mi nombre, pero yo no le creí, por lo tanto, le pedí que me diera el nombre de la persona de INTERPOL que le había enviado la lista. Él fue reticente a dármelo y me dijo que si no tenía dichas condenas, no debía preocuparme por nada. Contesté que desde el momento que uno de los Agentes de Inmigración y Aduana, había comentado públicamente que yo era un ladrón con sentencia, tenía todas las razones para preocuparme e iba a comenzar mi propia investigación. Nuevamente le pregunté el nombre y dirección de la persona de INTERPOL que le había enviado la lista de fallos condenatorios y Elliott finalmente se vio forzado a decírmelo. De inmediato, escribí a INTERPOL preguntando si ellos le habían dicho a la Policía de las Malvinas que yo era un ladrón condenado y si era así por qué.

Unos días más tarde, mi padre me envió los resultados de la investigación realizada por la Policía Británica. Ellos confirmaron que yo no tenía ningún tipo de acusación de delito. Mi padre también me envió por fax los registros de la corte, por los fallos nombrados en la hoja que Jenny Smith me había dado. Ésta demostraba claramente que las acusaciones pertenecían a otra persona totalmente diferente. El sujeto tenía el apellido Bingham, pero era un Bingham dos años mayor que yo y con diferente nombre de pila.

Ahora tenía serias sospechas de la validez de toda la investigación. Cualquier indagación de registros penales, invariablemente usaban fecha de nacimiento, de lo contrario, una persona como Jenny Smith, tendría miles de condenas a su nombre. Yo no creía que pudiera haber ocurrido otro error por accidente, todo tan seguido, después de acusarme por el video, el intento de demanda por un arma de fuego y el uso del formulario de inscripción falso.

Fui al Destacamento de Policía y le mostré los documentos de la Policía Británica y las Cortes a Jock Elliott. Él me dijo que todavía no había recibido el informe de mis huellas digitales, por lo tanto, no podía certificar mi inocencia. Lo apuré a que se moviera, porque mi familia y yo estábamos sufriendo demasiado abuso público por parte de la gente, que le habían hecho creer que yo era un delincuente. Le dije que estaría esperando una disculpa pública cuando ellos finalmente confirmaran su "error".

El hijo de Elena, Juan, comenzó el colegio el 31 de marzo de 1999 y las maestras estaban absolutamente maravilladas con él. Comenzó fantásticamente, ayudado por el hecho que él había aprendido bastante inglés antes de venir a las Malvinas. El único problema que Juan enfrentó fue la reyerta por parte de otros niños, que pensaban que yo era un delincuente.

Las criaturas pueden ser muy crueles y tienden a repetir cualquier cosa que escuchan de los padres, en la casa. Juan se sintió constantemente atosigado y acosado con comentarios tales como: "tu papá es un ladrón", "no necesitamos gente de tu clase aquí" y "vuelve a tu lugar de origen". Huelga decir que esto le resultó muy desagradable y Elena me apuró para que resolviera el problema lo antes posible. Ella también comenzó a recibir llamados telefónicos de los que decían ser "amigos", para aconsejarle que se cuidara de mí.

Al salir de la Tienda West unos días más tarde, oí a dos personas conversando, e inmediatamente reconocí una de las voces como el anónimo que me había hablado. Era uno de los Oficiales de Inmigración y Aduana, rápidamente me contacté con el Director de esa entidad y le dije que había identificado a Russell como la persona que realizaba las llamadas telefónicas. Hice una denuncia oficial y me dijeron que se investigaría el caso. También averigüé la situación legal y confirmé que el reconocimiento de voz era tan válido como el de un testigo ocular.

Luego fui al Destacamento de Policía de Stanley, para pedir nuevamente que reconocieran, que los fallos condenatorios no me pertenecían, de manera que mi familia y yo pudiéramos comenzar nuestra vida matrimonial en paz. Señalé que mi esposa y su hijo de 9 años estaban siendo acosados, como resultado directo de su incompetencia, por no llamarla corrupción, pero ellos ni se inmutaron. Me dijeron que todavía no habían recibido ninguna respuesta de INTERPOL y que no podían actuar hasta que no la tuvieran. Yo dejé en claro que pensaba que estaban poniendo obstáculos deliberadamente y usando el acoso hacia mi esposa e hijo adoptivo, como una táctica para obligarme a partir.

Finalmente, el 15 de abril, Jock Elliott me llamó por teléfono para decirme que INTERPOL había confirmado que las condenas pertenecían a una persona totalmente diferente, como yo lo había afirmado todo el tiempo. Le dije que lo quería asentado por escrito y que exigía una disculpa oficial. Él contestó que no podía ratificarlo por escrito desde el momento que INTERPOL había confirmado mi inocencia por teléfono. Señalé que si no lo informaban por escrito y lo publicaban, la gente continuaría creyendo que yo era un delincuente y seguiría acosando a mi familia. Le recordé que estaban hostigando a un niño de 9 años como resultado de sus acciones, pero me contestó que ese no era su problema.

Él me dijo que me dirigiera al Agente de la Aduana, que había sido responsable de hacerlo público. Obviamente, la Oficina de Inmigración culpó a la Policía de las Islas Malvinas por enviar información falsa, diciendo que ellos habían actuado de buena fe con la información que la Policía les había entregado. La Policía de las Islas Malvinas culpó a la Oficina de Inmigración y ésta última culpó a la primera. Ninguno de los dos estaban preparados para asumir la responsabilidad de notificar al público que yo no era un ladrón, motivo por el cual mi esposa e hijo continuaron sufriendo el hostigamiento.

Exactamente siete días más tarde, un Oficial de la Policía se apersonó en mi casa y me entregó una cédula para que me presentara ante la Corte por el cargo anterior; mentir en un formulario de suscripción a un trabajo. Yo había considerado que después de probar, que el documento presentado como prueba en mi interrogatorio era fabricado, las acusaciones se habían retirado, pero no fue así. Ellos ahora estaban tratando de revitalizar el caso, haciéndole decir a la Conservación de las Malvinas que yo había mentido en mis calificaciones para su formulario de inscripción. Huelga decir, después de todo lo que había ocurrido, la Conservación de las Malvinas estaba demasiado deseosa de ser útil.

La Conservación estuvo de acuerdo en proveer dos testigos, mis dos antiguos enemigos, John Croxall y Julian Fitter, que eran gustosos de perjurarse diciendo que yo había mentido en mis aptitudes durante la entrevista, hacía seis años. Presumiblemente ellos pensaron que sería mi palabra contra la de ellos, ganando por mayoría con respecto al número. Afortunadamente yo tenía algo de lo que ellos carecían, –pruebas concretas.

La acusación de la Conservación de las Malvinas consistía en que, durante mi entrevista, en junio de 1993, yo había declarado haber terminado mi curso de graduación a distancia en la Universidad, cuando en verdad, no completé mis exámenes finales, hasta después de unas pocas semanas. Ellos asumieron claramente que lo que ocurrió durante la entrevista seis años antes, habría sido mi palabra contra la de ellos, pero se habían olvidado de un hecho vital. La Conservación de las Malvinas, en realidad, había pedido transporte para mí, para que yo rindiera mis exámenes finales en el Centro de Educación Militar, dos semanas después de haber comenzado a trabajar con ellos. Carol (Hay) Miller, la Secretaria de la Conservación de las Malvinas, me había escrito una carta en septiembre de 1993, un mes antes de comenzar mi empleo, para confirmar que el transporte para trasladarme sería provisto por la Conservación de las Malvinas, después de haber comenzado el trabajo.

La señora Miller, junto con Croxall y Fitter, deben haber olvidado la existencia de esta carta, porque ella le dio a la Policía de las Islas Malvinas una declaración jurada, dejando sentado que no tenía conocimiento que hubiera rendido ningún examen y que yo le había hecho creer erróneamente, que había finalizado mi curso de graduación. Al poco tiempo que Croxall, Fitter y Miller entregaron sus declaraciones juradas a la Policía de las Islas Malvinas, esta última encontró, por casualidad, la carta de Miller entre los archivos de la Conservación de las Malvinas, lo que probó que la Conservación sabía desde el primer momento que yo no había completado mi curso de graduación cuando me entrevistaron.

Quedaba claro que Croxall, Fitter y Miller ya no podían ir a la Corte y declarar bajo juramento que yo había dicho que tenía un título, cuando una carta escrita por ellos mismos probaba, que sabían muy bien que yo no había completado mi curso, al momento de tomar posesión del cargo. El juicio en mi contra efectivamente fracasó, excepto por un detalle menor. En vez de hacérmelo saber, ya sea a mí o a mi abogado, la Policía de las Islas Malvinas negó la existencia de esta carta y hasta lo dejó sentado por escrito. La mantuvieron escondida en sus archivos durante cuatro años, hasta que en una Audiencia de la Suprema Corte, por la corrupción del gobierno, en octubre de 2003, finalmente los obligaron a entregarla.

Al no saber que esta carta había salido a la luz, fui a ver a mi abogado y redacté una lista de pruebas documentadas, solicitada por la Justicia de la Conservación de las Malvinas y el Gobierno de las Islas. Esta lista incluía correspondencia entre la Conservación de las Malvinas, la Universidad a Distancia y el Centro de Educación Militar, en la que se discutía la transferencia de mis exámenes finales a las Malvinas. Yo sabía que esa correspondencia probaría mi inocencia, y probaría también que la Conservación de las Malvinas había dado falso testimonio a la policía.

Sin ser conscientes que su caso no había salido de acuerdo a lo planeado, el Fiscal de la Corona anunció a la prensa que me habían imputado por fraude bajo la Ley de Hurto. Una vez más sufrí el ridículo y lo que es peor, Juan y Elena estuvieron sujetos a un nivel de hostigamiento cada vez más intolerable. Cualquier posibilidad de disculpa en público, de parte de la policía por las acusaciones de ladrón, debían esperar hasta la audiencia en la Corte, para la que todavía faltaba varias semanas. Demasiado tiempo para que esperaran Juan y Elena. Mi única tranquilidad, era que yo sabía que tendría mi oportunidad ante la Corte y que la gente de la Conservación de las Malvinas y el Gobierno de las Islas Malvinas estaría forzada a declarar que había incurrido en perjurio, lo que supone una sentencia de prisión obligatoria.

Tras haber publicado los cargos, el Fiscal de la Corona descubrió la existencia de la carta, que probó mi inocencia. Para ese entonces, La Policía de las Islas Malvinas ya había presentado tres demandas por separado, en contra de mí, usando documentación fraudulenta y falso testimonio. Ellos me habían detenido por un documento que la misma Policía había impreso en la computadora del Destacamento. Luego me habían arrestado y dicho a la sociedad que yo era un ladrón convicto, basados en información falsa suministrada por la Policía de las Islas Malvinas. Ahora ellos me acusaban de fraude, por un falso testimonio dado por importantes miembros de la Conservación de las Malvinas. Cualquier investigación legítima, forzosamente, lo consideraría corrupción.

Mi padre estaba aterrorizado por mi integridad física. Me pedía que me fuera inmediatamente de las Malvinas, señalando que no era extraño que gente que pudiera probar un alto nivel de corrupción, apareciera muerta. Yo pensaba que esto era poco probable, pero compartía su preocupación, porque las autoridades apelarían a tácticas cada vez más deshonestas, para evitar que los condenaran por lo que habían hecho. Por lo tanto, escribí a Amnistía Internacional, detallando toda la historia desde el principio hasta el final, y expresando mis temores. Ellos dijeron que no podían hacerse cargo del caso, porque sólo trataban aquellos en que había violencia física y asesinatos, pero sí me pusieron en contacto con una organización más especializada llamada Índice de Censura.

El Índice de Censura comenzó a investigar la forma en que la policía y el gobierno me habían estado tratando. El 7 de junio de 1999, recibí una carta del Fiscal de la Corona, diciendo que el juicio en mi contra se iba a retirar, porque no era de interés general gastar fondos públicos para seguir con un caso, en un momento en que el gobierno estaba atravesando dificultades financieras. Yo estaba absolutamente furioso. De inmediato me contacté con mi abogado para ver si había alguna manera de insistir para que el juicio prosiguiera. Me dijo que no.

Era obvio que la decisión de detener el juicio no tenía nada que ver con asuntos económicos. Poco antes de la decisión de David Lang de retirar el caso por razones financieras, él me había advertido por escrito que si yo lo perdía, tendría que pagar todas las costas del gobierno. Esto incluía los gastos por enviar a John Croxall y Julian Fitter desde el Reino Unido, incluyendo los pasajes en avión, hoteles y pérdida de ganancias.

De haber sido así, me hubiera ido a bancarrota, pero yo sabía que no lo perdería. Si Lang realmente retiraba los cargos por razones financieras, sólo podía ser porque sabía positivamente que lo perdería, ya que esa era la única forma que el gobierno tendría que cargar con todas las costas.

Para ese entonces, yo ya podía probar que el formulario de suscripción al primer trabajo por el que me habían detenido, se había impreso en la computadora del Destacamento de Policía de Stanley. Ellos habían usado un documento falaz en lugar del original, que no contenía declaraciones falsas. También podía probar que las autoridades habían usado condenas, que pertenecían a una persona totalmente diferente, en un intento de deportarme de las Malvinas. Finalmente, podía demostrar que Carol Miller, John Croxall y Julian Fitter de la Conservación de las Malvinas, habían dado falso testimonio ante la policía, declarando que yo les había hecho creer que había completado mi curso de graduación, cuando la misma Carol Miller me había escrito para ofrecerme un medio de transporte a fin de que pudiera rendir mis exámenes, después de haber comenzado mi trabajo. De haber seguido adelante el juicio, estos testigos y los oficiales de policía involucrados, hubieran estado obligados a admitir sus errores, o correr el riesgo de afrontar las costas por perjurio. Quizá los gastos legales por procesar a estas personas por perjurio era la consideración financiera a la que el Fiscal de la Corona, David Lang, se refería.

Sólo después de dos días que el juicio en mi contra fuera retirado, recibí una carta de INTERPOL confirmando por escrito que los fallos condenatorios pertenecían a otra persona. La carta dejaba sentado, también, que INTERPOL había informado a la Policía de las Islas Malvinas, desde un principio, que estas condenas pertenecían a una persona con diferente fecha de nacimiento. En efecto, ellos habían notificado a la Policía de este hecho SEMANAS ANTES que Jenny Smith viniera a detenerme.

En una carta con fecha del 30 de julio de 1999, el Jefe de INTERPOL del Reino Unido, David Wolstenholme escribió: "Estoy satisfecho porque en una conversación telefónica del 8 de enero, mi oficina informó a la Policía de las Islas Malvinas que la identificación que habíamos encontrado, no coincidía y les señaló que habíamos encontrado una fecha de nacimiento diferente."

Yo estaba furioso y realmente enceguecido. Ahora tenía la prueba que la Policía de las Islas Malvinas le había informado a la Oficina de la Aduana que yo tenía condenas por robo y otros delitos, cuando INTERPOL ya les había informado que no era así. Estaba decidido a demandar a los agentes involucrados. Fui a ver al Jefe de Policía y pedí copias de las cintas grabadas de mis interrogatorios policiales, que documentaban sus acusaciones y demandas falaces. También pedí una copia del formulario de suscripción falso que habían presentado como evidencia, durante mi interrogatorio.

Entonces me entregaron los documentos sin ningún cuestionamiento, y el Jefe de Policía finalmente admitió que mi formulario de suscripción original lo habían cambiado por otro, pero acusaba que se debía a un error administrativo. Dijo que Ken Greenland había volcado la información de mi formulario de suscripción original a la computadora. Por accidente, los datos inherentes a mis calificaciones los habían asentado incorrectamente, haciendo parecer como si yo hubiera mentido a ese respecto. Mi formulario de suscripción original, entonces, lo había traspapelado la policía, así que habían impreso una copia de su computadora, haciéndolo pasar por original, y me detuvieron por los cambios que ellos mismos habían hecho, sin notar que su "copia" era diferente al original. Todo esto era sólo un error administrativo. Era todo una mera coincidencia que hubiese ocurrido al mismo tiempo que me estaban acusando de tener sentencias que pertenecían a otra persona, demandándome por fraude, por falso testimonio en la Conservación de Malvinas, y negando la existencia de pruebas que estaban en sus propios archivos, que podían probar mi inocencia.

Yo no creí en ningún momento semejante explicación tan ridícula y pedí una investigación independiente, para determinar si esta colección de incidentes era por incompetencia o corrupción. El Jefe de Policía se negó a dirigir dicha investigación. Por lo tanto, escribí a la Autoridad de Reclamos Policiales, describiendo toda la serie de hechos e incluyendo copias de documentos que oficiaban de prueba. También presenté reclamos similares al Gobernador, a la Oficina de Inmigración y Aduana, a los diarios del Reino Unido, a los Miembros del Parlamento de mi distrito electoral de origen y al Índice de Censura. También le pregunté al Director de Inmigración y Aduana por qué yo no había tenido noticias de mis quejas en contra de su agente, por hacer llamados telefónicos anónimos.

Dos días después de haber enviado estas cartas, me estrellé con mi Landrover en el Camino del Aeropuerto, porque alguien había sacado las tuercas de las ruedas delanteras, mientras estaba estacionado afuera del Aeropuerto de Stanley. Afortunadamente no había desarrollado demasiada velocidad en ese momento y sentí la rueda bambolearse antes de que se saliera, por lo tanto, el accidente no fue nada serio. Cuatro días después, mi auto fue saboteado en la puerta de mi trabajo, cuando alguien le cortó el cable del embrague. Dos semanas más tarde, alguien arrancó la instalación del tablero de instrumentos y después de eso, a los quince días, habían llenado hasta el tope el bloque del motor con nafta a través de la tapa del aceite. Afortunadamente, el exceso de nafta se había desbordado por el tubo contenedor de la varilla de medición de aceite, provocando una enorme mancha de nafta debajo del auto, lo que me puso sobre aviso que había un problema, antes de hacer arrancar el motor. De haberlo encendido, sin que me diera cuenta, la nafta se hubiera disipado por encima del motor y se hubiera inflamado por el sistema de arranque, provocando una bola de fuego. Esto no solamente puso en riesgo mi vida, sino también la de mi esposa y la de su hijo de 9 años, que viajaban en el auto. Así quedó demostrado el tipo de gente con la que estaba tratando.

A pesar de estas advertencias obvias, yo estaba decidido a seguir presionando con mi reclamo de justicia. Estaba indignado por la forma en que los miembros del gobierno y el sistema de justicia habían cometido actos de corrupción, falsificación y perjurio en un intento de perseguir sus intereses políticos y personales. Yo quería que los responsables fueran desenmascarados, sufrieran la deshonra, fueran despedidos y procesados.

También sentía, que una buena historia era la única manera de demostrarle al público que yo era inocente, de todas las demandas y rumores que se habían entablado en mi contra, los últimos meses. El diario local y la estación de radio habían hecho un pequeño anuncio declarando que mis huellas digitales se iban a destruir y que la policía se había equivocado con los fallos condenatorios, que correspondían a otra persona y no a mí. Pero la policía no se había disculpado y, para ese entonces, la mezcla de cargos, acusaciones y rumores, dejaba a la persona común de la calle, totalmente confundida. La mayoría de la gente pensaba que después de haber estado detenido tantas veces, seguramente era culpable de algo; aún si la saga se hubiera vuelto tan complicada, que resultaba difícil descifrar de qué se suponía que era culpable.

En un país grande no hubiera importado demasiado, pero en una población tan pequeña, sí. Esto se veía reflejado en el hostigamiento que mi esposa y mi hijo adoptivo todavía estaban recibiendo. A Juan, en particular, le estaba resultando cada vez más difícil lidiar con este asedio.

Por supuesto, mis pedidos para realizar una investigación, cayeron en oídos sordos. El Gobernador y el Jefe de Inmigración y Aduana ignoraron mi correspondencia, aún cuando envié mis quejas por carta certificada. La Autoridad de Reclamos Policiales me contestó y dijo que la Policía de las Islas Malvinas no estaba bajo la jurisdicción británica;que la Policía de las Islas Malvinas no rendía cuentas a nadie, excepto al Jefe de Policía y al Gobernador, ninguno de los cuales iban a actuar por temor a la propia incriminación.

Afortunadamente,elÍndicedeCensurayunMiembro del Parlamento, Dafydd Wigley se interesaron un poco más. El Índice de Censura terminó su investigación y escribió un extenso artículo en su diario de septiembre, mientras que Dafydd Wigley sacó a relucir el tema con el Secretario de Asuntos Exteriores, Robin Cook.

Aunque el periódico del Índice de Censura tenía una tirada bastante limitada, muchos de sus lectores eran periodistas en busca de noticias, por lo tanto, no pasó demasiado tiempo para que los diarios británicos se interesaran en la historia. The Guardian, Observer, Sunday Times y el Daily Post, todos ellos prepararon una investigación y era solamente una cuestión de tiempo para que todo este sórdido asunto apareciera en los titulares.

Yo estaba satisfecho porque la corrupción y la persecución que había sufrido, al no aceptar el encubrimiento del descenso del número de pingüinos iban a ser expuestas, pero también estaba preocupado por la reacción. Una cosa era la protesta local, pero otra, muy diferente, era ensuciar al Gobierno de las Islas Malvinas y la Fuerza de Policía de las Islas Malvinas ante los diarios británicos, acusándolos de corruptos. Yo tenía miedo de sufrir una represalia seria, posiblemente hasta de la misma gente, que se oponía a que se pusiera por el suelo la reputación de las Islas.

Juan ya no aguantaba más el asedio y quería volverse a su país. Yo lo había persuadido durante semanas para que diera un poquito más de tiempo, pero con el pronóstico de que las cosas iban a empeorar y, con un poco de sensatez, no pude seguir sosteniendo mi argumento. Elena y yo nos pusimos de acuerdo en dejarlo volver a Chile hasta que se calmaran los ánimos y, el 9 de octubre de 1999, lo acompañé a Juan a Los Álamos y lo dejé con sus abuelos.

Sin saberlo, las numerosas acusaciones realizadas por la policía desde que mi esposa había llegado a las Malvinas, también interfirieron con un costo muy alto para nuestro matrimonio. Creyendo que no las enmendarían, Elena había comenzado una relación con otro hombre, quien consideraba que sería mejor marido y padre para su hijo que este "delincuente" con el que se había casado, que no dejaba de ser inculpado de un delito tras otro.

La prensa británica realmente actuó rápida y eficientemente, con titulares tales como "Detenido, incriminado injustamente, acusado y amenazado – Investigador lucha en una guerra de un solo hombre, en las Malvinas". La historia apareció primero en The Sunday Times y The Observer, el domingo 10 de octubre de 1999. Le siguieron dos artículos en The Guardian y otros en The Daily Post, The Mail on Sunday, Private Eye y la revista Birdwatch.

Los artículos variaban en tamaño, desde una página entera, a simples columnas, exponiendo la corrupción y persecución por parte de las autoridades de las Malvinas, en gran detalle. En particular, ellos narraban cómo me habían pedido que falseara datos de investigación, para cubrir los descensos en las poblaciones de pingüinos, cómo me habían amenazado con echarme y finalmente fui despedido de mi puesto de Oficial de Conservación por la sencilla razón que "yo había llamado demasiado la atención por las aves contaminadas con petróleo." Contaron que habían puesto armas de fuego en mi habitación para acusarme injustamente, que fabricaron pruebas con documentos en el destacamento de policía, utilizado fallos condenatorios que pertenecían a otra persona, para intentar deportarme y, finalmente, el Gobernador y los departamentos de justicia locales, se habían negado a conducir una investigación.

Los informantes de las noticias no se abstuvieron de utilizar toda la fuerza que tenían a su disposición, ni perdonaron a nadie. El Gobierno de las Islas Malvinas, la Conservación de las Malvinas y la Fuerza de Policía de las Islas Malvinas fueron todos humillados y expuestos, por los instrumentos sucios que habían utilizado en mi contra. Con tan mala prensa, el Ministerio de Estado y Asuntos Exteriores Británico, no tuvo otra alternativa que actuar.

Lo que era sorprendente, sin embargo, era la falta de respuesta por parte del diario local de las Malvinas, Penguin News. Generalmente informaba sobre cualquier artículo de periódicos británicos que hicieran referencia a las Islas Malvinas y, en esta ocasión, con las autoridades de las Malvinas, el sistema de justicia y la organización de conservación, todos expuestos como conspiradores asociados en una corrupción a gran escala, no había mención alguna. Este evento mayor, jamás fue informado por el diario local. Para la oficina de la gaceta de las Malvinas era como si el hecho nunca hubiera ocurrido.

No obstante, el diario de las Malvinas también estaba financiado por el gobierno y, desde ese punto de vista, quizá no debía sorprender que la historia fuera acallada; precisamente como la Conservación de las Malvinas, el gobierno financiaba a dicha entidad, había silenciado la noticia de los pingüinos que se estaban muriendo de hambre, los derrames de petróleo y la pesca indiscriminada. Aunque, en realidad, no cambiaba demasiado las cosas, porque mucha gente malvinense leía diarios británicos y semejante historia no podía seguir oculta. Sin embargo, para mi sorpresa, la hostilidad a la que me había anticipado nunca se materializó. Muy por el contrario, la mayoría de la gente estaba horrorizada por lo que me habían hecho y me apoyaron mucho en esta situación tan desafortunada.

En menos de una semana que la historia estuvo en los titulares de los diarios, el Ministerio del Estado y Asuntos Exteriores Británico envió un Interventor de Justicia en lo Criminal y Policial a las Islas Malvinas, para llevar a cabo una investigación en la Policía de las Islas Malvinas. También me escribió el Gobernador, pidiéndome disculpas por no haber hecho caso a mis cartas anteriores y que concretáramos una cita para solucionar el problema.

El Interventor de Justicia en lo Criminal y Policial llegó a las islas el 19 de octubre de 1999 por la tarde y, a las 8 de la mañana del día siguiente, el Jefe de Policía de las Islas Malvinas me llamó por teléfono para disculparse oficialmente por lo que me habían hecho; sin dudas con el Interventor a su lado. Él reconoció que sus agentes habían cometido un número de errores, pero siguió insistiendo que eran administrativos, más que un intento deliberado de acusarme injustamente. Sin embargo, estuvo de acuerdo en disculparse por escrito.

El Interventor de Justicia en lo Criminal y Policial completó su inspección y redactó un informe puntualizando una serie de disposiciones para evitar que un incidente similar volviera a ocurrir. Este informe

1) Establecía que existía la necesidad de fortalecer la responsabilidad policial a través de un proceso democrático.

2) Resaltaba la falta de cuidado civil en el procedimiento de quejas.

3) Declaraba que los reclamos contra la policía debían ser independientes y el público tenía que tener acceso a los mismos, para que fueran abiertos y transparentes.

4) Recomendaba que el Gobernador estableciera una entidad para custodiar la investigación de demandas en contra de la policía.

5) Señalaba que no era un buena práctica que la policía actuara también como demandante, y sugirió que los roles se emprendieran en forma independiente.

Lamentablemente, ni el Gobierno de las Islas Malvinas, ni la Policía nunca adoptaron estas recomendaciones. Sin embargo, el Oficial de Conservación de la Conservación de las Malvinas, Jeremy Smith, renunció y se fue de las Islas y, el 27 de octubre de 1999, el caso fue presentado ante el Parlamento y el diputado John Battle, hizo una declaración en nombre del Gobierno de las Islas Malvinas. Dijo lo siguiente:

"El Señor Bingham está en todo su derecho de quejarse, porque la Policía de las Islas Malvinas utilizó información incorrecta respecto a sentencias condenatorias anteriores. Eso fue decididamente un error. Lamento cualquier dificultad ocasionada al Señor Bingham". Agregó que "La Conservación de las Malvinas ha retirado incondicionalmente toda acusación que pudiera haber hecho."

CAPÍTULO 16

Los Estudios Paramount de Hollywood se enteraron de la historia a través de los diarios británicos y me llamaron por teléfono para preguntarme si podían hacer un documental sobre mi trabajo. Yo estuve de acuerdo, y su grupo de filmación llegó a las Malvinas el 6 de noviembre de 1999. Al día siguiente, tomamos un avión hacia la Isla Saunders, que era uno de mis lugares habituales para conducir trabajos de investigación sobre pingüinos y albatros.

El programa era una serie documental sobre los conservacionistas de la fauna y la idea era que la cámara me siguiera por la isla durante todo el día, filmando lo que iba haciendo. Tenía más la cámara sobre mí, que la naturaleza que me rodeaba y me pidieron que fuera haciendo comentarios mientras trabajaba.

El día comenzó filmándome cuando llenaba mi termo, una secuencia que ellos querían tomar desde afuera de la casa a través de la ventana de la cocina. Fue una buena idea que no pusiera café en el termo durante la toma, porque tuvimos que hacerla siete veces.

La imagen siguiente que querían tomar era cuando yo salía de la casa con mi mochila. El camarógrafo quería filmarla de frente, lo que significaba que él debía caminar hacia atrás mientras filmaba. Hubo varios intentos entre la cocina y la puerta de calle y, en dos oportunidades, se cayó tratando de retroceder. Después de seis pruebas en casi media hora, finalmente consiguieron la escena de cinco segundos que deseaban y emprendimos la marcha. "¡Había que filmar todo lo que sucediera!".

El viaje de travesía desde el pueblo hasta la colonia de aves marinas fue la siguiente escena a filmar. Normalmente yo hacía el trabajo solo y usaba mi moto, pero con el equipo de filmación detrás de mí tuve que usar un vehículo 4x4. La hija del dueño de las tierras, Louise Pole-Evans, de 13 años, nos condujo en su Landrover. A mitad de camino hacia la colonia, el director de filmación nos paró para tomar el vehículo mientras íbamos por la huella. Por supuesto, él eligió el tramo del viaje más escarpado para conseguir esa escena especial; una parte donde era imposible volver a girar el vehículo para las nuevas tomas. Cada vez que se necesitaba repetir, implicaba retroceder unos 500 metros de rocas y pozos embarrados.

El director de filmación, Rick Ringback, me pidió si yo podía manejar el vehículo en este tramo en vez de Louise, porque quedaría mejor para el programa si yo conducía. Ese no era el problema. Yo había manejado el Landrover en esta huella. Sin embargo, me sentí muy incómodo cuando Rick le pidió a Louise si podía agacharse debajo de la consola, para que no se viera. Por suerte, Louise lo tomó bien y el día de filmación en la colonia fue muy bueno.

Al día siguiente, el dueño de la finca, David Pole-Evans, nos llevó a las colonias de pingüinos en The Neck (El Cuello) en un bote inflado. Cuando salíamos, Rick le pidió a David que dejara al camarógrafo en la playa para poder conseguir una toma de cuando pasábamos rápido con el bote. Como era usual, una sola grabación no fue suficiente y estábamos sujetos al ya bien conocido: "Bien, estuvo fantástico, pero quizá podríamos probar una vez más".

Cuando finalmente llegamos al lugar, David llevó la embarcación lo más cerca que pudo de la playa arenosa, pero aún estábamos a unos pocos metros de la tierra seca; entonces nos cargó sobre sus espaldas, uno por uno, desde el bote hasta la costa. Luego regresó a su casa para continuar con las tareas de la granja y pasamos el día entre las colonias de pingüinos filmando mi trabajo. David nos pasó a buscar a las 19.30 y, una vez más, nos cargó uno por uno desde la playa hasta el bote. Encendió el motor y partimos hacia casa.

"Oh, me olvidé las películas", anunció el camarógrafo a mitad de camino. Cuando le preguntamos dónde las había dejado, señaló la cima de la montaña de la que recién habíamos descendido. Después de mucha discusión, se acordó que no había otra opción que regresar y David cargó al camarógrafo desde el bote hasta la playa, por tercera vez. Él se quedó parado con el oleaje hasta la cintura, sosteniendo el bote, mientras el camarógrafo fue corriendo hasta la montaña para rescatar las películas. Finalmente, volvió con las filmaciones y lo llevó en andas hacia el bote, por cuarta vez. Su paciencia estaba más allá del límite de lo normal. Nunca le hizo un gesto de impaciencia al camarógrafo por la demora, mucho más de lo que se podía esperar de nosotros mismos.

Pasamos tres días filmando mi estudio sobre los pingüinos y el cuarto, nos dedicamos a investigaciones de albatros. Parte de este trabajo incluía la identificación a las aves mayores con anillos, para evaluar la mortalidad adulta, pero el Gobierno de las Islas Malvinas me había impedido continuar con esta labor, por la sanción de una nueva ley.

El anillado de aves, es un trabajo que requiere habilidad y sólo debía realizarlo alguien con experiencia y entrenamiento. Yo había sacado un permiso para anillar en la Asociación Británica de Ornitología hacía muchos años, y esto me había permitido identificar aves en las Islas Malvinas desde 1993. En realidad, era la única persona que vivía en las Malvinas que poseía dicho permiso.

En 1999, el Gobierno de las Islas decidió cambiar la ley y redactaron una nueva legislación, que les otorgaba la responsabilidad de emitir licencias para anillar aves. Esta innovación afectaba a una sola persona, a mí. Como consecuencia, desde el 1 de noviembre de 1999, necesitaba un permiso del Oficial de Planeamiento Ambiental para proseguir con mi trabajo, y yo me presenté para obtenerlo, desde el momento que fue anunciado. Me dijeron que a pesar de ser ilegal el hecho de seguir adelante con mi trabajo, sin la debida licencia, el Oficial de Planeamiento Ambiental aún no estaba preparado para emitirlas.

Dejé en claro que yo lo necesitaba a principios de noviembre, para tener un asistente que viniera desde Chile y me ayudara con el trabajo. No podía afrontar el importante gasto que representaba traer a una persona desde Chile, a menos que supiera que el trabajo podía continuar. Ya sea por incompetencia o por otro intento deliberado de frenar mi trabajo, la licencia no se emitió para la época que mi asistente debía partir y hubo que cancelar el programa de investigación. Luego, sólo tres horas antes que yo partiera para la Isla Saunders, cuando ya era imposible que me acompañara nadie, ¡el Oficial de Planeamiento Ambiental me llamó por teléfono para informarme que podía proceder!

En realidad, ya era el segundo año que este proyecto había sido saboteado. El año anterior, el Dr. John Croxall de la Conservación de las Malvinas le había escrito a los coordinadores del trabajo para acusarme de varios pecados. La Fauna & Flora Internacional me retiró el financiamiento y, para el momento que habían probado que las demandas eran falsas y mal intencionadas, yo pedí que me volvieran a conferir los fondos, pero ya había pasado la fecha tope para realizar el estudio.

En marzo de 2000, el Gobierno de las Islas Malvinas finalmente admitió, que ellos no querían otorgarme una licencia para identificar aves en la Isla Saunders porque "se superponía con el trabajo que estaba realizando la Conservación de las Malvinas", financiada por el mismo gobierno. En la mayoría de los países, la investigación independiente es apoyada por el Estado. Cuando no es así, generalmente significa que tienen algo que esconder.

Una de las cosas que Paramount Pictures había venido a filmar era el anillado de albatros, entonces, como yo ya tenía permiso para continuar, pero carecía de un asistente, Rick me sugirió que él podía hacerlo. Era fácil anillar a los albatros, porque eran aves grandes y robustas y no le tenían ningún miedo a la gente. Una razón por la que no se asustan de las personas, es por su enorme pico en forma de gancho, que arranca trozos de piel cada vez que hace una embestida. En el momento que uno se acerca a un albatros en su nido, comienza a chasquear el pico como advertencia, y este comportamiento puede ser utilizado para atrapar al pájaro, si uno tiene la destreza necesaria.

Le mostré a Rick cómo agarrar el pico con una mano y tomar al ave por el lomo y las alas con el otro brazo. Con el pico y las alas bien apretadas, el animal estaba inmovilizado, con las patas hacia fuera, listo para anillar. Es más fácil decirlo que hacerlo. Cada vez que Rick estaba cerca del ave, dudaba demasiado y el pájaro lo agarraba a él primero. Mientras el camarógrafo continuaba con la filmación, la cantidad de heridas de mi ayudante se iban sumando. Finalmente, pedí que se suspendiera, ya que le faltaban pedazos de piel en sus brazos. El albatros parecía desilusionado. Justo estaba comenzando a disfrutarlo.

Cuando estuvo terminada la filmación en la Isla Saunders, nos fuimos a Punta Voluntario, donde estaba ubicada la mayor población de pingüinos Rey. Para principios de noviembre, los polluelos de diez meses parecen más grandes que los adultos y están cubiertos de un plumaje suave. Parecen como osos de peluche gigantes y son una gran atracción para los turistas y para los fotógrafos de la fauna.

No sólo los polluelos se ven cómicos, sino que también son muy curiosos de la gente. Ni bien uno se sienta en el borde de la colonia, inmediatamente se encuentra rodeado de pichones. Finalmente, algunas crías se sienten demasiado abrumadas por la curiosidad y comienzan a picotear los cordones de las botas, pantalones y pelos para ver de qué se tratan estos extraños humanos. Al final, comenzaron a trepar por nuestras piernas; exactamente el tipo de interacción que deseaba Paramount para su documental.

El operador de sonido, Tony, tenía un protector grande de vellón para su micrófono, que servía para amortiguar el ruido del viento y, al agregarle pies, alas y un pico, convirtió al micrófono en una buena imitación de un polluelo de Pingüino Rey. Varias crías se acercaron al micrófono, un poco inseguras de lo que podían hacer con esto. El efecto mejoró por la habilidad de Tony, al moverlo a lo largo del soporte telescópico.

A pesar de los momentos de humor y de las cosas que no funcionaron de acuerdo a lo planeado, el resultado final de la filmación fue muy profesional. Les llevó más de treinta horas de longitud en pies y produjeron tres documentales de muy alta calidad. El primero, titulado "Piedras para los Pingüinos" cubría mi estudio sobre el descenso en número de los Pingüinos de Penacho Amarillo y los Pingüinos de Magallanes. El segundo, llamado "Viento bajo sus Alas" trataba mi investigación sobre los albatros. El último, titulado "Pequeños Reyes" estaba enteramente dedicado a los Pingüinos Rey. Los programas se mostraron al mundo entero por el Canal Discovery por más de tres semanas consecutivas. Éste fue uno de los momentos de mayor orgullo de mi vida.

Dos semanas después que había partido el grupo de filmación, Elena fue internada en el hospital. Ella había comenzado a quejarse de fuertes dolores abdominales y terminaron siendo el resultado de un embarazo ectópico, es decir, cuando el embrión se aloja en la trompa de Falopio en lugar del útero. Al crecer el embrión, rompió la trompa de Falopio y causó el terrible dolor y la muerte del feto.

Desde la quimioterapia que había recibido por el cáncer en 1994, yo no podía tener hijos por medios naturales, por lo tanto, se puso en cuestión el tema de cómo podía haber quedado embarazada. Después de mucha discusión, finalmente, Elena admitió que había estado teniendo un amante. Yo estaba absolutamente destruído.

Elena me explicó que desde que había llegado a las Malvinas siendo mi esposa, todos, la policía, agentes del gobierno, artículos de diarios, sus amigos, padres de compañeros de la escuela de su hijo y todo aquel con quien se encontrara, le habían dicho que yo era un ladrón sentenciado, que en poco tiempo sería echado de las Malvinas dejándola a ella y a su hijo sin casa. Había llegado a creer que su marido era un delincuente y, temiendo que en poco tiempo se quedaría sola para valerse por sí misma en un país extraño, había comenzado a salir con alguien. Cuando finalmente se comprobó mi inocencia, Elena se dio cuenta que había creído en la gente equivocada y decidió terminar su relación, pero para ese entonces, ya estaba embarazada.

Yo todavía amaba a Elena, pero me sentí traicionado. Tampoco ayudó en nada su negativa a decirme el nombre del hombre con el que había estado saliendo. Estaba completamente convencido, que su determinación era un indicio de que se trataba de un amigo mío cercano, o alguien a quien conocía bien.

Cuando Elena volvió del hospital, estaba tan deprimida por lo que había hecho y por las consecuencias para nuestro matrimonio, que se encerró en su cuarto y no quiso ver a nadie. Muchas de sus amigas llamaban pidiendo hablar con ella y yo estuve obligado a decirles que no deseaba hablar con nadie, lo que condujo a rumores y sospechas. Dos días más tarde, hubo un tremendo estampido en la puerta de calle. Era Lucy, una de sus amigas. Lucy me dijo que se había enterado que había estado internada en el hospital y exigió verla para asegurarse que no la hubiera estado golpeando o teniéndola prisionera en la casa. La acompañé a la habitación donde Elena estaba todavía en cama y las dejé para que conversaran. Elena nuevamente confesó lo que había hecho.

Lucy se disculpó por sus acusaciones, presumiblemente esperando que yo contestara que estaba todo bien. Le dije que no tenía necesidad de disculparse, pero que cualquiera que entrara a mi casa haciendo semejantes acusaciones, ya no podía seguir considerándose amigo. Le dije que desde ese momento, ya no era bienvenida en la casa y le pedí que se fuera.

Elena se quedó conmigo en las Malvinas por varias semanas, esperando que su hijo finalmente cambiara de idea y regresara y que yo pudiera olvidar lo que me había hecho. Estaba claro que Juan nunca volvería, después del hostigamiento y el abuso que había sufrido gracias a la policía y la infidelidad de Elena destruyó nuestro matrimonio. Todavía la amaba y quería perdonarla, pero el persistente sentimiento de traición, era como agua congelada en las grietas de un pedrejón, quebrándolo desde su interior. Finalmente, Elena volvió a Chile para estar con su hijo y, a pesar de desearlo, yo no podía borrar lo que había pasado y sabía que era lo mejor.

En soledad una vez más, tenía mi investigación de pingüinos para alejarme de la tristeza y la desesperación. Publiqué mi libro titulado "Pingüinos de las Islas Malvinas y de América del Sur", que dejaba sentado virtualmente, todo lo que había aprendido durante siete años de estudio y, comencé a trabajar en mi tesis de Doctor en Filosofía. Pero la idea que el Gobierno de las Islas Malvinas se quedaría tranquilo, después que la prensa británica había dado a conocer sus intentos de acusarme injustamente, pronto se desvaneció.

En marzo de 2000, me dijeron que el Gobierno de las Islas Malvinas no quería otorgarme un permiso para continuar con mi estudio de pingüinos, porque éste repetía la investigación financiada por el gobierno. Por "repetía" uno podía entender "comparaba" o "constataba". En otras palabras, yo hubiera podido demostrar que los investigadores contratados por el gobierno, estaban falsificando datos, para proteger los intereses financieros de la pesca comercial y la exploración del petróleo.

Luego recibí una llamada telefónica del Fiscal de la Corona, David Lang. Me dijo que el Concejo Directivo había tenido otra reunión para discutir mi residencia y me la habían denegado, por la razón que yo "no poseía los conocimientos o habilidades que estaban necesitando las Malvinas". Lang me recordó que hasta ese entonces, había podido permanecer en las Malvinas por mi puesto público en la planta de energía, pero me informó que justo se había sancionado una ley que quitaba ese derecho.

Con la nueva ley, mi empleo del gobierno sólo me acreditaba para residir en las Malvinas por tres años, sin un permiso de residencia, después de dicho tiempo, yo debía obtener uno o sería deportado. Recién me lo habían rechazado, por lo tanto, Lang se apuró a señalarme que mis tres años finalizaban en noviembre de 2000. Esto me daba menos de tres meses para vender mi casa, terminar mi investigación, abandonar mi trabajo e irme al diablo lejos de las Malvinas.

El momento de la llamada no podía haber sido más oportuno. Fue dos días antes que fuera a La Serena, en Chile, a presentar mi estudio sobre pingüinos, en la Cuarta Conferencia Internacional sobre Pingüinos y lanzar mi nuevo libro titulado "Los Pingüinos de las Islas Malvinas y América del Sur". La ironía y lo absurdo de la situación, no estuvieron ausentes en el público que asistió a la conferencia. El Gobierno de las Islas Malvinas, envió un mensaje muy claro sobre el valor que le daban a la protección de los pingüinos.

Los representantes de las organizaciones de protección de pingüinos más importantes de todo el mundo, estaban comprando copias autografiadas de mi libro como pan caliente, mientras el Gobierno de las Islas Malvinas, que era responsable del manejo de los lugares de reproducción más importantes de América del Sur, me estaba echando, con la excusa de no necesitar de mis conocimientos. Los participantes de la conferencia, lo tomaron como un testimonio de la total desconsideración de las Malvinas hacia la protección de los pingüinos.

Elena, que asistió a la conferencia junto conmigo, reforzó este mensaje. Ella les dijo a los participantes, que el Gobierno de las Islas Malvinas y la Policía de las Islas Malvinas, habían suscitado deliberadamente, el acoso contra su hijo de 9 años para intentar obligarnos a partir. Un comentario particularmente punzante que ella hizo fue que, a pesar de haber vivido el régimen de Pinochet, consideraba a las Islas Malvinas como el lugar más corrupto en el que había vivido. Hasta Pinochet no se había pasado de la raya, cuando se trataba de niños.

Durante la conferencia me gané el apoyo incondicional de los 120 participantes. Al finalizar los cinco días de presentación, comenzamos un taller de dos días para discutir diferentes formas de protección de las poblaciones de pingüinos de todo el mundo. Se evaluaron las amenazas que acechaban a las aves, especie por especie, y se propusieron una serie de medidas para protegerlas. Había dos peligros que surgían una y otra vez, la pesca comercial y la contaminación petrolífera, ambas aplicables a las Malvinas. El grupo estuvo de acuerdo en que debería hacer un pedido, para prohibir en todo el mundo las redes de pesca sin custodia, que es una trampa que enmaraña y mata a cualquier animal que nade hacia ella, incluyendo los pingüinos. Además se acordó, que la pesca comercial en gran escala, debería prohibirse dentro de los 48 kilómetros de los sitios de reproducción de pingüinos, en las Islas Malvinas.

Cuando volví a las Islas, era obvio que el Gobierno ya había recibido críticas terribles por su negativa a proteger los pingüinos y, por su decisión de deportarme. El Fiscal de la Corona me llamó por teléfono para quejarse, por haber discutido el tema de mi residencia en la Conferencia sobre Pingüinos, pero todavía insistía en que me tenía que ir.

E 2 de octubre recibí por escrito la decisión del Concejo Directivo. No tenía derecho a apelar, pero decía que disponía de tres meses a partir de la fecha de la carta, para presentar el problema a la Corte Suprema, antes que me deportaran. Esto me daba tiempo hasta enero de 2001.

El Gobierno de las Malvinas me había dejado bien en claro, que ellos nunca se iban a quedar tranquilos y que estarían felices, una vez que lograran expulsarme de las islas, a través de cualquier medio con el que creyeran que pudieran vencer. Lo único a mi favor era que yo tenía razón. Al Gobierno de las Islas Malvinas no le importaba eso, pero estaban preocupados porque la cuestión se estaba haciendo pública. La reacción del Fiscal de la Corona, al haberlo discutido en la conferencia sobre pingüinos, demostraba eso. Por lo tanto, decidí luchar hasta el final con mi única arma, –la verdad, que tenía de sobra.

Lo primero que hice fue publicar los episodios en Internet, usando el título de propiedad "Falklands. net" que había comprado. A los pocos días de mandar la historia por Internet, el Primer Mandatario de las Islas Malvinas, me escribió para pedirme un derecho a réplica en la página. Estuve de acuerdo con este pedido siempre y cuando este derecho a réplica fuera recíproco, permitiéndome responder a todas las acusaciones que el Gobierno de las Islas Malvinas hicieron en contra de mí en 1998; las mismas acusaciones que habían llevado a suspender mi residencia. Para que el Gobierno de las Islas Malvinas me garantizara este derecho a réplica, ellos tendrían que haber revelado los detalles de las acusaciones, lo que hubiera dejado al descubierto la corrupción en que habían incurrido. Por supuesto, el Primer Mandatario jamás contestó.

Después, escribí a la prensa y le causé un serio bochorno al gobierno. El Fiscal de la Corona fue obligado a retractarse, de su amenaza de deportarme. Para mí esto constituía una prueba, que sus tentativas para echarme habían sido ilegales y, nada más que intimidación por parte del gobierno.

En marzo de 2001, el Gobierno Británico se acercó a defenderme, ofreciéndome una financiación por un año, para conducir un programa de estudio de pingüinos, con respaldo oficial. El Gobierno Chileno también me invitó a comenzar un programa similar, en la Isla Magdalena y me ofrecieron la ciudadanía en caso que, finalmente, me expulsaran de las Malvinas. En 2003, el Gobierno Argentino también reconoció mi trabajo sobre los pingüinos, con la inclusión de la enorme colonia en Cabo Vírgenes. Con el apoyo de los tres gobiernos, las autoridades de las Islas Malvinas, ya no podían desestimar mi labor tan fácilmente y se encontraron cada vez más solos, al ser el único gobierno que no reconocía la necesidad de proteger a los pingüinos.

CAPÍTULO 17

En 2002, finalmente se publicó el Informe sobre la Conservación Internacional del Pingüino Spheniscus, basado en los hallazgos de la Cuarta Conferencia Internacional sobre Pingüinos y el Taller sobre la Conservación del Pingüino Spheniscus, que habían tenido lugar en septiembre de 2000. El estudio resumía los puntos de vista y las recomendaciones de 43 organizaciones de conservación de pingüinos del mundo, apoyadas por otras 124 entidades de conservación y, como tal, representaba la opinión mundial de expertos en el tema. Quedaba bien claro que las Malvinas se estaba burlando de ellos, al rehusarse a proteger los pingüinos de la pesca comercial; y definió qué era necesario que hicieran las autoridades de las Malvinas, para solucionar el problema.

El informe pedía "tomar medidas para evitar la depredación de las cadenas alimenticias a través de la pesca industrial" y establecía:

"Se recomienda la prohibición de la pesca cercana a la orilla, dentro de los 48 kilómetros de la costa de las Islas Malvinas. Restringir la pesca industrial, en aquellas zonas en que haya una población concentrada de pingüinos en el mar, incluyendo áreas de invernada y forraje para los pingüinos jóvenes. Argentina y las Malvinas deberían establecer una serie de zonas y reservas marinas integradas, para beneficiar a todas las especies de peces, aves y mamíferos marinos."

La respuesta por parte del Gobierno de las Islas Malvinas era predecible. Así como la Comisión de Caridad, no había tenido ningún poder, para evitar que la Conservación de Malvinas tuviera elecciones manipuladas y, la Autoridad de Quejas Policiales, no había podido procesar a la Policía de las Islas Malvinas por inventar pruebas falsas, ahora la comunidad científica, no tenía autoridad alguna, para obligar a que se detenga la matanza indiscriminada de pingüinos. El Gobierno de las Islas Malvinas era independiente del mundo, en todo sentido. Financiera y políticamente independiente de Gran Bretaña, ellos no rendían cuentas a nadie, tampoco tenían ningún interés en hacer concesiones, sobre temas que impactaran en su habilidad para amasar grandes fortunas, gracias a la pesca comercial.

Durante once años, mis antiguos empleadores, la Conservación de Malvinas,

habían recaudado plata utilizando el slogan "done dinero y ayúdenos a proteger a los pingüinos". Y en todo ese tiempo, ni la Conservación, ni el Gobierno de las Islas, habían introducido una sola medida para protegerlos de la pesca comercial. La conservación en las Malvinas se había convertido en una pantalla; un medio para desviar cualquier crítica inherente a la pesca industrial, que los estaba enriqueciendo y hacia teorías falsas, tales como el descenso de las poblaciones en todo el mundo, el calentamiento de la Tierra, temperaturas más bajas del océano, la marea roja, abducción de extraterrestres,- cualquier cosa, menos la pesca comercial.

Para los agentes del gobierno y los miembros de la Conservación de las Malvinas, con mayores inversiones en las compañías pesqueras, era inconcebible pensar, que miles de barcos que se estaban llevando el pescado y los calamares, pudieran estar relacionados, bajo ningún punto de vista, con la pérdida de 5 millones de pingüinos que se estaban muriendo de hambre. Sencillamente, debía haber una explicación más complicada que la falta de comida, para la mortandad de tantos pingüinos.

En vez de focalizar la atención en los efectos de la pesca comercial, la Conservación de las Malvinas se concentró en la limpieza de las playas y la declaración de un remoto predio montañoso como Parque Nacional. El hecho de designar Parque Nacional a una montaña alejada, que no estaba bajo ninguna amenaza, hizo posible que el Gobierno y la Conservación de las Malvinas, se jactaran del trabajo que estaban realizando para proteger la fauna de las Islas, un trabajo que, en realidad, no era nada más que una vergüenza.

Las compañías cinematográficas de Hollywood construyen ciudades artificiales para filmar sus películas. Visto desde el ángulo de la cámara, parece como si la ciudad entera existiera, pero desde atrás de la escena, uno ve que sólo son una serie de pantallas pintadas, sostenidas por soportes de madera para dar la apariencia de una ciudad. Así era el trabajo de conservación en las Malvinas. Desde el ángulo que estaba presentado, parecía como si en verdad se estuviera haciendo algo, pero si se lo inspeccionaba más detenidamente, quedaba claro que dicho trabajo era sólo una pantalla pintada, ocultando el daño que estaban haciendo aquellos que no querían abandonar la fortuna que les aportaba la pesca comercial.

Mientras propugnaban la protección de una montaña lejana que no impactaría en la riqueza de nadie, la Conservación de las Malvinas rechazaba la designación de la Isla Beauchene como Patrimonio de la Humanidad, ¡porque dicho nombramiento hubiera significado, el establecimiento de una zona de restricción de pesca de 24 kilómetros a la redonda, para proteger a los pingüinos! La mayoría de los miembros de la Conservación de Malvinas, que participaron del consejo directivo que tomó la decisión, tenían inversiones en la pesca comercial y el desarrollo petrolífero. No las tenían en la Montaña Hill Cove.

Por lo tanto, la respuesta oficial del Gobierno de las Islas Malvinas, al Informe sobre la Conservación Internacional del Pingüino Spheniscus, fue que no era aplicable a las Islas Malvinas, porque no se practicaba la pesca industrial en las Malvinas. El Gobierno hizo una declaración pública que, de acuerdo a su criterio, la frase "pesca industrial" sólo se refería a la captura de peces y calamares para convertirlos en pescado disecado. Ellos argumentaron que, desde el momento que los pescados y calamares, atrapados en las inmediaciones de las Malvinas se utilizaban para el consumo directo, más que para procesarlos y convertirlos en pescado disecado, no incurrían en la "pesca industrial" y no estaban limitados por las recomendaciones concernientes a ésta. John Barton, el Director de las Zonas Pesqueras del Gobierno de las Islas Malvinas, hizo esta declaración y la publicó en la tapa del diario local.

Esta afirmación fue un disparate y así lo consideró el pueblo de las Malvinas. Aquellos que, anteriormente habían creído que el Gobierno y la Conservación de las Malvinas estaban preocupados, en forma genuina, por la conservación de la fauna, ahora podían ver las cosas de una manera diferente. La discusión sobre la frase "pesca comercial" no tenía validez ni tampoco relevancia con los hallazgos del Informe sobre la Conservación Internacional del Pingüino Spheniscus, que había proseguido para decir que "Recomendaba la prohibición de la pesca cercana a la orilla, dentro de los 48 kilómetros de la costa de las Malvinas". No había ninguna ambigüedad en esta declaración. Era una afirmación clara de 43 organizaciones líderes mundiales de conservación de pingüinos, respecto a cómo las Malvinas necesitaba proteger a los pingüinos de la pesca indiscriminada, para evitar mayor mortandad por falta de comida y descenso en número poblacional.

Desde el momento que el Gobierno de las Islas Malvinas no tenía ninguna intención de atenerse a las recomendaciones del informe, los organizadores de la Conferencia Internacional de Pingüinos, me ayudaron a publicar mi estudio sobre pingüinos en el periódico de aval científico más prestigioso de Chile, el Diario Chileno de Historia Natural. El manuscrito se tituló "El descenso poblacional de los pingüinos malvinenses ante la presencia de la industria pesquera comercial". El escrito presentaba pruebas científicas abrumadoras, que las poblaciones de pingüinos de las Malvinas habían descendido en un 90% desde el establecimiento de la pesca industrial, debido a la hambruna de las aves y sus crías, causada por la desaparición de sus presas, mientras que las poblaciones de pingüinos de los alrededores de Chile y Argentina, habían permanecido en óptimas condiciones por la demarcación de zonas, en donde se prohibía la pesca en las colonias de pingüinos.

Las poblaciones de pingüinos de penacho amarillo en las Islas Malvinas, habían alcanzado a 2.500.000 parejas de reproducción, de acuerdo al estudio del gobierno británico publicado en 1984 (Croxall, McInnes and Prince 1984 "El Estado y Conservación de Aves Marinas en las Islas Malvinas", Publicación Técnica ICBP N° 2, Estudio Antártico Británico, Cambridge). La industria pesquera en las Islas Malvinas, se permitió oficialmente, tres años después, en 1987 y, para el año 2000, los números de pingüinos de penacho amarillo habían sucumbido en un 90%, a sólo 250.000 parejas de reproducción, de acuerdo a las propias cifras del censo de la Conservación de las Malvinas.

En las inmediaciones de la Isla Staten en Argentina, las poblaciones del pingüino de penacho amarillo se habían incrementado a tal punto, que era imposible explicar el aumento por el éxito reproductivo. La única forma de comprender el rápido incremento poblacional en la Isla Staten, era a través de la inmigración masiva de pingüinos de penacho amarillo adultos de otros sitios y, el único lugar lo suficientemente grande, como para ser la fuente de dicha inmigración, eran las Islas Malvinas. Los pingüinos de penacho amarillo se habían mudado desde las Islas hasta Argentina de a miles, presumiblemente porque los peces y calamares eran más abundantes en Argentina.

El grupo de Islas Magdalena y Contramaestra está ubicado en el Estrecho de Magallanes, cerca de la ciudad de Punta Arenas en Chile. La población de los pingüinos de Magallanes, en estas islas a principios de 1990, era de alrededor de 50.000 parejas de reproducción, de acuerdo a los estudios del gobierno de Chile. Mi investigación en estos lugares, llevada a cabo para dicho Gobierno, demostró que se había incrementado en un 80%, unas 90.000 parejas de reproducción para el año 2002. En forma similar en Argentina, un censo de población en la década del '90 había registrado un total de 90.000 parejas de reproducción en Cabo Vírgenes, pero ésta se había multiplicado a 120.000 parejas de reproducción para el año 2003, mientras que la población de las Islas Malvinas, a sólo 400 kilómetros, había decrecido.

Entonces ¿cuál era la diferencia entre las colonias que crecían en Chile y Argentina y las que menguaban en las cercanías de las Islas Malvinas? La diferencia radicaba en que estas colonias estaban todas protegidas por zonas con pesca restringida, que evitaban que los barcos agotaran el abastecimiento de peces y calamares, cercano a las colonias de pingüinos. Sin embargo, éste no siempre había sido el caso.

Censo de Pingüinos de Isla Magdalena - 2002

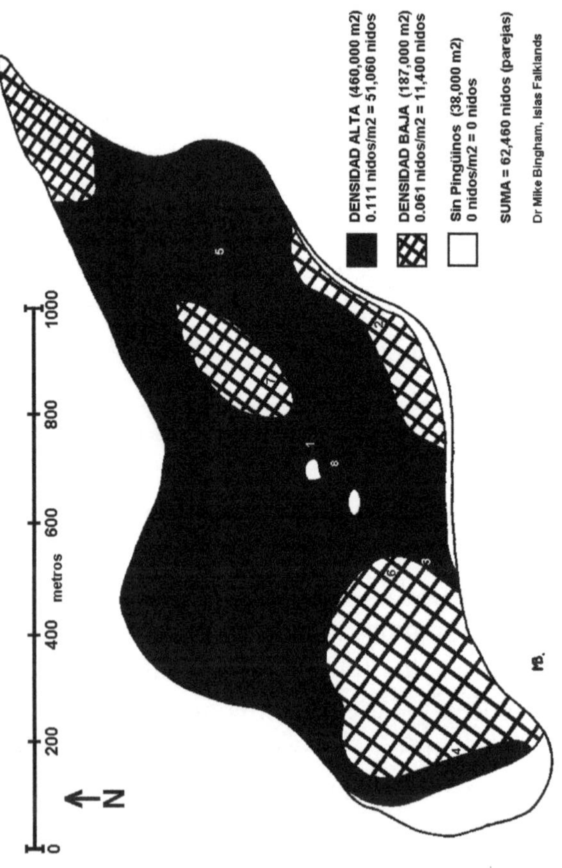

Censo de Pingüinos de Isla Contramaestra - 2002

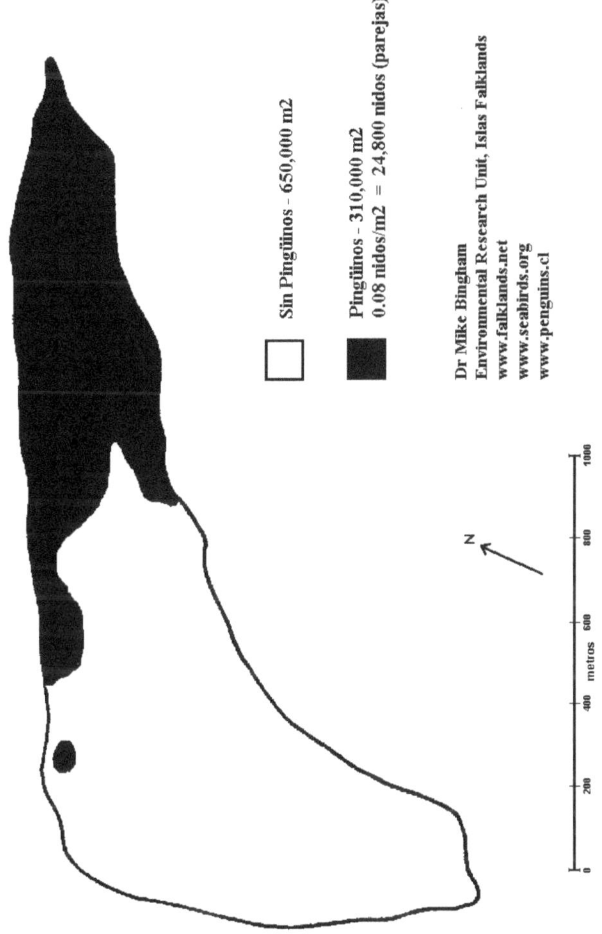

Censo de Pingüinos de Cabo Virgenes - 2003

Muchos años antes, la pesca comercial había tenido lugar en las Islas Magdalena y Contramaestra y, como resultado, las poblaciones de pingüinos habían declinado, igual que en las Islas Malvinas. Entonces, el gobierno chileno había declarado la zona como reserva natural y prohibió la pesca en los alrededores, a partir de ese momento, los pingüinos comenzaron a multiplicarse. No era muy difícil de ver la razón por la que las zonas restringidas funcionaban tan bien.

Desde 1997, yo había estado comparando las poblaciones de pingüinos de las Malvinas, con las de Chile y Argentina. En estos países, donde las zonas de pesca restringida protegían a las colonias, los pingüinos de Magallanes encontraban comida para sus pichones en ocho o catorce horas. Como resultado, los polluelos se alimentaban a diario, por lo tanto, las crías estaban bien nutridas, entonces la supervivencia de los pichones era alta y estaban en buenas condiciones cuando se independizaban, teniendo todas las posibilidades de sobrevivir en sus primeros meses de vida. Un pingüino que pasaba esa etapa inicial, probablemente llegaría a vivir 20 años.

Sin embargo, en las Malvinas, donde la pesca comercial cercana a las colonias estaba permitida, era difícil para el pingüino adulto, encontrar peces y calamares, que escaseaban debido a las enormes cantidades que se pescaban. Les llevaba un promedio de treinta y cinco horas al pingüino adulto, encontrar comida para sus crías, por lo tanto, la ración de los polluelos era menos de la mitad de lo que comían los de Chile y Argentina; como resultado, la mayoría de las crías se morían de hambre año tras año.

Existía otro problema y era que los pingüinos de Magallanes, al no poder encontrar peces y calamares suficientes, alimentaban a sus crías con crustáceos, que eran de difícil digestión para los polluelos. Probablemente, los pingüinos adultos pensaban que era mejor darle crustáceos a sus crías, antes que dejarlos con los estómagos vacíos pero, si bien una poca cantidad no les hace mal, tampoco pueden sobrevivir con este tipo de dieta.

Con crías en las Malvinas que recibían la mitad de su comida, que en gran parte no se digería, era lógico que la mayoría de las crías de los pingüinos de Magallanes en las Malvinas, se murieran de hambre todos los años. En Chile y Argentina el promedio de supervivencia de polluelos por nido, cada año, era de 1,4 mientras que en las Malvinas, era de sólo 0,5.

Aquellas crías que sí lograban vivir para empezar a andar solos en las Malvinas, tenían muy poco peso como para lograr pasar sus primeras semanas de vida, por lo tanto, virtualmente, ningún hijo llegaba a la madurez para reemplazar la mortandad adulta.

En 1982, les dijeron a las tropas inglesas que enviaron a las Malvinas, que estaban liberando una isla con dos mil personas y seis millones de pingüinos, una cifra suministrada por el ICBP y eL Estudio Antártico Británico (Croxall, McInnes and Prince 1984 "El Estado y Conservación de las Aves Marinas en las Islas Malvinas", Publicación Técnica Nº 2 de ICBP, Estudio Antártico Británico, Cambridge). Los seis millones de pingüinos que habitaban en las islas en 1982 había caído abruptamente a sólo un millón en 2002, – ¡se habían perdido cinco millones!

La investigación mundial ha demostrado que los pingüinos de penacho amarillo y los de Magallanes buscan víveres dentro de los 48 kilómetros de su colonia, cuando están criando a los polluelos; a menos que la falta de recursos los obligue a buscar comida más lejos. Éste era el momento más crítico para conservar la presa cerca de la costa y, la prueba apremiante para que apoyaran la necesidad de establecer zonas de pesca restringida, alrededor de las colonias. Todos los datos científicos que avalaban esta urgencia por protegerlos, fueron publicados en el Diario Chileno de Historia Natural.

En abril de 2002, como para atizar la disputa que ahora estaba ardiendo acerca de la protección de estas aves, las condiciones se tornaron tan malas en las Malvinas, que los pingüinos adultos comenzaron a morirse de hambre, de a miles. Para mayo de 2002, las playas estaban contaminadas con los cadáveres de más de cien mil pingüinos. Los dueños de campos, preocupados, enviaron algunos cuerpos al Departamento de Veterinaria del Gobierno, para que los analizaran, y las autopsias confirmaron que habían quedado reducidos a piel y hueso, por falta de alimentación, sin ningún rastro de comida en sus estómagos.

Mi ayudante, Nidia Mendez y yo, fuimos a ver el alcance del problema y quedamos estupefactos. En la Isla Saunder, donde Paramount Pictures había filmado el documental sobre mi trabajo hacía tres años, las playas estaban plagadas de pingüinos muertos. Algunos habían perecido recientemente, otros comenzaban a entrar en estado de putrefacción. Todo había ocurrido en las últimas semanas, durante su cambio de plumaje anual. De acuerdo a sus condiciones y peso, quedaba demostrado que se habían muerto de hambre. Unos pocos pingüinos papua hambrientos aún estaban vivos, todavía cambiando sus plumas, pero demasiado débiles hasta para caminar o volver al mar en busca de comida. Los buitres y los caracarás revoloteaban a su alrededor esperando que se murieran.

Hicimos un recuento en una pequeña porción de playa en The Neck y contamos un total de 2.067 pingüinos de penacho amarillo y 509 pingüinos papua, muertos. Los 2.067 de penacho amarillo provenían de una colonia de 8.000 adultos, por lo tanto, los cadáveres hallados y contados, en realidad, representaban más de un cuarto de la población entera. Por cada uno que se encontraba y computaba, debía haber, por lo menos, otro enterrado en la arena, cubierto por algas marinas y sus cenizas, o arrastrado hacia el mar, es decir, se había muerto un 50% de la colonia.

Los pingüinos habían perecido, al no poder encontrar comida suficiente, para almacenar reservas de grasa en sus cuerpos, antes del recambio de plumaje anual. Cuando los pingüinos atraviesan este período, pierden su barrera aislante, entonces les resulta imposible entrar al agua helada del océano para alimentarse, por lo menos, durante tres semanas. Por lo tanto, las aves acuden a sus reservas de proteínas y grasa, almacenadas antes del cambio de plumas, para pasar este momento de ayuno forzoso.

Durante el período de cambio, no sólo necesitan de sus reservas de grasa para mantener el calor, sino también las proteínas, para producir un plumaje completo y nuevo. Si no son capaces de almacenar la grasa y proteínas necesarias durante febrero y marzo por la escasez de comida, se mueren de hambre. Sin la reserva suficiente para sobrevivir durante tres semanas sin comida, están condenados; como un auto que comienza un viaje de 160 kilómetros sin demasiada nafta. Cuando se acaba el combustible, el motor se detiene y, en el caso del pingüino, muere.

Algunos de los dueños de las fincas del lugar, lograron salvar a unos pocos, alimentándolos con pescados y calamares para darles fuerza, y ratificar que la hambruna era la única causa de la mortandad.

Lo mismo había ocurrido en 1986, cuando cientos de miles de pingüinos de penacho amarillo, habían muerto de hambre, en su recambio de plumaje anual, – en 2002, se repetía la historia. Lo del año 1986, era el resultado de la pesca comercial indiscriminada. Esto había propulsado promesas del gobierno, a tomar medidas que controlaran la pesca y ejecutar el programa de estudios de las aves marinas; el mismo que yo había diseñado durante mi empleo en la Conservación de las Malvinas.

Lamentablemente, los controles sobre la pesca comercial que se habían prometido, fueron postergados para asegurar el sostén económico que significaba la existencia de calamar y pescado, en lugar de proteger a la fauna, que estaba compitiendo con esta industria, por alimento. El permiso de la pesca de calamares se había propuesto que fuera del 60% del bioma total, todos los años, dejando solamente el 40% para los pingüinos, aves y focas, a los que debía sumársele la reproducción de estos, al año siguiente. La designación de directores de compañías petrolíferas y dueños de industrias pesqueras, como miembros de la Conservación de las Malvinas, y el incremento, seis veces mayor de los fondos del gobierno, significaba que cualquier evidencia que condujera a un conflicto entre la pesca comercial y la fauna, debía quedar bien catapultado.

Desde 1986, se lamentaba que no había existido ninguna corporación de conservación en las Islas Malvinas, al momento de investigar el hecho de la muerte masiva por hambruna, de ese año. Ahora, en 2002, la Conservación de las Malvinas era una organización de conservación, con mucho personal, que recibía del Gobierno £200.000 (US$ 300.000) por año. Entonces, podrán imaginar la sorpresa del pueblo cuando la Conservación de las Malvinas, se negó a enviar a alguien para que echara un vistazo a las playas cubiertas de pingüinos muertos. La Conservación declaró que tenían varios empleados capacitados para eso, de vacaciones, por consiguiente, no había nadie que se ocupara del tema.

La Conservación de las Malvinas y el Gobierno de las Islas Malvinas se negaron a enviar gente para investigar el desastre e impidieron que otros lo hicieran. Un médico veterinario de la Universidad de Mar del Plata, especialista en mortalidad de aves marinas, vino a las Malvinas ofreciendo su ayuda, pero la Conservación le dijo que no podía analizar los cadáveres sin un permiso, ¡y que la persona responsable para otorgarlos estaba con licencia!

Aparte de Nidia y yo, algunos propietarios del lugar que estaban preocupados, y gente de la población, nadie más fue a ver, al menos, para fotografiar este hecho trágico. Con playas plagadas de cadáveres de más de cien mil pingüinos de penacho amarillo, una especie que estaba en peligro de extinción, ni un solo conservacionista del gobierno fue a mirar. El motivo estaba claro. Ellos ya sabían la causa, y no deseaban reunir evidencia, para luego tener que cubrirla.

El Gobierno de las Islas Malvinas tenía control sobre las zonas de pesca que alcanzaban a 320 km. de la costa, por lo tanto, un área de 48 km. de restricción, hubiera reducido en un 3%, la extensión donde los barcos pesqueros pudieran operar. El Gobierno de las Islas Malvinas era muy rico, tenía un ingreso anual de más de £60 millones (US$ 90 millones). Esto significaba alrededor de £20.000 (US$ 30.000) por cada hombre, mujer y niño que vivía en las islas, un ingreso que estaba casi enteramente generado por la pesca comercial, motivo por el cual, eran reacios a recortar la zona de pesca en un 3%, para proteger a los pingüinos.

Sin embargo, una reducción en un 3% del área de pesca, no hubiera representado un 3% menos en el ingreso o la pesca misma. Por el contrario, como muchos biólogos de población confirmarían, propiciar un "lugar seguro" es una buena forma de evitar la sobre explotación de especies que son el blanco de la pesca comercial. Las desventajas de implementar esa protección hubieran sido mínimas, mientras que las ventajas hubieran sido enormes, en términos de protección de la fauna, el manejo pesquero y el beneficio internacional.

Tanto Chile como Argentina eran países pobres, comparados con las Malvinas, pero los dos habían tomado medidas para proteger a los pingüinos, a través de la disposición de zonas de pesca restringida. No había razón, excepto la codicia, por qué el Gobierno de las Islas Malvinas no adoptaba medidas similares para protegerlos.

Mientras que la Conservación de Malvinas y el Gobierno no estaban interesados en hacer nada, los dueños de fincas y la gente de las Malvinas, se la pasaban llamándome por teléfono, pidiéndome que hiciera algo para llamar la atención por lo que estaba sucediendo. Por lo tanto, me contacté con dos fuentes de medios de comunicación británica e, inmediatamente, la historia apareció en primera plana, tanto en Gran Bretaña, como en América del Sur. El 9 de junio de 2002, el Sunday Independent, de Gran Bretaña, le dedicó toda una página a la historia titulada "Situación Difícil para Pingüinos Muertos de Hambre en Malvinas", y a esto le siguió la BBC, que difundió la historia en todo el mundo por radio y televisión. En pocos días, el episodio estuvo en todos los medios de comunicación de Estados Unidos y Canadá y, para el 27 de septiembre de 2002, la Prensa Austral lo publicó en América del Sur, con un artículo titulado "100.000 pingüinos mueren de hambre".

El diario de las Malvinas, Penguin News, estaba inundado de cartas de lectores extranjeros, que escribían para quejarse, porque las Malvinas debería estar avergonzada al permitir que las poblaciones de pingüinos descendieran, sin protegerlos de la pesca indiscriminada. El Ministerio Público y de Relaciones Exteriores Británico, también recibió un aluvión de quejas, exigiendo que se tomaran medidas contra el Gobierno de las Islas Malvinas, para obligarlos a cuidar los pingüinos.

El Gobierno de las Islas Malvinas se dio cuenta que tenía que actuar; la única cuestión era qué tipo de acción tomar. Para los codiciosos agentes del gobierno con inversiones en la pesca comercial, proteger a los pingüinos, simplemente, no era una alternativa; lo que significaba que retrocederían en el tiempo, volverían a la vieja política de Clifton, −mentir en los números de pingüinos que se estaban muriendo de hambre, librándose de la persona que había dado la voz de alerta. ¿Pero cómo? Eso ya lo habían intentado antes.

Al mes siguiente, recibí una carta del Gobierno de las Islas Malvinas diciendo que mi derecho a permanecer en mi empleo, se había revocado por un cambio de legislación, y que debía irme, a menos que pudiera obtener la residencia. Me presenté para obtenerla; y recibí una carta del Gobernador de las Islas Malvinas, Howard Pierce, diciendo que el Consejo Directivo se había negado a otorgarme los derechos de residencia porque había "buscado desacreditar y desprestigiar, repetidamente, el estado del medio ambiente en las Islas Malvinas y el desempeño del Gobierno respecto a su protección".

Esto era una violación ultrajante de la ley que protegía los derechos del ciudadano, a criticar al gobierno sin ningún tipo de discriminación. Concerté una cita para ver al gobernador, y le dije que él seguramente se debía dar cuenta, que estaba actuando en forma ilegal. Que, a menos que él y el Consejo Directivo, reconsiderara su decisión, llevaría el tema a la prensa, y si era necesario, a la Suprema Corte por violación de los derechos humanos. El gobernador se negó a hacer comentarios. Me escuchó, pero no contestó.

A pesar de no responder, mis amenazas al gobernador deben haber captado la atención de alguien, porque a los pocos días, recibí un llamado telefónico que decía que me matarían si iba a la prensa. Una vez más, hice lo único que podía hacer, denunciarlo a la policía.

En la oportunidad anterior que había recibido anónimos, en febrero de 1999, la Policía de las Islas Malvinas había puesto un interceptor de llamadas anónimas en la línea, para registrar al culpable. Sin embargo, declararon que habían perdido accidentalmente su identidad, al cometer un error cuando rastreaban la conexión a través del conmutador. Yo estaba completamente convencido que, al haber identificado a la persona como un empleado del gobierno, en realidad, un agente de Inmigración y Aduana, la policía, deliberadamente, había dejado pasar a la persona, para evitar un bochorno político.

Por lo tanto, esta vez, opté por un rastreo en el que interviniera un operador de conmutador civil para identificar al anónimo, ya que sería independiente de la policía. Unos días después, la persona volvió a llamar para amenazarme de muerte y hasta me dijo que estaban por ejecutarla. Yo llamé a la Policía de las Islas Malvinas, que se contactó con el operador del conmutador y se estableció la identidad del que llamaba. La Policía de las Islas Malvinas mandó detener al culpable y esperé el resultado.

Unos días más tarde, el Inspector Len McGill me llamó por teléfono para informarme que el Fiscal de la Corona, había decidido no procesar al culpable. Yo estaba furioso y pedí una explicación. Me dijeron que, de acuerdo a la ley de las Malvinas, no era ilegal amenazar a alguien de muerte por teléfono. Esto era una mentira absurda, cualquier abogado podría confirmarlo. Si yo hubiera llamado a Clifton o al gobernador para amenazarlos de muerte, no hubiese salido vivo de las Malvinas.

Ya que la Policía se rehusaba a acusar públicamente al individuo, le pedí al Inspector McGill la identidad de la persona, de manera que pudiera llevar a cabo un juicio en forma privada. El Inspector McGill me dijo que la identidad del hombre que me había amenazado de muerte era confidencial, y que no era de interés público revelarla. Hablé con Cable & Wireless, la compañía que había identificado al hablante, y solicité el nombre del culpable.

Brian Summers, director de Cable & Wireless y, casualmente también miembro de la Conservación de las Malvinas, me escribió diciendo: "Me aconsejaron que <u>no puedo</u> revelar la identidad del anónimo. Todos los detalles pertinentes a la llamada mal intencionada, están en poder de la Policía".

La Policía de las Islas Malvinas había llegado a un punto muy bajo. No contentos con la fabricación de pruebas para intentar deportarme, ahora estaban protegiendo el nombre de alguien, que amenazaba cometer un asesinato. Me quejé por escrito, pero sólo ratificaron lo que ya me habían dicho, que habían identificado a la persona de las amenazas, que habían decidido retirar los cargos y que no podían revelar su identidad.

Hasta el momento en que el anónimo me había amenazado de muerte si iba a los medios, la única persona con la que había discutido el tema, era el gobernador. Que, si se combinaba con que la policía estaba protegiendo a la persona que quería matarme, me dejaba totalmente convencido, que el culpable era alguien con mucho poder en el gobierno, que simplemente si se lo identificaba, desencadenaba un escándalo internacional. Parecía que no quedaban lugares oscuros en los que el Gobierno y la Policía no pudieran internarse para lograr su objetivo.

Una vez más le escribí al Miembro del Parlamento, Dafydd Wigley, que me había ayudado a desenmascarar al Gobierno de las Islas Malvinas en 1999. También le escribí a Liberty, a los Derechos Humanos del Reino Unido, a la BBC, y a varios diarios del Reino Unido que habían cubierto mi historia en el año 1999. Como el correo era un organismo estatal, decidí enviar las cartas certificadas, para asegurarme que no fueran destruidas o interceptadas antes de llegar a destino. Fue imposible mantener en secreto la naturaleza de mi correspondencia. La pila de cartas dirigidas a los editores de los diarios, a las organizaciones de derechos humanos y a Miembros del Parlamento, naturalmente, hizo que algunos en el correo, prestaran atención.

Esperé la respuesta, pero nunca llegó. Unas semanas más tarde, recibí una carta por correo electrónico de Dafydd Wigley, en la que me decía que había recibido mi sobre, pero que lo habían abierto y faltaban los documentos importantes. Seguramente, no hubiera escrito para dar acuso de recibo de una carta tan insignificante, si no hubiera tenido conocimiento previo de mi caso y tornarse sospechoso. Cuando comencé a preguntar a los diarios y organizaciones de los derechos humanos, descubrí que sus cartas se habían extraviado o se les había quitado los documentos, a pesar de tener un número de registro del correo y necesitar una firma a contra entrega.

Me quejé ante el correo que, en principio, dijeron que investigarían y, más tarde, me informaron que no había nada que pudieran hacer, aunque yo tuviera los comprobantes de la certificación que deberían haber servido para rastrear cada carta. Que tanta correspondencia certificada con diferentes destinos fuera abierta o extraviada, era demasiada coincidencia. El correo pertenecía al Gobierno y ahora, comenzaba a pensar que su influencia penetraba en cada aspecto de la sociedad de las Malvinas.

Para entonces, había iniciado acciones legales para demandar al Gobierno de las Islas Malvinas; mi abogado me aconsejó que dejara en suspenso lo de los medios de comunicación, hasta después de la presentación en la corte, cuando el asunto estuviera definido de una forma u otra. Si ganaba el juicio, la prensa tendría las pruebas necesarias para escribir una historia adecuada, utilizando los hallazgos de la justicia, en lugar de mis acusaciones insustanciales.

En febrero de 2003, las crías de los pingüinos de Magallanes estaban en un estado calamitoso. El abastecimiento de peces y calamares aún no se había recuperado de la destrucción de la temporada anterior; y a los pingüinos adultos les estaba resultando casi imposible alimentar a sus polluelos. El crecimiento de las crías había aminorado tanto por la desnutrición, que aquellos que, en realidad, no se habían muerto de hambre, estaban todavía demasiado pequeños como para valerse por sí mismos; considerando que hacía más de un mes, que los pichones gordos y saludables de Chile y Argentina, habían abandonado sus nidos.

Los pingüinos adultos tienen un reloj interno que les anuncia cuándo es tiempo de dejar de cuidar a sus crías, y prepararse ellos mismos para sobrevivir en el invierno. La alimentación de los polluelos es muy demandante y, los pingüinos adultos pierden peso durante la crianza. Si no dejaran a aquellos pichones que les lleva demasiado tiempo independizarse, los adultos se morirían de inanición durante su recambio de plumaje; como había ocurrido con más de cien mil pingüinos el año anterior. Por lo tanto, si las crías hubieran estado bien alimentadas, tendrían que haber abandonado sus nidos semanas antes, como en Chile o Argentina; ahora eran los adultos los que abandonaban y los dejaban morir de hambre. A pesar de su plumaje incipiente, no podían llegar al mar para encontrar su comida, y los esperaba la muerte.

Hablé con el Gobierno de las Islas Malvinas para que me permitieran alimentar a los pichones huérfanos y evitar así que se murieran, pero el Oficial de Planeamiento de Medio Ambiente, por consejo de la Conservación de las Malvinas, se negó a dármelo. Dijo que Becky Ingham, de la Conservación de las Malvinas, le había aconsejado que dejara que la naturaleza siguiera su curso.

Hay muchas ocasiones en que los conservacionistas deben dejar actuar a la naturaleza, pero yo consideré esta situación parecida a la del rescate de las crías enterradas en Hawai. Si el hombre, a través de su codicia e ignorancia, crea una situación que mata a la fauna, quedarse de brazos cruzados y dejar que ocurra, no significa que la naturaleza está siguiendo su curso. Ya que el abandono y la muerte por falta de comida de los pichones, fue el resultado de la pesca comercial, la única manera de dejar que la naturaleza se defienda, era controlar la pesca comercial; algo que ni la Conservación de las Malvinas, ni el Gobierno querían hacer. Una prueba elocuente de esto, eran las crías de pingüinos saludables que, con sólo cruzar el agua se encontraban en Chile y Argentina, donde se los protegía de la pesca indiscriminada a través de zonas restringidas.

A esta altura de las circunstancias, no tenía respeto alguno ni por la Conservación de las Malvinas, ni por el Gobierno; ignoré su legislación, seguí adelante y fui a alimentar a los pichones. A cada cría le daba de comer una vez por día entre 500 y 800 gramos de pescado, y las pesaba diariamente para evaluar su crecimiento. Al principio, tenía que cortarles el pescado en pequeños trozos y empujárselos a través de la garganta hasta que los tragaran, porque no estaban acostumbrados a que los alimentara nadie, excepto sus padres. Sin embargo, en un par de días, las crías hambrientas se dieron cuenta que se los estaba ayudando con la comida tan ansiada y comenzaron a tomar el pescado por sí mismos, haciendo mucho más fácil todo el proceso.

Si el Gobierno de las Islas Malvinas me hubiera descubierto alimentando a los pichones contra su voluntad, de acuerdo a la legislación de Malvinas, me hubieran demandado, pero como las colonias de pingüinos de Caleta Gipsy y Bahía Hadassa estaban tan alejadas de la ciudad, fue fácil lograrlo sin ser visto. Mi recompensa llegó cuando los pichones, ya gordos y saludables, finalmente abandonaron sus nidos y se internaron en el mar para fines de marzo y principios de abril.

Con los cadáveres contaminando las playas, y los pichones que eran abandonados porque los adultos no podían encontrar comida suficiente para alimentarlos, era obvio que las poblaciones de pingüinos estaban en problemas debido a la falta de alimento. También quedaba cada vez más claro, que la gente cuya tarea era proteger la fauna malvinense, estaba muy preocupada en desviar la culpa de la pesca comercial, como para proteger las inversiones privadas de las compañías pesqueras locales.

Cuando se encontró muertos un manojo de pingüinos bien alimentados, sin causa aparente, la Conservación de las Malvinas lanzó una investigación mayor. Mientras que la mortandad por inanición de cien mil pingüinos un año antes, no había merecido ningún estudio, la muerte de un puñado de pingüinos bien nutridos, sí. En realidad, para la gente que estaba tratando de desviar las críticas a la pesca comercial, esto era un regalo del cielo. La Conservación de las Malvinas sostenía que los decesos se habían producido por un descenso en la temperatura del océano; aunque se sabía que esto coincidía con un mejoramiento en la productividad de los pingüinos. Luego, cuando las muestras de tejido revelaron rastros de una sustancia tóxica, cambiaron de opinión y le echaron la culpa a la marea roja; un fenómeno natural que ocurre cuando las floraciones de las algas crean toxinas, que entran en la cadena alimenticia a través de los animales, que actúan como filtros de la alimentación, como por ejemplo, los crustáceos.

La Conservación de las Malvinas justamente había escrito un artículo para publicarlo en la revista New Scientist, en el que explicaba que la muerte de los pingüinos se debía al descenso de la temperatura del océano, sin haber realizado ninguna investigación del fenómeno. Cuando la Conservación cambió de idea, inmediatamente después de presentar el artículo, y comenzó a echarle la culpa a su nueva teoría de la marea roja, obviamente, New Scientist, perdió interés en editar la historia.

El grave problema de la marea roja, era que las toxinas solamente se acumulaban en niveles peligrosos, en los invertebrados, que actuaban como filtros de la alimentación, como los crustáceos o animales que se alimentaban de estos. Los pingüinos no los comían, pero la gente de las Malvinas sí. Era difícil de explicar, por lo tanto, cómo los pingüinos, que no comían ostras, se habían muerto, mientras que la gente que sí las comían, no se hubieran ni siquiera enfermado. Chile y Argentina habían sufrido brotes de marea roja durante años y, como resultado, la gente lo padecía, pero los pingüinos nunca habían estado afectados, porque simplemente no ingerían el tipo de invertebrados, que actúan como filtros de alimentos que se contaminaban con la marea roja.

No contentos con culpar a la marea roja por la muerte de un manojo de pingüinos bien alimentados, la Conservación de las Malvinas, ahora comenzaba a sugerir que el deceso masivo de pingüinos de 2002, también había sido el resultado de la marea roja; por lo tanto, justificaba la decisión del gobierno de no establecer zonas de pesca restringida. Esto era sólo una mentira. Los cien mil pingüinos muertos que habían contaminado las playas en mayo de 2002, habían quedado reducidos a piel y hueso por falta de comida. Las autopsias habían revelado que estas aves tenían los estómagos vacíos. Los vecinos del lugar habían salvado a algunos de ellos alimentándolos. En verdad, hubiera sido imposible para los pingüinos que estaban cambiando el plumaje, haber ingerido toxinas de la marea roja, porque ellos no podían entrar al mar para alimentarse, al momento del recambio. No cabían dudas que estos pingüinos se habían muerto de hambre, gracias a la falta de comida, así como también, los pichones se estaban muriendo de inanición año tras año.

Al no ser un experto en floración de algas, le escribí al Dr. Stephen Bates del Centro de Océanos y Pesca de New Brunswick, Canadá, para que confirmara mis hallazgos. El Dr. Bates era un experto en las toxinas del Fitoplancton y mareas rojas y declaró: "Si los estómagos estaban vacíos, es poco probable que los pingüinos consumieran comida contaminada con ácido domoico. Cuando las muertes de aves y mamíferos marinos son atribuidas a este ácido, se puede hallar en sus estómagos diatomea Pseudos-nitzschia autralis tóxica y ácido domoico."

Esto no es para sorprenderse. La gente que se muere por comer algo contaminado, tiene residuos de la comida intoxicada en sus estómagos. Los que perecen con sus estómagos completamente vacíos, no han ingerido comida por un largo tiempo y se han muerto por otras causas.

La Dra. Michelle Powers, una bióloga marina especializada en enfermedad y mortandad junto con el Centro de Pesca del Golfo, también tenía la misma opinión, y declaraba: "Si yo hubiera tenido muchos animales muertos con sus estómagos vacíos, mi conclusión sería que no habrían comido durante algún tiempo. Consideraría la disponibilidad de recursos."

El informe del Oficial de Veterinaria del Gobierno, Kevin Lawrence, después de la autopsia de los pingüinos en mayo de 2002, había declarado que los estómagos de los cadáveres estaban vacíos. Por lo tanto, no había nada en su aparato digestivo que pudiera haberles causado el envenenamiento por marea roja; confirmando que esta hambruna masiva no se debía a dicha teoría u otro tipo de intoxicación, sino a la falta de comida.

La Conservación de las Malvinas entendió claramente esto, pero estaba más interesada en desviar la crítica de la pesca comercial, que en proteger al medio ambiente; así como habían echado la culpa a una tendencia mundial por el descenso en número de pingüinos, habían mentido en la contaminación del petróleo, diciendo que había ocurrido más allá de las aguas malvinenses, para proteger las inversiones en la exploración petrolífera; así como, al principio, decían que la muerte masiva de pingüinos por inanición, se debía a un descenso en la temperatura del océano, habían hecho acusaciones falsas para tratar de deportarme; acusaciones que luego admitirían por escrito que no eran verdaderas.

Mientras ocurría todo esto, uno de los miembros del personal de la Conservación de Malvinas fue detenido, procesado y encarcelado, con una pena de dos años por hacer un defalco de £40.000 de los fondos provenientes de la caridad, - ¡dinero que se había donado para la protección de la fauna!

CAPÍTULO 18

Yo había contratado un abogado británico para que peleara mi caso contra el Estado, para asegurarme que no quedara "atrapado" por el laberinto de corrupción que se filtraba en la sociedad de las Malvinas. Era triste saber que cada engranaje de la comunidad malvinense estaba virtualmente dirigido o manejado por el Gobierno. Aparte del control lógico de la policía, la aduana e inmigración, el Gobierno regulaba muchos otros ministerios, que en otras comunidades deberían ser independientes, como el correo, el hospital, el diario y la estación de radio. Era imperioso que mi representante legal tuviera su sede afuera de las islas, donde estuviera libre de intimidación.

Mi abogado británico fue contratado a través de la firma de letrados Ledingham Chalmers, que empleó a

Rory Gilchrist para que actuara como mi representante legal local. Él se quedó en las Malvinas hasta el final del juicio, por lo tanto, nadie del Gobierno de las Malvinas pudo manipularlo con amenazas que tuvieran que ver con su carrera o su estado de residencia. Una de las primeras cosas que mi equipo de abogados hizo, fue pedir la liberación de documentos claves, y estos incluían los que la policía había mantenido en secreto desde 1999 en su archivo del caso. Estas pruebas se entregaron y se comprobó que la Conservación de las Malvinas había mentido para intentar condenarme con pruebas inventadas.

La secretaria de la Conservación, Carol (Hay) Miller, había hecho una declaración ante la Policía de las Islas Malvinas, con fecha del 31 de marzo de 1999, en la que escribía: "No puedo recordar que durante la entrevista, el señor Bingham le informara al panel que no poseía el diploma necesario para ese puesto; tampoco recuerdo que ALGÚN miembro del panel hubiera hecho ALGÚN arreglo para que se rindiera un examen en las Islas Malvinas después de la entrevista del señor Bingham como Agente de la Conservación."

La señora Miller negó claramente todo conocimiento de haber contratado el transporte que me llevara a rendir mis exámenes, después de conseguir el empleo; y hasta negó haber estado enterada de los mismos. En verdad, esto era esencial para su argumento en mi contra, ya que si hubiera sabido lo de mis estudios, significaba que la Conservación de las Malvinas era consciente que no había completado mi curso de graduación para ese entonces, por lo tanto, su juicio carecía de validez.

Sin embargo, en el mismísimo archivo, la Policía de las Islas Malvinas había conservado una copia de mi carta dirigida a la señora Miller, con fecha 8 de agosto de 1993, en la que había escrito "Ya he arreglado para rendir mi Examen de la Universidad a Distancia, en Monte Pleasant de la Fuerza Aérea, el 21 de octubre." El archivo de la Policía también contenía la respuesta de la señora Miller, con fecha del 15 de septiembre de 1993, en la que acusaba haber recibido mi carta y contestaba: "No debería ser un problema llevarlo a Monte Pleasant el 21 de octubre para que pueda rendir su examen." Su carta también confirmaba mi fecha de comienzo en el empleo para el 11 de octubre, diez días antes de la prueba, que ella misma había reconocido por escrito que tendría lugar el 21 de octubre.

La señora Miller, el doctor Croxall y Julian Fitter habían hecho declaraciones ante la Policía de las Islas Malvinas, negando tener conocimiento de dichos exámenes. Toda la acusación por fraude, que la Policía había tratado de presentar en mi contra en 1999, estaba basada en falsos testimonios. Nunca me hubieran detenido, si la fuerza pública hubiese descubierto la carta de la Sra. Miller antes, razón por la cual, presumiblemente, la Policía de las Islas Malvinas, como consecuencia, la había mantenido en secreto y negado su existencia, al punto de desconocerla por escrito cuando yo la había solicitado.

Estaba tan furioso al ver cómo la gente, con la que alguna vez había trabajado, incurría en falsos testimonios ante la policía para tratar de acusarme injustamente, que puse copias de estas declaraciones policiales y cartas en la biblioteca pública, de manera que todo el mundo pudiera ver con sus propios ojos, cómo se habían comportado estos pilares de la sociedad.

Algunos miembros del Concejo Directivo comenzaron a darse cuenta que sus acciones no iban a resistir un escrutinio exhaustivo y el Canciller John Birmingham se acercó para ofrecerme revertir su decisión de deportarme, si yo detenía mis acciones ante la Suprema Corte. Me citó en la Cámara de Concejales el 7 de abril de 2003, y dijo que le pidiera a mi abogado que parara el proceso en la Corte, a cambio de ayudarme y asegurar mis derechos de residencia permanente. Agregó que debía mandar una copia de estas instrucciones al Fiscal de la Corona, David Lang, para que el Consejo Directivo supiera que yo había detenido el proceso ante la Corte, de lo contrario, no revocarían su decisión de echarme.

Hice como me pidieron. Escribí a mis representantes legales solicitándoles que detuvieran el proceso ante la Corte, asentando las razones por las que quería que así lo hicieran, y pidiéndoles que copiaran estas instrucciones y las enviaran al Fiscal de la Corona. El Concejo Directivo se reunió y me ofreció permanecer en mi empleo hasta fines de 2004. Para que pudieran hacer semejante ofrecimiento, demostraba que sus intentos de deportarme eran, en principio, ilegales. El concejo Directivo no estaba capacitado para reformar la ley; si estaba sancionada, yo debía irme. Sólo el Fiscal de la Corona, David Lang, tenía este poder, un poder que había usado para manejar las leyes que borraron mi derecho a seguir trabajando en las Malvinas.

Que pospusieran por un tiempo mi desalojo de las Malvinas, no me servía, y no era el derecho de residencia que me habían prometido, por lo tanto, rechacé el ofrecimiento del Concejo Directivo y reanudé los procedimientos legales en su contra.

La audiencia tendría lugar en la Suprema Corte e iba a ser un evento mayor, desafiando, como estaba acostumbrado a hacerlo, a su derecho de hacer callar a la gente que hablaba en contra de ellos, retirándoles su residencia o los permisos de trabajo, acudiendo al acoso policial u otros comportamientos inconstitucionales. La Corte obligó al Gobierno de las Islas Malvinas a liberar los documentos en los que se había basado para tomar la decisión, incluyendo actas de reuniones y correspondencia personal. Estas evidencias revelaron algunos comportamientos corruptos y ultrajantes en el seno del gobierno.

Una carta del 24 de mayo de 1998, del canciller Lewis Clifton dirigida al Oficial de Planeamiento del Medio Ambiente decía "Me enteré que el Sr.Bingham escribió a su departamento en marzo de este año comprometiéndose a hacer un estudio de la costa en la Isla Soledad. Debo pedirle que se abstenga de contratar los servicios del Sr. Bingham."

El acta de la reunión del 22 de febrero de 2001 del Concejo Directivo registraba cómo un concejal había sugerido que mi visión de la protección de la fauna era el resultado de un ¡problema médico! Ellos habían discutido cómo podían librarse de mí, y hasta habían acudido al Fiscal de la Corona para preguntarle si existía algún medio legal para hacerlo. Éste respondió que no, ya que la ley no les permitía deshacerse de mí sólo por tener una visión diferente del asunto. Él les dijo claramente que "los comentarios del Sr. Bingham están avalados por las medidas constitucionales que contemplan la libertad de expresión."

El concejal John Birmingham había declarado que, en principio, apoyó mi derecho a vivir en las Malvinas, hasta que hablé en la Conferencia Internacional sobre Pingüinos, acerca del descenso en el número de pingüinos en las Malvinas; después de esto, decidió que debían librarse de mí. El Director Ejecutivo, Michael Blanch, dijo que "no sería muy inteligente, dado el gran interés de los periodistas del Mail on Sunday, suscitado por el señor Bingham. Sería mejor esperar hasta que la prensa hubiera publicado los artículos que surgieran de su visita."

La copia del 22 de febrero de 2001 de la reunión del Concejo Directivo terminaba con esto: "El Concejo decidió que antes de tomar cualquier otra decisión, existía la necesidad de manejar las publicaciones en los diarios del Reino Unido, con respecto al caso Bingham, que pudieran hacer los periodistas que nos habían visitado recientemente."

Éstas eran copias oficiales de las discusiones de los agentes más altos del Gobierno de las Islas Malvinas – el Gobernador, el Primer Mandatario, el Fiscal de la Corona y los miembros elegidos del Concejo Directivo. Que estos comentarios estuvieran registrados como copias oficiales de las reuniones del

Concejo Directivo, demostraba que creían que estaban por encima de la ley. Yo solamente podía especular con lo que se había dicho en discusiones privadas y no estaba registrado, en las que se había hablado asuntos tales como utilizar a la policía para detenerme y las amenazas a mi integridad.

Cada vez estaba más claro que el comportamiento del Gobierno era indefendible en una corte de derecho, y que su reputación estaba en juego. Muchos oficiales del gobierno me ofrecieron su compromiso para detener el proceso de la corte, pero ahora que estos documentos habían salido a la luz, sabía que iba a ganar y no tenía ninguna intención de parar.

El 31 de julio de 2003, tuvo lugar la Audiencia de instrucción, que estipuló la fecha para la audiencia de la Corte, a celebrarse en octubre. Durante septiembre ordené todas mis pertenencias para prepararme e irme de las Malvinas, si el resultado era desfavorable. El 28 de septiembre, llevé muchas de mis cosas y las vendí en el mercado de las pulgas del Municipio. También tiré otro montón en el basurero. Tenía confianza que mis argumentos legales eran válidos, pero aún estaba preocupado porque la audiencia de la Suprema Corte se celebrara en las Malvinas, donde podría estar sometida a presiones del Gobierno. Para ese entonces, los honorarios legales estimativos eran de alrededor de £20.000 (US$ 30.000) y, si perdía el juicio, era probable que me obligaran a pagar las costas del Gobierno también, que eran todavía más onerosas. Los riesgos eran altos. Yo ponía en juego mi ruina financiera si perdía.

Sin embargo, mi temor principal no era perder el juicio, sino más bien el comportamiento despiadado al que podía recurrir esta gente poderosa, antes de enfrentar la vergüenza pública y los cargos delictivos. Por mucho menos, antes habían llegado a entrar por la fuerza en mi casa, poniendo pruebas, fabricando documentos, acusándome de delitos falsos, incurriendo en perjurio y amenazándome de muerte. No podía descartar la posibilidad que hicieran un último intento de cavarme la fosa, acusándome injustamente de algo realmente serio o hasta posiblemente matarme. Por lo tanto, hice planes para buscar protección en el único lugar donde sabía que el largo brazo de la corrupción del Gobierno de las Islas Malvinas no llegaría – Argentina.

Como consecuencia de la amarga disputa entre las Malvinas y Argentina, que se había encarnizado desde la guerra de 1982, sabía que ni aún los oficiales más poderosos dentro del mismo Gobierno, podrían buscar apoyo en contra de mí en Argentina. Es irónico que durante tantos años, el Gobierno de las Islas Malvinas, hubiera alegado tener un alto nivel ético que estaba por encima de Argentina, en términos de moralidad y democracia política; y ahora iba a quedar expuesto ante la Suprema Corte por corrupción y abuso de los derechos humanos; mientras que yo había buscado seguridad en Argentina, un país cuya moralidad política era sólo un sueño para las Malvinas. Los soldados británicos, que dieron sus vidas para defender la democracia en las islas, durante la guerra de 1982, se hubieran revuelto en sus tumbas de haber visto adónde fue a parar su sacrificio.

El 17 de octubre asistí a la Corte para jurar en mi testimonio final y dejé el resto de la audiencia en manos de mi equipo legal. El sábado 18 de octubre de 2003 tomé un vuelo hacia Río Gallegos en Argentina, donde esperaría el resultado bajo la protección de la justicia argentina.

El 20 de octubre me encontré con oficiales argentinos del Consejo Agrario Provincial y me llevaron a la colonia de pingüinos de Cabo Vírgenes, donde comencé a conducir un censo de población para el Gobierno de dicho país. Nadie, excepto unos pocos agentes del gobierno sabía donde estaba, ni siquiera mi equipo de abogados, que pensaban que me encontraba en Chile. Me mantuve en contacto con mis representantes legales por medio del teléfono del Ejército Argentino, en la Estación de Cabo Vírgenes, sabiendo positivamente que estas llamadas no serían interceptadas. Esta paranoia terminó teniendo buenos fundamentos. Mi cuidadoso plan frustró un último intento de hundirme, acusándome por drogas que, sin saberlo, me las habían colocado en mi casa poco antes de irme de las Malvinas.

El tiempo que trabajé en Cabo Vírgenes no fue en vano, y terminó siendo más fructífero de lo que había imaginado. A diferencia del Gobierno de las Islas Malvinas, el de Argentina estaba interesado en proteger sus poblaciones de pingüinos y Cabo Vírgenes ya tenía una zona de pesca restringida alrededor de la colonia. Mi censo registró una población total de 120.000 parejas de reproducción, lo que significaba un incremento del 33% con respecto al censo de población anterior, que tenía 90.000 parejas de reproducción en los '90. El incremento se debía al buen manejo, combinado con la protección contra la pesca comercial: un total contraste con las cercanas Islas Malvinas, en donde la codicia y el rechazo a proteger a los pingüinos, había arrojado un resultado con un descenso de un 90% en el mismo período.

La Suprema Corte comenzó a sesionar el 22 de octubre de 2003, con el Presidente de la Corte James Wood, que había viajado 12.900 km. de Gran Bretaña especialmente para la audiencia. Mi abogada, Maya Lester, también vino desde Gran Bretaña. Rory Wilson, del grupo Ledingham Chalmers, la ayudaba. El Gobierno de las Islas Malvinas también trajo su equipo de Gran Bretaña.

El Gobernador de las Islas Malvinas, Howard Pierce, defendió su posición declarando que aunque hubiera dejado por escrito, que había rechazado mi derecho a permanecer trabajando en las islas, porque yo había "buscado repetidamente desacreditar y desprestigiar el estado del medio ambiente de las Malvinas y el rol del gobierno respecto a su protección", esta razón, en realidad, no había influido en su mente al considerar el tema. Dijo que se había dado cuenta que esos fundamentos no tenían validez legal, y sólo le habían servido de justificativo para su decisión, porque el Concejo Directivo se lo había pedido.

El Concejo Directivo trató de desviar la culpa nuevamente hacia el Gobernador diciendo que aunque ellos habían decidido obligarme a que me fuera de mi trabajo porque yo había "buscado repetidamente desacreditar y desprestigiar el estado del medio ambiente de las Islas y el rol del Gobierno respecto a su protección", la responsabilidad de hacer efectiva esa decisión, había correspondido al Gobernador. La Suprema Corte luego escuchó:

-que la Policía de las islas Malvinas me había detenido y liberado persistentemente, y acusado de tener pruebas de culpabilidad que pertenecían a una persona totalmente diferente.

-que la Policía de las Islas Malvinas había utilizado su propia computadora para imprimir el mismísimo documento por el que más tarde sería arrestado.

-que Carol Miller había declarado ante la Policía, acusándome de mentiroso respecto a la terminación de mis exámenes, cuando la policía tenía una copia de una carta que ella misma había escrito, en la que se probaba que la Conservación de las Malvinas sabía positivamente de mis exámenes, antes de tomar posesión del cargo.

-que la Policía de las Islas Malvinas había negado la existencia de dicha carta hasta el momento que la Suprema Corte los obligara a entregarla cuatro años más tarde.

-que la Policía había protegido la identidad de alguien que me había amenazado de muerte.

-que el estado de mi residencia estaba suspendido como resultado de las acusaciones falsas del Concejal Clifton, en su carácter de Director de la Conservación de las Malvinas, y que habían obligado a esta entidad a disculparse por escrito y reconocer que dichas acusaciones eran falsas.

-que el Concejal Birmingham había expresado que no me deberían dar el derecho a vivir y trabajar en las Malvinas, porque yo había hablado sobre el descenso poblacional de pingüinos malvinenses en la Conferencia Internacional sobre Pingüinos.

-que los miembros del Concejo Directivo le habían preguntado al Fiscal de la Corona si había alguna forma legal de librarse de mí.

-que el Primer Mandatario, Michael Blanch, había sugerido detener el ataque en mi contra hasta que los periodistas hubieran completado sus investigaciones, para evitar que sus acciones fueran reportadas a la prensa.

El Presidente de la Corte evaluó todas las pruebas presentadas y el 25 de noviembre de 2003 dio su veredicto. El Veredicto de la Suprema Corte de Justicia fue que el Gobernador Howard Pierce, el Fiscal de la Corona David Lang, el Primer Mandatario Michael Blanch y los miembros electos del Concejo Directivo se habían comportado de manera ilegal por motivos injustificados, y que sus acciones habían sido "moral e inconstitucionalmente indefendibles."

El Presidente de la Corte comenzó poniendo en tela de juicio la legalidad del Concejo Directivo, que había cambiado la ley para pedirme que tuviera un permiso y poder continuar en mi empleo, me lo denegó y luego, retrospectivamente, aplicó la nueva ley para echarme del trabajo en el que había estado durante años.

El Presidente de la Corte Wood declaró:

"Es conveniente en este punto tratar brevemente un tema del que no se ha hablado. Es decir, suprimir o no la exención de un requisito para obtener un permiso de trabajo para los empleados en servicio, era legal dentro del capítulo uno de la Constitución. En el caso del solicitante, él ya había aceptado el trabajo en circunstancias en que dicho permiso no era necesario. El efecto de la Ordenanza de 1999, era pedirle que obtuviera el estado de legalidad en las Malvinas si deseaba continuar con ese empleo. ¿Puede ser correcto, para un servidor público que carece de dicho estado legal en las Islas Malvinas, ser privado del empleo que había aceptado cuando ese requerimiento no era necesario?

No se discute que el solicitante ha publicado varios artículos criticando duramente al Gobierno y a su política. Me han entregado un número de extractos de las actas del Concejo Directivo y de papeles emanados de la Secretaría del Gobierno, para que este Consejo los considerara, todos ellos conectados con esta solicitud.

En un informe con fecha del 15 de octubre de 2002, el Oficial Principal de Inmigración (Pete King) le recomendaba al Concejo Directivo el 24 de octubre de 2002, que la suscripción fuera rechazada; y agregaba su propio comentario, al efecto que él también estaba "preocupado por el daño que el solicitante parece estar tratando de infligir al Gobierno de las Islas Malvinas, y es probable que el consecuente impacto, afecte la reputación de las Islas en el escenario mundial." El informe terminaba con un número de observaciones inherentes a la posible consecuencia del rechazo.

Yo proseguí a considerar un comunicado más profundo del Oficial Principal de Inmigración del 28 de noviembre de 2002. Las actas revelan algo que, desde mi punto de vista, tuvo lugar un debate particularmente significativo. En esa ocasión, un miembro preguntó si "existía alguna forma legal para que la solicitud de residencia del interesado pudiera ser denegada." Noto que, con lo que probó ser una presciencia significativa, el Fiscal de la Corona observó que "el problema esencial es que el Sr. Bingham demandará que ha sido víctima porque al gobierno de las Islas Malvinas no le gusta lo que está diciendo y esto significa una violación de sus derechos fundamentales a la libertad de expresión." Aparentemente, a esta altura de los acontecimientos, otros miembros del Concejo Directivo estaban preocupados considerando la posibilidad de demandas judiciales y, en verdad, uno preguntó si las actas de las reuniones del Concejo Directivo podrían descubrirse.

Finalmente, me refiero a la declaración jurada del Gobernador del 17 de septiembre de 2003. En el segundo párrafo, el Gobernador recuerda "yo no fui personalmente inducido por la información que tenía a mi disposición, que los contenidos de esa carta eran o bien defendibles en todo aspecto o eran fundamentos relevantes y adecuados para rechazar la solicitud." La carta a la que se hace referencia, era la del 29 de noviembre de 2002, escrita por el entonces Gobernador y dirigida al interesado.

En el párrafo once de su declaración jurada, agrega: "Aún no fui persuadido por los contenidos de la carta del 29 de noviembre de 2002, y antes que tuviera lugar la reunión, le manifesté mi preocupación al respecto, al Fiscal de la Corona. Me aconsejaron que incluyera dicha inquietud en mi carta, –me dijeron que debería reflejar exactamente el consejo que recibí en la reunión del Concejo Directivo.

El Gobernador continuó diciendo que él había hecho saber a los miembros del Concejo Directivo, su marcada disconformidad con las razones por las que se rechazaba la solicitud, pero que él estaba obligado a incluir en cualquier determinación, las razones y recomendaciones del Concejo Directivo, al comunicar su decisión al Sr. Bingham.

Comienzo por abordar el tema referente a la identidad de la persona u organismo en quien recae la decisión, de acuerdo a la legislación establecida más arriba. Llego a la conclusión, que es el Gobernador quien tiene esta investidura, él solo, en sesión con el Concejo Directivo. Simplemente, no existe ningún artículo en la Constitución en el que se estipule que el Gobernador deba actuar de acuerdo a la recomendación del Concejo Directivo. El hecho que, erróneamente, impidiera el ejercicio de su discreción de tal forma, me hubiera inducido a considerar que la decisión era incorrecta por aplicar un procedimiento inadecuado; aún si no hubiese descubierto que la determinación era defectuosa, por razones bien fundadas.

Todo esto me lleva ineludiblemente a la conclusión, que la decisión de haber rechazado la solicitud, fue afectada inextricablemente por un motivo constitucionalmente inadecuado. El Concejo Directivo se había formado la opinión que, a causa de su crítica hacia el Gobierno, a su política y por lo que podría denominarse, su punto de vista "contrario al institucional", el solicitante no merecía el estado de legalidad en las Islas Malvinas y, el único tema pendiente era cómo podría justificarse la negativa como consecuencia de dicha opinión.

El artículo 10 de la Constitución garantiza la libertad de expresión, inclusive la libertad para mantener opiniones sin ninguna interferencia. Este es un derecho poderoso y fundamental que sostiene a la sociedad democrática. No está restringida a permitir sólo la expresión de aquellos pensamientos que son aceptables para el Gobierno o para cualquier sector en particular de la sociedad. Si sólo existe libertad para alabar al Gobierno, pero no para oponerse, es una quimera; esto no es libertad en absoluto. Así no es la Constitución de las Islas Malvinas. En este caso en particular no se respetó dicho principio.

He llegado a la conclusión, que la hostilidad provocada por el criterio del solicitante, sustentó todo el proceso de tomar la decisión, en el seno del Concejo Directivo. Para llegar a esta consideración, he estudiado cuidadosa y detalladamente las actas y los papeles del Concejo Directivo, como se reveló en este juicio. El Concejo Directivo no sale de este caso con una buena reputación. El hecho que el Sr. Bingham haya sido penalizado por sus pensamientos, es constitucional y moralmente indefendible.

James Wood, Presidente de la Suprema Corte de Justicia, 25 de noviembre de 2003."

El pueblo malvinense había obtenido una victoria mayor en la lucha por la democracia y hasta el diario local no ocultaba el énfasis. "Bingham gana en la Suprema

Corte" y "Moral y Constitucionalmente Indefendible" eran los titulares que informaban la condena del Gobernador y del Concejo Directivo. La Suprema Corte le había echado la culpa a ambos. El Concejo Directivo fue penalizado por haber quebrantado la ley en pos de lo que el Presidente de la Corte había descripto como "motivos injustos"; mientras que el Gobernador fue considerado responsable por estupidez y debilidad. Demasiado débil e indeciso para controlar la situación, sin poder detener el proceso de discriminación que sabía positivamente que era ilegal e inmoral.

Los residentes de las Malvinas estaban enojadísimos y pidieron la renuncia del Gobernador y de sus oficiales corruptos. El diario estaba lleno de cartas que solicitaban una disculpa pública por parte de las autoridades y una explicación de cómo se había permitido semejante corrupción, sin poner ninguna traba en los estratos más altos del gobierno. La estación de radio tenía un teléfono abierto, y durante las asambleas públicas entre el pueblo y los Concejales, continuamente pedían la renuncia de los responsables.

Pero esto ocurría en las Malvinas. El Gobernador y el Concejo Directivo sabían que, en realidad, ya sea el pueblo o la legislación, poco podían hacer al respecto. El Gobierno de las Malvinas redactaba sus propias leyes y, a pesar de ser una democracia de nombre, la gente de las Malvinas tenía muy escasa participación en lo que ocurría. Hasta había nuevas leyes que, en efecto, restringían la libertad de expresión en gran parte de la sociedad. Más de la mitad del pueblo malvinense era empleado del Gobierno y, por sus condiciones de trabajo, no podían hablar mal de ellos. Con la mayor parte de la población obligada a permanecer en silencio, era fácil para el estado mantenerse firme y hacer callar a los revoltosos. Ésta era la democracia de las Malvinas; y se había controlado sutilmente el poder para sacar a los políticos corruptos del Régimen de Malvinas; todo por el bien público, por supuesto.

Y, legalmente, las Malvinas estaban muy lejos de Gran Bretaña, la única autoridad que simulaba controlarlas. El Gobierno de las Islas sabía que se podía rehusar a escuchar la regulación de la Suprema Corte y, como nación independiente, nadie podía tocarlos, –así como la Conservación de las Malvinas había ignorado la condena de la Comisión de Caridad, como la Policía de las Malvinas había ido más allá del alcance de INTERPOL y la Autoridad de Quejas Policiales. Como siempre, el Régimen de las Malvinas sólo respondía a sí mismo, y así lo preferían.

El Concejal Mike Summers dijo en una Asamblea Pública que a ellos no le iban a decir a quien deberían permitir quedarse en su país, sólo porque "algún juez" lo hubiera ordenado. Ese "tal juez" al que Mike Summers hacía referencia, era el Presidente de la Suprema Corte de Justicia. Bajo la ley malvinense y bajo las leyes internacionales que regían el estado de derecho de las Malvinas, como un Territorio Británico Colonial, la Suprema Corte era la autoridad más alta sobre la tierra. Que el Concejal Summers pudiera desestimar la regulación de la Suprema Corte, en público, tan tranquilamente, demostraba cuánto más por encima de la legislación, se consideraba que estaba el Régimen de las Malvinas.

La Editora de Penguin News, Jenny Cockwell, escribió un artículo de fondo que decía "El Presidente de la Corte, Wood, consideró la decisión del Concejo Directivo 'moral y constitucionalmente indefendible'. Ese es un sentimiento bastante fuerte. Por lo tanto, ¿los veremos pedir disculpas con un 'Lo siento, hemos cometido un error'? No parece así. La declaración emitida por el Concejo Directivo, esta semana, en respuesta al dictamen del Presidente de la Corte Word, no incluía ni un mero indicio de excusas. Podría haber sido la oportunidad perfecta para tomar como propias, públicamente, las palabras del Presidente de la Corte y pedirle perdón al Sr. Bingham por esta terrible violación de sus derechos constitucionales y ante el público en general por su error. Después de todo, el dictamen ha venido de la Suprema Corte, –la corte con mayor autoridad sobre la tierra". (Penguin News, 28 de noviembre de 2003).

La semana siguiente, ella escribió "La respuesta con ira por parte del público ante la falta de disculpas de los concejales, después del juicio Bingham, se refleja claramente en la página del correo de lectores y en el número de llamadas que hemos recibido en nuestras oficinas los últimos días". (Penguin News, 5 de diciembre de 2003).

The Penguin News estaba lleno de cartas que me apoyaban, condenando al Gobierno de las Islas Malvinas por cómo me había tratado y por no excusarse. Las cartas incluían las siguientes declaraciones:

-"La total desconsideración de los Concejales hacia los derechos constitucionales del Sr. Bingham, es lo que deberíamos tener bien presente en nuestras mentes, cuando exhortamos a nuestros Concejales a justificar sus acciones. Ellos han actuado y continúan haciéndolo así, con total desgano para disculparse, de una forma que se parece más a ciertas dictaduras cerradas, que a una comunidad que le gusta pensar por sí misma como democrática. Si esta sociedad, en verdad, quiere ser democrática y, quizá lo que es más importante, ser considerada como tal, entonces debemos exigir que los Concejales más relevantes expliquen sus acciones en público. Mucha gente murió para liberar estas islas. Esa libertad costó mucho ganarla, no les permitan a los políticos que la arrebaten, sin antes luchar. Hoy fue Mike Bingham, mañana pueden ser ustedes o sus hijos." (Penguin News, 5 de diciembre de 2003).

-"El Concejal Summers está completamente equivocado, cuando dice que el caso Bingham versó sobre el derecho a elegir, quién es ciudadano o no. El juicio no trataba sobre el derecho a elegir que tiene el gobierno. El caso, en realidad, apelaba a la necesidad del estado a actuar dentro del marco de la ley, al ejercer sus poderes, no a imponer su prejuicio personal para elegir, y abusar de su autoridad. Al actuar de este modo, el Concejo Directivo desestimó la confianza que nosotros, como ciudadanos, depositamos en el Gobierno para que actúe en forma justa, imparcial y adecuadamente." (Penguin News, 12 de diciembre de 2003).

-"En respuesta a las muertes de los pingüinos, nosotros intentamos informarle a la Conservación de las Malvinas, pero nadie se molestó en salir a echar un vistazo. El problema comenzó en abril de 2002 cuando perdimos 500 pingüinos papua y 2000 pingüinos de penacho amarillo. La Conservación ni siquiera se inmutó, por lo tanto, llamamos a Mike Bingham, que sí se ocupó." (Penguin News, 20 de diciembre de 2003).

"Acuso a ciertos miembros de esta administración por el tratamiento injusto proporcionado a Mike Bingham. En efecto, está en contra de la Convención de los Derechos Humanos que esta administración ha firmado. Entiendo que la razón por la que Mike Bingham está siendo tratado de este modo, es porque tuvo la audacia de cuestionar la contabilidad de la Conservación de las Malvinas con respecto a los números de pingüinos. Yo, como la Conservación de las Malvinas, no soy un experto en pingüinos, pero ¿cuánto le lleva a esta gente darse cuenta que hay un problema? ¿Pingüinos escuálidos en la puerta de su Oficina con un platito de limosna, graznando 'Por favor me dan algo de comer?' Para que el mal triunfe, sólo se necesita que los buenos no hagan nada." (Penguin News, 20 de diciembre de 2003.)

-"¿Podría el Fiscal de la Corona decirnos si era consciente, que la decisión del Concejo Directivo de rechazar la solicitud de Mike Bingham, por el sólo hecho de criticar al gobierno, era una violación de sus derechos constitucionales a la libertad de expresión? Si lo era, ¿Podría por favor decirnos, qué medidas tomó para defender los Derechos Constitucionales del Sr. Bingham?" Penguin News, 12 de diciembre de 2003). Nosotros sabemos, a través de las actas de la Reunión del Concejo Directivo del 22 de febrero de 2001, que el Fiscal de la Corona, David Lang, ya le había advertido al Concejo Directivo que su accionar sería una violación de mis derechos constitucionales a la libertad de expresión. Ellos, no sólo, no lo tuvieron en cuenta al actuar en mi contra, sino que el mismo Fiscal de la Corona, formó parte del Concejo Directivo que había ordenado que se tomara esa medida.

En el campo internacional, el Gobierno de las Islas Malvinas también fue golpeado. A pesar de los intentos de los gobiernos de Malvinas y Gran Bretaña, para evitar que la prensa británica publicara la historia, el caso estuvo en primera plana, desde Londres hasta Buenos Aires. "El Magallanes" y "El Mercurio" (ambos de Chile) y "The Buenos Aires Herald" (Argentina) todos condenaron a las Malvinas por corrupción, abuso de los derechos humanos y por la muerte de cinco millones de pingüinos como resultado de la codicia política. Las Malvinas estuvieron expuestas en primer lugar, por la avidez política y la corrupción, una tierra donde los poderosos forraban sus bolsillos con el dinero que entraba de la pesca comercial, mientras que los pingüinos se morían de hambre. Ya no existía más el pedestal de superioridad moral, desde el que las Malvinas había mirado con desprecio, durante tantos años, a sus vecinos sudamericanos. Ahora, la Suprema Corte de Justicia declaraba oficialmente, que Malvinas había incurrido en corrupción y violación de los derechos humanos, en un intento por cubrir el daño que la pesca comercial le estaba haciendo a las poblaciones de pingüinos.

Como yo había ganado el juicio, la Suprema Corte ordenó que el gobierno de las Islas Malvinas pagara todas mis costas judiciales, además de las propias y los gastos de tribunales. En total, a los contribuyentes de las Islas Malvinas, les costó más de £65.000 (US$ 100.000), para que un puñado de políticos defendiera su accionar, el que la Justicia había calificado de 'indefendible'. Yo no tuve que pagar ni un centavo.

Me llovían las cartas de adhesión. Los diarios malvinenses publicaban cartas de apoyo de toda la gente de las Islas; pero eso no fue nada, comparado con la cantidad de cartas por correo electrónico o simple correspondencia, que recibí de gente de todo el mundo, felicitándome por defender a los pingüinos, y por resistir a las violaciones de los derechos humanos en las islas. Un sin número de periodistas me ofrecieron dinero para comprar los derechos de mi historia, y me enviaron donaciones para colaborar con mi trabajo de los pingüinos. También me enteré que me iban a incluir en la publicación altamente prestigiosa "Who's Who", como reconocimiento a mi labor por salvar a los pingüinos de las Malvinas.

El Concejal Mike Summers había dejado bien en claro, en la Asamblea Pública, que el Régimen de las Malvinas no iba a permitir que "ningún juez" alterara sus planes de detener mi trabajo en las Malvinas, de una manera u otra. Semejante arrogancia y desprecio hacia el Presidente del Tribunal y la Suprema Corte, no me dejaba ninguna duda que si volvía a las Islas, significaría arriesgar mucho mi integridad personal. Aquellos que estaban expuestos por corrupción, querían revancha y, desde el momento que la determinación de la Suprema Corte no los había detenido, era difícil imaginar que así lo hicieran. Tarde o temprano, se iba a acabar mi suerte, y ellos saldrían victoriosos al acusarme injustamente por algo realmente serio, donde no pudiera probar mi inocencia.

Como contraste, los gobiernos de Gran Bretaña, Chile y Argentina me estaban apoyando para estudiar y proteger a los pingüinos de Chile y Argentina. En realidad, el gobierno británico me había ofrecido más de £30.000 para lanzar un programa de estudio de pingüinos, a largo plazo en América del Sur. Ante las alternativas de enfrentar una encarcelación fortuita, por los agentes de un gobierno corrupto en las Malvinas, o trabajar con el apoyo de tres gobiernos en América del Sur, la elección era fácil de tomar.

Para ese entonces, ya estaba cansado de vivir perseguido, continuamente revolviendo mi casa, en búsqueda de alguna prueba falsa que la Policía hubiera puesto en mi hogar y de no poder tener una compañía, por temor a lo que pudiera sufrir por mi culpa. Trabajar en Chile y Argentina era un regocijo. Ambos países tenían una preocupación genuina por la protección de la fauna, sin deseo alguno de poner ninguna pantalla, para demostrar que se estaba haciendo algo, como en las Malvinas. Esto era evidente por las respuestas a favor, que surgieron a raíz del pedido de estudio, formulado desde el exterior.

Mientas el Régimen de las Malvinas trataba de acusar, deportar y hasta amenazar de muerte a alguien que conducía una investigación independiente del manejo que tenían del medio ambiente, los gobiernos de Chile y Argentina, recibían abiertamente dicho escrutinio. Sus esfuerzos por la conservación eran reales. No tenían nada que ocultar y esperaban beneficiarse a través de la investigación del exterior, para poder mejorar el trabajo que ellos estaban realizando. El Gobierno de las Islas, ayudado e instigado por la Conservación de las Malvinas, sólo estaba interesado en establecer iniciativas de conservación inútiles, para dar la impresión que algo se estaba haciendo; mientras se rehusaban a introducir cualquier tipo de medidas de protección genuinas, que pudieran impactar en su rédito de la pesca comercial y la exploración del petróleo.

Yo había pasado once años en las Malvinas. Absolutamente todo el mundo que vivió en las Malvinas, conocía las reglas del juego. Ellos sabían que la inmensa riqueza que entraba a las Malvinas a través de la pesca comercial, era a expensas de los pingüinos y de otra fauna. Las opiniones solamente diferían en lo que cada uno consideraba que tenía mayor importancia, el dinero o los pingüinos. La continua disputa con Argentina, estuvo inmersa en esta ecuación, y en el triste hecho que la riqueza económica proveniente de la pesca comercial, era necesaria para mantener el litigio contra Argentina y, de tal modo, la independencia. Para muchos, esto era una elección entre pingüinos e independencia política.

Llevaría toda una vida cambiar esas actitudes, y yo dudaba que pudiera sobrevivir seis meses más en las Malvinas antes que me acusaran de algo injusto, o me mandaran a la cárcel o, lo que es peor, un accidente o una desaparición misteriosa. Esas cosas ya habían ocurrido antes. A pesar de los mejores esfuerzos de la Policía Británica, no habían podido penetrar la barrera de silencio que rodeaba la desaparición del soldado Aldiss, o la muerte del único testigo, en un incendio.

Para alguien que muere quemado en una casa, dentro de las 24 horas de haber presenciado un secuestro seguido de muerte, lo primero que se cruza por la mente es la sospecha, no obstante, la Policía de las Malvinas lo había declarado un accidente. Yo sabía que si moría en un "accidente" similar, mi asesino recibiría la misma protección, por parte de la Policía, que había tenido la persona que me había amenazado de muerte, al que habían detenido y luego protegido del juicio.

En la cárcel o enterrado en alguna turbera como el pobre Aldiss, no le hubiera servido a los pingüinos. Pero en América del Sur, con el apoyo de tres gobiernos, tenía la oportunidad de contribuir realmente a la protección de la fauna. Después de varias reuniones con agentes del gobierno, se acordó hacer una estrategia a largo plazo para estudiarlos y protegerlos; y así nació la Organización para la Conservación de los Pingüinos.

Ya me habían ofrecido los derechos de residencia para vivir y trabajar en América del Sur. Encontré un departamento en Río Gallegos, y volví a las Malvinas, por primera vez desde mi juicio, el 14 de Febrero de

2004, para empacar todas mis cosas y tomar un barco hacia Argentina. Mientras estaba haciendo las valijas, encontré un bolso que contenía docenas de bolsitas con un polvo blanco que, obviamente, lo único que podía ser era droga. Las vacié en el inodoro y me alentó el hecho de saber que mi decisión de irme de las Malvinas, era la correcta.

Todo lo que no empaqué para mandar por barco, lo llevé al basurero público y lo quemé, de manera que no pudieran encontrar nada para incriminarme. El allanamiento policial que esperaba por las drogas, nunca se produjo, ya sea porque las hubieran colocado, para desacreditarme, antes del juicio o porque, al saber que me estaba yendo, el Régimen de las Malvinas, ya no consideraba necesario acusarme. Finalmente, partí de las Islas el 28 de febrero de 2004 y sentía que me había quitado un gran peso de mis hombros.

Lamenté que estaba dejando mi trabajo en ese lugar. Lamenté alejarme de mucha gente buena que me había revalorizado, apoyándome públicamente después de mi triunfo en la corte. Pero yo sabía, en lo más profundo de mi corazón, que mi trabajo para proteger a los pingüinos tendría mucho más valor en un país honesto. También quería pensar en mí. Ya no deseaba estar más bajo la amenaza constante del acoso policial, anhelaba tener una vida en privacidad. Yo quería encontrar una mujer a quien amar mientras aún tuviera vida, con mis pobres huesos viejos.

No me quedan dudas que hay muchos lugares en el mundo donde existen actos de corrupción mucho más grandes, donde los oficiales del gobierno tienen entera libertad para eliminar a sus oponentes, como yo. Pero cuando uno piensa que la población de las Islas Malvinas es de sólo 2.500 habitantes, dudo que en algún otro lugar sobre la Tierra, la corrupción del gobierno esté más difundida dentro del mismo seno de la sociedad. A través de la Policía, Inmigración y Aduana, la estación de radio, el diario, el hospital y el correo; el Régimen de las Malvinas puede manipular y entrometerse en casi cualquier aspecto de la vida privada, si están motivados. A esto hay que agregarle la creencia, en los estratos más altos del gobierno, que están por encima de la ley y entonces, uno llega a la conclusión, que el estado está podrido hasta la médula.

Que semejante régimen corrupto funcione bajo la protección del gobierno británico, es una desgracia para todo trabajador honesto. Los soldados ingleses dieron sus vidas en 1982, con la falsa creencia que estaban sosteniendo la democracia. Estos hombres hicieron ese sacrificio para asegurar que la gente de las Malvinas tuviera derecho a vivir libres de la tiranía política, libres para mantener sus creencias y opiniones, sin opresión.

Es irónico que, después de 22 años que las tropas británicas murieron en pos de la democracia en las Malvinas, un ciudadano británico se viera forzado a huir de las Islas para escapar de la corrupción política y las amenazas de muerte y buscar la democracia y libertad de expresión en Argentina.

ABOUT THE AUTHOR

Mike Binghan ha trabajado para los Gobiernos de Estados Unidos, Británico, Chileno y Argentino, colaborando con la preservación de la fauna en peligro de extinción. En 1993, Bingham fue designado Oficial de Conservación por el Gobierno de las Islas Malvinas, enredándolo en una lucha salvaje contra los ambiciosos oficiales del gobierno, que no se detendrían ante nada, para proteger los intereses financieros de la pesca comercial y la exploración del petróleo.

Cuando el estudio de Bingham sobre los pingüinos, reveló descensos masivos de población, como resultado de la pesca indiscriminada, le ofrecieron un gran aumento en sus remuneraciones, para tapar sus hallazgos. Ante su negativa, fue despedido del puesto de Oficial de Conservación y se vio forzado a continuar la investigación, solventada con sus propios recursos. Pero el trabajo de Bingham demostró tener un nivel científico de tal magnitud, que obtuvo el respaldo económico de los gobiernos de Gran Bretaña, Chile y Argentina, y así nació la primera organización de conservación independiente de las Islas Malvinas.

Cuando comenzó la exploración del petróleo en las Islas Malvinas, Mike Bingham condujo una protesta en defensa de los cientos de pingüinos que morían, por la contaminación del petróleo. Los oficiales del gobierno entendieron que Mike representaba una amenaza para su futuro enriquecimiento, y comenzaron una espantosa campaña para echarlo.

El hecho de descubrir armas de fuego colocadas bajo su cama, justo antes de un allanamiento policial, fue el primero de muchos escapes afortunados para Bingham, así como varios intentos fallidos de inculparlo injustamente, deportarlo y matarlo. Cuando finalmente esta corrupción fue expuesta en la prensa mundial, Bingham descubrió que su familia era el blanco de una represalia maliciosa, que los obligó a marcharse de las Islas. Bingham demandó al Gobierno de las Islas Malvinas ante la Suprema Corte, que declaró que el Gobernador, el Fiscal de la Corona, el Primer Mandatario y el Concejo Directivo habían cometido actos de abuso de los derechos humanos, que eran moralmente y constitucionalmente indefendibles.

Luchando contra su enfermedad y tragedia personal, como marco de fondo, Bingham puso a la vista del mundo la muerte de cinco millones de pingüinos, el alto nivel de corrupción del gobierno y el abuso de los derechos humanos; pero a un costo personal demasiado alto. Cuando el Gobierno de las Islas Malvinas, anunció ante el público, que no se iban a detener por un fallo de la Suprema Corte, Bingham se vio obligado a buscar seguridad en Argentina.

Es irónico que después de veinte años que las tropas británicas murieran por la democracia en la Guerra de Malvinas, un ciudadano inglés se viera obligado a huir de las Islas, para escapar de la corrupción política y amenazas de muerte, en búsqueda de democracia y libertad de expresión en Argentina.

Lightning Source UK Ltd.
Milton Keynes UK
UKHW010703300922
409658UK00002B/624